臺南 生育禮俗研究

吳建昇 陳志昌 ◎著

做16歲

收驚

抓周

子孫椅

局長序
留下生命禮俗的運作軌跡

　　「生命禮俗」係一個民族對待生命的態度,從出生、成年、結婚到終老,都有一套運作模式,久之成俗,並成為生活一部分,裡頭蘊藏著豐厚的人生哲理與生命史觀,這是人生極為重要的生命議題,也是一個城市發展極具特色的文化課題。為此,本專輯(第7輯)特以「大臺南生命禮俗專輯」為題,規劃出版《臺南生育禮俗研究》(吳建昇、陳志昌)、《臺南嫁娶禮俗研究》(張耘書、鄭佩雯)、《臺南喪葬禮俗研究》(楊士賢)、《臺南牽亡歌陣研究》(吳碧惠)等4書,廣泛調查研究大臺南生命禮俗的種種樣態,藉此開拓更為寬廣的文化視野,為這個時代留下生命禮俗的運作軌跡及其多元現象。

　　除此之外,為豐富「大臺南文化叢書」的內容與內涵,本專輯也特別規劃《臺南請水儀式研究》(周宗楊)、《臺南過火儀式研究》(吳明勳)等兩書,全面探討大臺南請水與過火民俗的諸多樣貌及其儀式意義,呈顯大臺南更為多樣的信仰文化,展現城市治理與文化發展的人文特色。

　　本專輯所邀請執筆的寫手,都是該議題的學者專家,長期浸染其研究領域,已多有掌握相關資料,再經一年的調查研

究，更能精準的梳理出每一主題的來龍去脈、豐富內容及其文化詮釋，皆值得一讀。

「大臺南文化叢書」以接地氣的心情，長期規劃出版在地文史專書，每一年幾乎都是規劃中、研究中和出版中等三位一體的同步進行，從不間斷，因此，2010年縣市合併後迄今短短9年間，這套叢書已出版54冊，委實為「臺南學」奠下基礎；未來，文化局一本初衷，繼續出版優良史書。

臺南市政府文化局局長

葉澤山

臺南生育禮俗

作者序
細數養兒育女的文化內涵

　　在臺灣的傳統社會中，對於生命的誕生，從混沌未知開始，就包含著許多人的期待和希望，人們在進行求子傳嗣、敬重胎神、拜契護身等各種儀式活動中，也讓生命一直受到諸神的眷顧與保佑。而自古以來為慶賀寶寶的來臨，無論是「滿月」、「命名」、「度晬」、「貫絭」等，在每項儀式及禮儀之中，其實都蘊含著對新生命無限期許與祝福，期望孩子可以平安健康、順利長大，乃至未來成家立業、飛黃騰達。這種由民間約定俗成的傳統生育禮俗，一直是人們遵循的規範與方向，進而形成迎接新生命誕生的生育禮俗，成為富有意義非凡的禮俗文化。至於臺南地區，這是漢人在臺最早開發的地區之一，在日治初期以前向為臺灣首善之區，人文薈萃、歷史悠久，擁有豐富的常民文化，在生活、信仰與社會組織都呈現出多元豐富的面貌，保留著歷史相傳下來的各種傳統習俗，這些傳統不僅具有在地特色，可以呈現區域性文化特徵，且其歷史發展與文化現象，也頗能作為臺灣傳統文化的代表。

　　2014年，當我在執行「臺南市生育禮俗計劃」（臺南市文化資產管理處委託）的那一年多，剛好就是兒子從懷孕妊娠，

再到生產、滿月、四月、周歲的時候，當時我們就遵循著古禮進行著各種儀式，也謹慎不去觸犯各項禁忌，雖然儀式、禁忌眾多而繁複，卻也有許多富在地性而有趣的地方，且發現到臺南各地方也有一些差異。所以在當時就想過將此一研究成果出版，因為這將不僅會是一本介紹民俗文化的書籍，其實也可以是一本有趣的工具書。

　　這本書的付梓出版，可以說是這一項心願的達成，雖然一部分內容為前述我在2014年所主持「臺南市生育禮俗計劃」的研究成果，不過更多地方是好友陳志昌學棣的田野資料與研究分析，並由其進行全書的編輯整理工作。這本書針對臺南地區的「生育禮俗」，進行詳實且深入的調查研究，藉由盤點臺南地區相關生育禮俗儀式，爬梳整理出其歷史緣由與發展變遷，且能完整呈現出各項儀式與文化現象。這是一本深入淺出的書籍，可以讓我們在細數養兒育女的各項儀式中，一點一點地解析其背後的存在意義與文化內涵。

臺南生育禮俗

作者序
孩子們教會我的事

　　說個不怕大家笑的故事：當我第一個孩子出生時，孩子與母親都關在家裡房間「做月內」。孩子氣質比較親人，所以需要抱著她才願意入睡，還記得我抱著她，輕輕搖晃的唱歌，看著稚嫩的臉龐，想到她以後長大成人婚嫁離家，突然心裡一陣酸，於是就紅了眼眶。然後⋯我就被孩子的媽媽訕笑，一直笑到現在，孩子都做完「十六歲」，常還被拿出來說嘴。

　　這段的幾年間，經歷自己及親友孩子的生育禮俗：謝神、拜公媽、號名、睨禮、做月內、滿月、剃頭、四月日、度晬、排八字、飼囝習俗禁忌、飼囝歌謠、翕相、拜契、貫絭、換絭、收驚、拜天公、出姐母亭、脫絭、做十六歲⋯等。想來自己是駑鈍的學術門外漢，能研究的多半是身邊週遭可見題材，能書寫的往往必須自己親身體驗經歷。不過想想也是不賴，如果不是自己生活中的新生命誕生，觸動了研究的心思，也許對於生育禮俗的感受，端如清風一抹，涼爽吹拂過而不知。因為生活裡禮俗的實踐，觸動追尋的念想，所以才有這十多年來的資料蒐集、觀察思辨後的書寫。某種程度來說，研究者的研究題材與生命歷程，看來可能會有著關聯，書寫成果更是種陳述生命。

感謝大臺南文化叢書主編黃文博校長的邀約，更感謝臺南市政府文化局的提供機會，讓自己可以從歷史、民俗研究的觀點來書寫生命，寫下這段參雜交融個人及這塊土地的生活史，更是寫下孩子們教會我的點滴事。

Contents │ **目錄**

Contents │ **目錄**

第 一 章

前言

　　人群是文化的乘載體，文化自然會隨著人群
移動，臺灣在文字記載的史前時期，即有不同時
間點移入不同的族群，而文字時期後，以1624
年荷蘭時期開始可見文字記載族群生活樣貌，後
歷經明鄭、清朝、日本、中華民國迄今，自明鄭
海商經濟、清朝沿海農移墾的唐山文化與農耕生
產，日本殖民導入的大和文化及現代工業，產生
農工業經濟模式演替、人群生活交融，進而在地
化現象。尤其是近代五、六十年的快速工業化，
經濟生產模式自農耕變遷到以工業為主，家庭結
構更隨而自大家庭轉換到以小家庭為主，導致生
活慣習的快速變遷，文化活動也隨之劇烈變化[1]。
所以在生育禮俗這儀禮之中，除了自然生理，更
有社會文化、經濟政治等影響，加上臺灣多族群

1　李豐楙，《慶典禮俗》（新北：國立空中大學，2011），頁8。

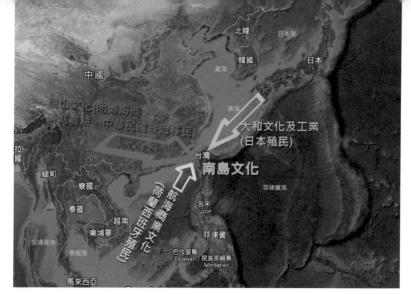

■ 圖1-1　政治經濟及文化移入示意圖（圖資基礎為Google網站，筆者改繪）

背景，可知文化型塑過程是受到多元複雜因素影響。（圖1-1）

　　文化須經過學習仿效，乃至融合創新，自然有其歷史、知識層累的複雜呈現，雖說民間常有習而不察的情形，但卻也無損生活之用，在實行禮俗的表現上，承存傳統遺風，加融時代特性、區域舊俗，不同時代人群自創造出一套屬於該世代的生活規則。所以本文用「禮俗」一詞，來表現傳統與現代社會承襲的交融，這種在日常裡實踐先人所教留生活方式，表現在口語、行為、心理等層面之中，在歷史觀點呈現出同質性的集體行為，而地理面相則表現出區域性的個別化選擇。

　　自然婆娑世界中，生命的繁衍是體質本能，身體受到荷爾蒙驅動而為了生殖進行準備，自青幼轉而成熟，體質成熟到異體結合而產出下一代，對個體的自然生理，或是組織結構的社會文化面向來看，皆是種巨大的改變（圖1-2）。所以群體生

活的人類，在這異體結合的基礎之上，建立共同生活的家庭結構，並逐步發展出婚姻形式，來塑造出一個社群模組。而家庭此一社群模組，對內則有世代傳承的系統，對外則與其他血緣或非血緣家庭結合，形成更大的社會型態。

　　於是家庭的世代傳承觀念之中，個體的生產、育兒能力，除是種本能之外，更被視為組成家庭的必要之需。一個族群在共同生活時，仰賴充足的人手才得以面對勞動、狩獵、戰爭的各種需求，過往養兒及醫療材料發展的侷限，新生兒的耗損率較高，許多社會產生婚後就要生育很多小孩的觀念。所以在人類社會發展歷史之中，生育能力一直是被視為建造家庭時，首要的條件觀念。而家庭結構的組成，牽涉人員組成、勞動分配、活動信仰、財產經濟承續等複合的價值觀念，於是有了社會權力、經濟模式差異及生育的受重視程度，不同的社會因而演繹

發展出母系或父系的家庭權力結構，並影響著財產經濟權的繼承分配權力義務。於是共同生活的群居的人類生活，就在以大家庭結構為基礎，經濟模式互惠共享的狀態下，有序列的拼組出有血緣關係的家族，甚擴大到地域鄰里關係的社群。

　　如果由人類社會關係角度來看，新生命的誕出意味著母系、父系等相關個體，其身分關係都因而產生變化。生小孩的產婦由人妻變為人母、人夫變為人父；夫家父親升級變為內公（祖父）、母親變為內嬤（祖母）；妻家父親升級為外公、母親變外嬤，加上旁系的伯叔姨嬸姅，所有關聯人士的身分都改變了，所以臺灣俗諺說：「憑囝食、憑囝睏、憑囝領雙份」，這是因新生命而有的社群親屬關係重新定位連結，也有了母憑子貴的說法。這些人際關係及心靈意識的營造、轉換，在文化傳統上，是透過一套生育禮俗的象徵性展示演繹，來強化、調整背後的意義；通過禮俗儀式的展演，更達到人際聯繫的生命新階段。（圖1-3）

■ 圖1-3　禮俗標誌著人生新階段（陳志昌／攝影）

臺南市作為臺灣的開發最早區域之一，諸多不同時期及移民，所存留的生育禮俗是日常生活積累堆疊後的文化展現，透過禮品物件、儀式活動、社群，呈現這一個地界上的獨特在地性。本書考量到研究題材及篇幅，以今日臺南市為研究區域，針對範圍內及相關人群的存有或消逝的生育禮俗進行調查，著眼起自兩性婚俗，自孩童出生前（或稱出世，臺語音 tshut-sì，以下臺羅拼音字標註同之）、出生後、度晬（tōo-tsè，週歲）至16歲之間的各項禮俗，進行完整的調查研究工作，研究方法以田野調查、文獻史料並重，除目前可見的禮俗之外，也特別關注地方特有的表現或與照顧幼兒相關的風俗。

一、家禮與風俗概說

　　人類社會生活中，為了一個新生命的誕生，往往透過各種活動、儀式、禮俗的展現，來表達新生命與家庭、家族、族群及社會之間的連結。同樣地，在臺灣漢人社會中，為了祈求生命延續，從一對男女結婚開始就有相當的祈子習俗及禮品交換，用以象徵生殖的繁衍，祝福新人結合能順利生養下一代（圖1-4）。接續經過新生命誕生，看護孩童成長，迨青春期成年，都存在著階段性的各項生育禮俗。故以此概念來觀看，生育禮俗是以「家庭」為單位來進行，為家禮一種，可以擴大到家族參與，更是民俗活動展現的一種樣態。加上漢人的祖先崇拜或原有之家祀之神或信仰物，在家庭之中舉辦也能達其圓滿之意，並非一定要擴及到社區或城市內的宗教信仰。

　　「家庭」這樣的群體就是民俗活動參與的團體基礎模型，

■ 圖1-4　新人結合來
生殖繁衍新生命（陳
志昌／攝影）

由長輩主持各項活動，家庭成員以此為凝聚家庭的親密情感，
再透過禮俗儀式的神聖性展演，賦予受庇護而安定心靈，可以
順利成長（圖1-5）。李豐楙教授認為生育禮俗應該自結婚的祈
子習俗起算到成年禮之前，約分成出生前、出生後、孩童期等
3階段[2]，探研禮俗涉及人際溝通往來的禮節、巫法術數、自然
神說的儀式，如：撒帳、安床、演祈仔戲、楗花欉（kīng- hue-
tsâng）、栽花換斗、換花（uānn- hue）、送流霞（sàng-lâu-hê也
有寫作「流蝦」）…等等，種類相當繁多。只是有些出生前習俗，
會與婚俗有重疊之處，且無法涵蓋部分非婚生的生產習俗，加
上民俗對孩童成長跨到青春期有一獨特成年儀式項目，但多半
在未結婚自組家庭前，還是可能被視為一個懵懂的未成年人，
所以筆者以李豐楙教授研究為基礎，認為對於分類上應該考慮
婚俗及成年禮的物品、儀軌，並關注到禮俗演繹的人物參與及

2　李豐楙，《慶典禮俗》（新北：國立空中大學，2011），頁25。

■ 圖1-5　家的所在（陳志昌/攝影）

主體性，所以將生育禮俗分為「婚前祈願」、「生產前」、「誕生後」、「孩童期」、「成年禮」等5階段，其中「生產前」則可再細分為「懷胎習俗」、「安產習俗」，如下表1-1。

　　在清朝文獻所用詞彙，皆是以「風俗」來稱呼本研究之民間習俗及信仰，對於「禮制」皆言官方、儒家之禮節儀軌及祭祀[3]，除清光緒年間成冊的《安平縣雜記》之外，官方修訂的地方志書尚未見有以「禮俗」來稱呼。日治舊慣調查及文獻撰寫對象為原有清帝國統治的人民，自然沿用慣稱，亦是多用「風俗」。一個詞彙的使用可以窺見不同時空社會的人群思考及文化結構，在今日臺灣社會，政制由帝權時代到民主社會演變，地域人群的經濟、政治因素移民往來，既有時間軸的縱深，也有地理面的廣闊，所以官方所言儀禮規制影響著民間慣習，儒

3　王必昌，《重修臺灣縣志（上）》（臺北：臺灣銀行，1961）頁240。陳淑均，《噶瑪蘭廳志》（臺北：臺灣省文獻委員會，1993），頁91。

表 1-1：生育禮俗分期及習俗一覽

	主角／人物	禮俗內容
婚期祈願	新人/家人	心理篇：節慶求姻緣、看日子、撒帳、四句聯、好聽話 物質篇：訂婚禮、回禮、結婚禮、回門禮、入洞房、舅仔探房 儀式信仰篇：安床、翻舖、求神、謝神、演祈子戲
出產期　懷胎俗	孕婦	探花欉、梘花欉、栽花換斗、換花 換肚、踏草青、節慶求子、求子特殊習俗 胎神、安胎、胎教、預測胎兒性別、 孕婦禁忌、吃食禁忌
出產期　安產俗	產婦	生產準備、產期風俗禁忌、生產的神明及儀法
誕生後	產婦/新生兒	報酒報喜、三朝洗兒、催（斷）臍 謝神、拜公媽、號名、貺禮壓米 做月內、滿月、剃頭、四月日、度晬 排八字、飼囝習俗禁忌、飼囝歌諺、禽相
孩童期	孩童/家人	拜床母、拜契、貫絭、換絭 收驚、過關度限、排命書
成年禮	青少年	謝神、拜天公、出姐母亭、脫絭 作十六歲

＊資料來源：(1) 李豐楙，《慶典禮俗》(新北：國立空中大學，2011)，頁25。(2) 東方孝義，〈臺灣風俗 (6)〉，收於《語苑》18卷6期 (出版地不詳，大正14年6月15日)，頁65~68。(3) 東方孝義，〈臺灣風俗 (10)〉，收於《語苑》18卷11期 (無版權頁)，頁69~72。(4) 三宅生，〈舊慣用語 (其十六)〉，收於《語苑》16卷12期 (無版權頁)，頁18~23。(5) 冬峰生，〈臺灣事情第二 風俗習慣〉，收於《臺灣警察雜誌》123號 (出版地不詳，昭和2年9月1日)，頁87~98。(6) 手島兵次郎，〈第二編人事 (臺灣慣習大要)〉，收於《臺法月報》24卷12期 (版權頁不詳)，頁20~21。(7) 片岡巖，《臺灣風俗誌》(臺北：臺灣日日新報社，1921)，頁1~11。(8) 鈴木清一郎，《臺灣舊慣冠婚葬祭と年中行事》(臺北：古亭書屋，1975)，頁112。(9) 吳建昇，《臺南市生育禮俗調查計畫報告書》，2013，未出版：臺南市文化資產管理處委託案。(10) 陳志昌，〈初探南瀛地區嬰幼兒生育禮俗之存與變〉，收於《第四屆南瀛國際學術研討會論文集》，2016，臺南：臺南市政府文化局。

臺南生育禮俗

■ 圖1-6　文化是經過學習，乃至創新。（陳志昌／攝影）

家所稱倫常禮節已疊存於民俗習尚，所以表現在常民行動展現出的是「禮」與「俗」融存的多樣生活文化。可以這樣說，文化是經過學習仿效乃至融合創新，自然有其歷史、知識層累的複雜呈現，雖說民間常有習而不察的習行，但卻也無損生活之用，在實行禮俗的表現上，加融創造出一套生活規則，並見存有古制遺風。（圖1-6）

　　所以本文所用「禮俗」一詞，是在日常裡實踐先人所教留生活方式，表現在口語、行為、心理等層面之中，為傳統與現代合融之後的表現，呈現出同質性的集體行為，也表現出地區性的個別化表現。舉例來說，清乾隆34年（1769）澎湖通判胡建偉《澎湖紀略》提到澎湖地區對於新生命誕生後的生育禮俗，他寫到：滿月、剃頭、周歲時，主家致贈親友雞蛋、油飯，及親朋好友回禮，或外家送禮的情形[4]（圖1-7、1-8）。雖是二百

4　胡建偉，《澎湖紀略》（臺北：臺灣銀行，1957），頁151。

■ 圖1-7 油飯（陳志昌/攝影）

■ 圖1-8 紅蛋及紅龜（陳志昌/攝影）

多年前的紀錄，但在今日來看，在滿月（muá-guéh）、度晬等禮俗實踐時，姻親、友朋之間的禮尚往來慣例，還是那麼地熟悉又自然，也是今臺南地區今日相當常見的景象。不過，若從細部來看，滿月剃頭與臺南可見的12、24日剃頭的禮俗[5]，卻又再再表現出兩處地域性的差異。因此透過生育禮俗的紀錄觀察，可以瞭解這種滿月、週歲等禮俗核心思維的同質性結構，廣為常民所遵循，但特定慣俗、時間、禮品等個別差異性表現，則也顯現出背後多元、可選擇性、與時俱變的社會文化。

5　鈴木清一郎，《臺灣舊慣冠婚葬祭と年中行事》（臺北：古亭書屋，1975），頁112。黃鳳姿《七爺八爺》（臺北：東都書籍株式會社臺北支店，1940），頁19。吳新榮著，張良澤編，《吳新榮日記全集1（1933-1937）》（臺南：國立台灣文學館，2007），頁48。涂順從《南瀛生命禮俗誌》（臺南縣：臺南縣文化局，2001），頁97。2014年9月筆者採訪新營區王小姐，2014年3月外家替兒子做12日剃頭禮。

臺南生育禮俗

二、人際往來編織的社會脈絡

　　儒家學說強調的禮學，即是以禮儀實踐來呈現家庭、家族的倫理秩序，雖有強調階序的「禮不下庶人」體制規範，但國家權力終究是要立足在基層社會，儒家之學自然會傳播出去而受民所用。傳播的結果也塑造不少儒學菁英，而這些菁英在未成為名家之前，還是生存於常民文化，多少習知俗風慣例，從個人的生命史觀點來看，雖長成後為儒生，但常民習俗及觀念早已是根存於血液之中。

　　習俗是種常民生活約定俗成的共知，是地域上，社群人們所遵循的規範與連結網絡，也在不同時代的人群演繹之下，進而形塑成眾所皆知迎接新生命誕生的生育禮俗，深刻入世代傳承的生命裡，形成富有意義非凡的禮俗文化。然古人所謂「入境隨俗」、「入國而問禁」等，顯示地方民俗具有其地方性的特色，因此民俗對內來說具有凝聚向心力，對外來說卻尤如一道無形的籬笆，具有與區別其他地方不同的特色與風貌。而民俗的禮儀實踐，又與儒家所提的家庭倫常有結構上的相似之處，尤其是個人、家庭的生生之禮，新生家庭與主幹家庭之間連結，即是由新的誕生來鍵結，而由大家庭再與其他家庭鍵聯，則可彰顯宗族生命的瓜瓞綿延，宗族的秩序即在禮俗的推演之下，一來一往的強固人際往來。[6]（圖1-9、1-10）

　　人類新生命誕生來自男女之間的結合，而社會所認可兩性間關係，多半立基於婚姻制度下的家庭，由於背後牽涉承續財

6　李豐楙，《慶典禮俗》，頁54~55。

■ 圖1-9　家庭的生生之道（陳志昌／攝影）　■ 圖1-10　家庭到社區的共力合作（陳志昌／攝影）

產權利的法理地位，所以婚禮往往也受到社會相當大的重視及討論。而重要的婚俗之後，接續著即是受重視的生育禮俗，自然也可知道在生命的篇章裡，延續婚禮之後的生育俗風，是被再三受關心的家人所一再提起參與，並擴大成為親朋好友，是眾人所關心的事項，更是會被拿出來討論的話題。

　　在這以「家」為中心所聯結發展出來的生育禮俗，可以列出相當多樣，民俗調查研究或地方志書中可以見到的，大抵有「做三朝」、「號名」、「排八字」、「剃頭」、「做滿月」、「催（斷）臍」、「做四月日」、「做度晬」、「育兒禁忌」、「拜床母」、「拜契」、「謝神」、「過關度限」、「做十六歲」等禮俗。若從禮俗的舉行時間上來作觀察，可以分成有「時限性」與「非時限性」兩大種類，時限性禮俗是指有時間截點的考量與限制，必須要在特定時間舉行的禮俗，計有「做三朝」、「剃頭」、「做滿月」、

臺南生育禮俗

「做四月日」、「做度晬」、「拜床母」、「謝神」、「做十六歲」；非時限性禮俗所指是在養育新生兒過程的慣俗，或因應各種實際需求狀況而產生的應對，計為「命名」、「排八字」、「育兒禁忌」、「拜契」、「過關度限」等。除了禮俗的時限性與非時限性之外，嬰幼兒生理發展概況與社會性關係，都與禮俗演繹有著不可分的密切關係。

這些禮俗展現及實行，非一己之力可以完成，所以有了後頭親戚（娘家）、夫家親戚、鄰人友朋、禮生、媒人、拾子婆（產婆）、醫者、法師道士、童乩靈媒等人主動或被動參與，彼此的生命光環都在禮俗展演的時刻，有了重要的聯繫重疊。所以禮俗從家庭出發，到同姓氏的家族，再連結到異性的家族，連結到整個村里社鄰，人與人之間的維繫，透過禮品交換、儀式信仰、共同參與，由「我家」增加為「我群」，再逐漸擴大「社群」、「族群」、「國族」，這些聯繫的背後，就是文化活動。（圖1-11、1-12）

這些多樣的生育禮俗雖多且雜，但終究不是以複雜儀軌的呈現，常民會用簡單化方式來進行，或借物傳情的宣告，更可能會是傳統與創新的交融。一如李豐楙教授所強調：喜事相關的禮俗是種嘉禮，嘉禮也較容易隨著時代而改變其形式及部分內涵。[7]在民俗活動裡面，改變是一件富有時代意義的變化，有時是外在器物隨著經濟生產改變，有時是儀禮隨著人群而修正，但不變的是背後人際之間的緊密連結及禮俗欲傳達的意涵。

7　李豐楙，《慶典禮俗》，頁14。

■ 圖 1-11　文化建構我群（陳志昌 / 攝影）

■ 圖 1-12　信仰活動是象徵意涵的實體表現（陳志昌 / 攝影）

三、人神共力護庇孩幼

　　在臺灣的傳統社會中，對於生命的誕生，從混沌未知開始，就包含著許多人的期待和希望，人們在進行求子傳嗣、敬重胎神、註生娘娘祭拜等各種活動中，也讓生命的形成彷彿一直受到諸神的眷顧與保佑。宏觀來看，人們並非只有遇到生育難題才尋求信仰，而是各種的生活疑難雜症，都可以訴諸信仰的力量來指點迷津，傳統時代的人群們透過祈願求神，找到心靈上的慰藉及行動上制持下去的力量；今日對信仰科學的人們來說，無法解釋或處理的不確定感，往往還是只能透過另一套信仰或宗教體系來得到支持撫慰。（圖1-13、1-14）

　　所以除了宗教信仰之外，傳統社會流傳已久的術數觀念，

■ 圖1-13　訴諸信仰的力量來指點迷津（陳志昌/攝影）

也是信仰的一環，這些試圖從不可知的未來找尋規律解答的命運之說，如：算命、排命盤、號名、抓週等，也表現在生育禮俗之中。究其心理，追求美好人生一直是普遍且常見的心理樣態，但在人世之生，無法探知的渾沌往往只能託付期待，所以藉由語言、符號、文字、物質、信仰、儀式等認知表現來祈求，將主觀念想化做客觀事物，成為一種具備象徵意涵的實體，滿足達到人

■ 圖1-14　尋求心靈的慰藉以得到力量（陳志昌／攝影）

們對於吉祥幸福人生的祈望具體呈現。[8]（圖1-14）

　　兩性自結婚起，即背負著家人的眼光，傳宗接代、延續香火的觀念，一直深植於人心（圖1-15）。且過往傳統社會對於勞動人口的重視，對於性別上有種「重男輕女」的強烈傾向，因此新人久婚卻無生育徵兆，或有夫妻尚未生育男孩者，不僅父母會急著抱孫子、經常探問，連新人也充滿壓力、非常苦惱，俗諺有謂：「好歹瓜都會甜，好歹查某都會生」，在「不孝有三，無後為大」的傳統觀念下，若夫妻無子嗣傳後，對長輩是很難交待的。由於有生養新生命的需求，因此民間也產生了各種生育神祇與婚後祈求生子的習俗。

8　林承緯，《就是要幸福：台灣的吉祥文化》（臺北：五南圖書出版，2014），頁7。

臺南生育禮俗

■ 圖1-15　就是要吉祥幸福（陳志昌　■ 圖1-16　兩性結婚傳宗接代（吳建昇／提供）
／攝影）

　　當生子遇到困難，民眾向神明祈求生子的風俗（或稱「請
花求子」），不分時期皆相當普遍，而且往往是身體有能力乘載
新生命的女性，要比掌握經濟、權力的男性來的著急。所以可
想而知，女人們前仆後繼的從信仰裡找尋生活所沒有力量時，
是要相當積極的，是以才有同治10年（1871）福建省「不准青
年婦女入廟燒香，如請花、求子等類，情尤可鄙。[9]」將求子納
入嚴禁之列，由此可猜測因興盛到引發一些社會事端的情況。
民眾向神明祈求生子的風俗既然十分普遍，也代表各有所依附
的故事傳說或神蹟，才能得以強化該神在人們心中的神威顯
赫。而有些地方則相當強調神明的這些功能性，觀察在人口眾

9　徐宗幹，《斯未信齋雜錄》（臺北：台灣銀行經濟研究室，1960），頁9~10。

多及富歷史性區域，神明自然也是較多，是以城市裡數量繁多的神明總可滿足民間的不同願許，所以分工專業化的情形相當普遍。而非城市的區域其實不一定擁有這麼多數量的神明，自然功能上無法細分，所以這些神明多被人們賦予綜合性功能，發展出萬能化的能力。雖然有此現象，但提供求子的服務或功能的神明，還是有一般公認專職生養的強烈形象存在，如：註生娘娘、臨水夫人、觀音菩薩、媽祖及花公花婆等，而在臺南尚有孟府郎君、張仙大帝及流霞婆，後續將針對這些神祇分別說明與祈子習俗的關聯，以及其在臺南地區受奉祀的情況。

　　本書將從家庭人情角度，並著眼宗族祖籍、社會地域的社群組成結構下的家庭，以家庭為核心的家禮辦理必須考量周遭社群風俗，所以下文書寫人際往來的禮品物質的象徵、交換；信仰護庇的表現、展演，並透過文獻及訪談來觀察儀禮辦理過程及演變，期待本書能盡量完整地呈現這個時代的臺南市生育禮俗。

臺南生育禮俗

第 二 章

生育禮俗的歷史與地域特色

　　文字時期以後的臺灣漢人移民，明鄭時期至清治初期主要以福建泉、漳州移民為多，清中後葉則有福建福州、廣東潮州、惠州、梅縣及其他地方移民（圖2-1-1）。這些移民除原有成長的家禮儀軌之外，也自有所屬多元的佛門僧眾、釋教法師、民間法師、道壇道士等可以代為執行禮儀。日治時期的殖民生活，引入日本大和文化，從同化政策到新國民，再到戰制皇民的改造，臺灣人在許多習俗上除保有各地區移民的部分習俗之外，也在此時受到經濟、政治的影響，開始產生變化。戰後則是國民黨的政治大移民，帶入各省籍的移入人口，使的臺灣又更增添諸多地域性的特色。

　　臺灣漢人的傳統生命禮俗受閩粵地方習俗影響，由重視不同生命階段的變化與意義，進而產生各式各樣的生命禮俗，其中生育禮俗是透過家

庭成員參與各種文化儀式，逐漸取得家族的接納與認同，而有一個新身份與自我定位。由於傳統生育禮俗涉及祈子、孕期、生產、月內、育嬰等各個過程，相關可參考資料相當龐雜，且舉凡醫學、民間信仰、地方俗信、諺語等亦均有牽涉，本書撰寫調查過程，除進行本市各區之田野調查工作外，同時也相當仰賴於文獻資料與過往學者之研究成果，尤其以臺南地區為主的相關調查或研究。

　　所以本章特別從歷史及地域層面來說明在本市生育禮俗的歷史性文化層及地域性特色表現，從各種歷史資料中所提及的生育禮俗，看到各時代留存的古風遺制，理解人們所堅持的文化依歸面相；再從廣泛地界的地域性特色，瞭解各家庭聚集而成的村庄里鄰之中，所表現的各人群傳承累積的文化精神與相異的豐富面相。並且綜合歷史時間的深度及地理疆域的廣度，

■ 圖 2-1-1　乾隆輿圖中的臺灣府

探討「個體—家庭—組織」的地域社群組織的型態關係，並從而比較傳統與現代之間，經時間、社會篩選後，生育禮俗的存與變。

一、歷史文獻中的臺灣生育禮俗

（一）史料中的原民族群

在文獻資料方面，臺灣在地的原民族群由於文化表現與漢俗相異，所以多半官員所撰寫的志書會提上幾筆，多半是描述外貌、居處、飲食、衣飾、婚嫁等風俗，對於生育禮俗撰寫不多。不過，綜合清方志書來看，值得注意的有二，一是對孩子性別的重視，二是婦女生產與冷水清潔的習俗。清康熙23年（1684）蔣毓英編纂《臺灣府志》首先提到：「土番之俗，與吾人異者，重生女而不重生男。[1]」因為男孩長大則出贅於人（所指應是女性之家），女孩則娶婿入家，這種重女不重男的生育觀點，可見於清方志書中敘述，官員觀察全臺灣南北的原民族群幾乎都是這樣說法。（圖2-1-2、2-1-3）

蔣毓英又說：「產婦甫生，同嬰兒以冷水浴之。[2]」不只官員這樣寫到，康熙36年（1697）來臺採硫礦的郁永河，也在《裨海紀遊》提到：「孕婦始娩，即攜兒赴浴。[3]」康熙56年（1717）

1　蔣毓英纂，《臺灣府志》（臺北：行政院文建設委員會、遠流出版社，2004），頁197。
2　同上註。
3　郁永河《裨海紀遊》（南投：臺灣省文獻委員會，1999），頁35。

■ 圖 2-1-2　蘇格蘭攝影師 John Thompson 眼中的　■ 圖 2-1-3　原住民婦女與小孩
　臺南地域原住民家族（John Thompson/ 攝影；國　　　（John Thompson/ 攝影；國
　立臺灣歷史博物館/ 提供）　　　　　　　　　　　　立臺灣歷史博物館/ 提供）

周鍾瑄主修《諸羅縣志》也說：「婦生產，偕嬰兒以冷水浴之。」
雍正 2 年（1724）黃叔璥在《臺海使槎錄》提到南路鳳山瑯嶠
十八社時，也說：「產後同所生子浴於溪中，與北路同。[4]」透過
這些官員的資料收集及觀察，可以發現在溪中以冷水洗浴新生
兒，是種臺灣原民族群常見的風俗，形成原因則與身體潔淨、
醫療健康觀念有關，在郁永河《裨海紀遊》特別提到這觀念：
「婦人無冬夏，日浴於溪，浴畢汲上流之水而歸。有病者浴益
頻。…兒患痘，盡出其漿，復浴之，曰：『不若是，不愈也』。」
提到溪水除了有日常清潔功能之外，生病女性、病童更需要透
過水的潔淨效能來治疾癒病。另外在光緒 17 年（1891）唐贊袞

4　黃叔璥，《臺海使槎錄》（臺北：臺灣銀行經濟研究室，1957），頁 157。

《臺陽見聞錄》則說：「土番生子，必隨產母浴於水，謂可去災。[5]」，可以知道除了疾病健康觀念之外，洗浴更衍伸有了消災的功能。

除了上述對孩子性別的重視、生產與冷水清潔的習俗之外，對於生產後的非常態現象，尤其是雙胞胎的誕生處理方式，也是與漢俗相異。黃叔璥在《臺海使槎錄》：「一產二男為不祥，將所產子縛於樹梢至死，並移居他處。[6]」西岡英夫《臺灣の風俗》則提到：原住民喜歡多子孫，但若有私生兒、畸形兒、雙生兒，會將之墮胎或棄殺[7]，這種風俗的成因為何，並無法透過史料得知。但從描述來推測，可從社會、生理、經濟等三大因素來思考，社會文化不認可的非婚生子女，牽涉財產、獵場繼承；自然生理存活率低的畸形兒，牽涉外觀的非常態而受厭惡害怕；經濟成本投入高的雙生兒，牽涉母體可提供的乳量充足與否，不能因新生兒來影響母體。

有關雙胞胎的存養，在筆者家族中，也有長輩約在民國40年代生下雙胞胎，處理方式是將其中一位置放於遠處豬圈，任其衰餓逝去。後來聊到這段往事，長輩提到這時，仍不免眼神帶有哀傷的說：「就沒錢，厝內散（sàn，貧窮），我身體又閣䆀（bái，差勁、不好），二个飼袂活（buē-uáh，無法活下來）。」

5　唐贊袞《臺陽見聞錄》（南投：臺灣省文獻委員會，1996），頁198。
6　黃叔璥，《臺海使槎錄》，頁157。
7　西剛英夫，《臺灣の風俗》（東京：雄山閣，出版年不詳），頁85。中央研究院臺灣史研究所藏書，《交通風俗‧物見遊山‧地方の風俗‧朝鮮の風俗‧臺灣の風俗‧琉球風俗史考》合訂為一冊。

■ 圖2-1-4　雙胞胎養育的經濟壓力較大（張耘書／提供）

可以理解到家庭社會的經濟力因素是養兒育女重要的條件論，經濟力不佳，連帶母體營養不足，所以雙胞胎誕生時，對家庭說是個沉重壓力，為避免全部失敗，只好選擇犧牲一個。（圖2-1-4）

（二）史料中的漢移民族群

1.清代方志記述

民俗生活描述一向不是官方史書的主要題材，不過在清代地方志書籍及文人著作中，還是可以見到鳳毛麟角，如：《臺海使槎錄》、《澎湖紀略》、《東瀛紀事》、《噶瑪蘭志略》、《澎湖廳志》等志書，只是多談描述的是婚俗，僅部分《澎湖紀略》、《噶瑪蘭志略》、《澎湖廳志》等有談及滿月（彌月）[8]，或用以治

8　胡建偉，《澎湖紀略》，頁151。林豪，《東瀛紀事》（臺北：臺銀排印版，1957），頁59。柯培元，《噶瑪蘭志略》（臺北：臺銀排印版，1957），頁111。《澎湖廳志》所載內容為節錄抄自《澎湖紀略》。

療孩童的民俗療法。如雍正2年（1724）黃叔璥在《臺海使槎錄》提到：「蕎麥種植亦少，嬰兒有疾，每用麵少許，滾湯沖服，立瘥。謂能解肌袪熱，間有為飯者。[9]」或許養兒是女性的責任，男性接觸的程度不一，所以這些官員對於孩童的生養方式多是輕描淡寫的帶過。

對於生育禮俗的辦理，清乾隆34年（1769）澎湖通判胡建偉《澎湖紀略》提到澎湖地區對於新生命誕生後的生育禮俗，他寫到：

> 到滿月剃頭，主家則分送雞蛋，亦仍前宰雞煮油飯請客。是日，外家備米粉和紅麴做丸一百枚送來，邀新外甥到家。其親朋於滿月時，亦有送銀牌、手鐲如內地者，亦有送月餅、桃麵者。至周歲，外家送紅綾衣一領、帽鞋襪俱備及桃麵紅雞等物，親朋亦有致送者，主家亦備酒席以酬謝云。[10]

這些滿月（muá-gueh）、周歲（度晬）等禮俗實踐時，姻親、友朋之間的禮尚往來慣例，也是今日臺南地區相當常見的景象，讓人感受到相當的熟悉。（圖2-1-5）不

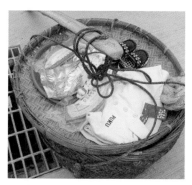

■ 圖2-1-5　後頭（娘家）的頭尾禮
（陳志昌／攝影）

9　黃叔璥，《臺海使槎錄》，頁53。
10　胡建偉，《澎湖紀略》，頁151。

過，若從細部來看，臺南也常見滿月剃頭，但另還可見12、24日剃頭的小風俗[11]，如此一來又再再表現出地域性的差異了。因此透過生育禮俗的紀錄觀察，可以瞭解這種滿月、週歲等禮

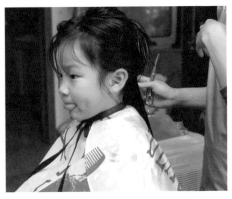

■ 圖 2-1-6　現代孩兒剃頭（陳志昌/攝影）

俗核心思維的同質性結構，廣為常民所遵循，但特定慣俗、時間、禮品等個別差異性表現，則也顯現出背後多元、可選擇性、與時俱變的社會文化。（圖2-1-6）

2.日治後舊慣風俗調查

日治臺之後，伊澤修二、水野遵、田中綱常紛紛從教育、政策、稅賦等行政人員觀點[12]，提出考察臺灣本地風俗、族群、語言、土地文書…等慣習，方能因應來施行合適治理政策與律法。然時逢政權改迭之際，總督府並無實際作為，是待後藤新

11　鈴木清一郎，《臺灣舊慣冠婚葬祭と年中行事》（臺北：古亭書屋，1975），頁112。黃鳳姿《七爺八爺》（臺北：東都書籍株式會社臺北支店，1940），頁19。吳新榮著，張良澤編，《吳新榮日記全集1（1933-1937）》（臺南：國立臺灣文學館，2007），頁48。涂順從《臺南生命禮俗誌》（臺南縣：臺南縣文化局，2001），頁97。2014年9月筆者採訪新營區王小姐，2014年3月外家替兒子做12日剃頭禮。

12　梅陰子，〈臺灣舊慣調查事業沿革資料（一）〉，《臺灣慣習記事》第4卷第1號（出版地不詳，明治37年1月23日），頁53~54。木母浮浪，〈臺灣舊慣調查事業史〉，《臺灣時報》63號，大正3年12月15日，頁3。

平擔任民政長官，才開始落實系統性的調查。後藤、岡松參太郎[13]及總督府、法院內有志者於明治33年（1900）10月共組「臺灣慣習研究會」，針對漢人生活習慣與風俗，如民間信仰、歲時祭儀、生命禮俗、民俗器物與生活習俗等來進行調查，並撰文收錄發行《臺灣慣習記事》[14]刊物，從明治34年（1901）1月25日創刊，迄至明治40年（1907）8月終刊，共發行7卷8號，計80號[15]。在這些刊物內容中有〈懷妊及出產に關する雜話〉[16]、〈懷妊及出產に關する雜話（續き）〉2篇提到詳細的臺灣人生育禮俗，並且在續篇介紹了產褥、對孕婦及嬰兒之治療（含滿月）、墮胎、壓死、棄兒、雙胎兒、胞衣與臍帶、剃頭、命名、做週歲、搖籃等內容[17]。這2篇採訪為日治臺灣文獻中首見對於生育禮俗介紹，且又觀察紀錄仔細的文章，行文著重在以孕婦、新生兒人物為核心的撰寫方式，並記錄準備之物件及數量，不過對於禮俗辦理完整過程的描寫還是有不完整之處，也沒有提到做四月日禮俗。

---

13 時任京都帝國大學法學教授，受民政長官後藤新平之邀於明治33年（1900）2月來臺主持舊慣調查事宜。

14 鄭政誠，《臺灣大調查：臨時臺灣舊慣調查會之研究》（臺北：博揚文化，2005），頁63。

15 不著撰者，〈發刊辭〉，收於《臺灣慣習記事》第1卷第1號，（出版地不詳，明治34年1月25日），頁2。不著撰者，〈本會解散の辭〉，收於《臺灣慣習記事》第7卷第8號，（出版地不詳，明治40年8月25日），頁1-3。

16 不著撰者，〈懷妊及出產に關する雜話〉，收於臺灣慣習研究會編《臺灣慣習記事第二卷第八號》（出版地不詳，明治35年8月23日），頁58~61。

17 新樹，〈懷妊及出產に關する雜話(續き)〉，收於臺灣慣習研究會編《臺灣慣習記事第二卷第九號》（出版地不詳，明治35年9月23日），頁53~63。

在日治時期刊行最久的臺語研究雜誌《語苑》中，有東方孝義[18]〈臺灣風俗〉系列14篇[19]、及三宅生〈舊慣用語(其十六)〉等15篇文章（圖2-1-7），其中東方孝義文章中，以〈臺灣風俗（6）〉、〈臺灣風俗（10）〉2篇談到產婆、產婦的模樣、斷臍、生產後處置、油飯、壓腹雞、做月內（tsò gueh-lāi）、滿月[20]、週歲[21]

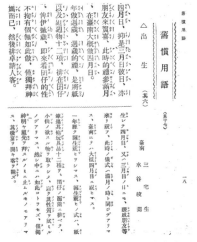

■ 圖2-1-7　臺南三宅生介紹許多臺灣習俗及用語（陳志昌/翻攝）

等，對於禮俗詞彙解釋說明是東方孝義文章的最大特色，文章沒有提到做三朝、做四月日。三宅生則介紹了三日祭祖、催臍（tshui-tsâi，束緊臍帶，意指斷臍）、「號名」（hō-miâ，命名乳

18 東方孝義於大正2年（1913）擔任警察，大正8年（1919）任臺南地方法院嘉義出張所檢察局通譯，1927（昭和2）年轉任臺中地方法院檢察局通譯，後也擔任過高等法院檢察局、臺北地方法院檢察局通譯。東方孝義除了《語苑》雜誌中數量為多的文章以外，後部分集結成《臺灣習俗》出版，並昭和6年（1931）參與出版《臺日新辭典》。他精通臺灣語，為日治時期日人中著名的「臺灣通」。請參考中央研究院臺灣史研究所「臺灣總督府職員錄系統」網站，http://who.ith.sinica.edu.tw/mpView.action。

19 東方孝義在《語苑》中有14篇文章，第1~5及第14篇是以〈臺灣風習〉題名發表，第6~13篇則以〈臺灣風俗〉發表。

20 東方孝義，〈臺灣風俗（6）〉，收於《語苑》18卷6期（出版地不詳，大正14年6月15日），頁65~68。

21 東方孝義，〈臺灣風俗（10）〉，收於《語苑》18卷11期（無版權頁），頁69~72。

名）、十二日、二十日、二十四日外家報喜（pò hí，意思同報外家 pò guā-ke，告知產婦的原生家庭）、親友提禮做月內、外媽做滿月、剃胎毛、剃頭（thì-thâu）、各種回禮等習俗[22]。文章內有標明是「臺南三宅生」，此一篇文章或許可以用來當作檢視日治臺南生育禮俗辦理的描述。另外在《臺灣警察雜誌》中，冬峰生〈臺灣事情 第二 風俗習慣〉[23]一文的「第四節生兒の禮」之中，有介紹三日祭祖、做滿月、做四月日、做週歲等俗。延續《臺灣慣習記事》刊物角色的《臺法月報》中，手島兵次郎〈第二編人事（臺灣慣習大要）〉介紹了三日產婆洗兒、命名（乳名）、改名、做滿月、剃髮、四月禮、試週（週歲）等[24]。

　　如果前面幾篇介紹生育禮俗的文章，都有作者各自觀察重點，那麼集大成的第一本書籍，應屬日大正10年（1921）片岡巖《臺灣風俗誌》（圖2-1-8）。（圖2-1-9）片岡在書中第一集第一章就完整地介紹臺灣生育禮俗的點滴，從懷孕開始描述，計有：病囝、迷信、男子系統主義、臨月、臨產、產婆、胞衣、難產、俯伏產、死產、難產の種類（難產的種類）、双兒（雙胞胎）、妻妾の兒（妻妾的子女）、產湯（產後洗浴）、產後ノ式（產後的儀式，含三朝之禮）、月內、滿月、收涎、週歲、命名（乳名，長大或入學後另取其他名）、搖籠、守袋（香火

22　三宅生，〈舊慣用語(其十六)〉，收於《語苑》16卷12期（無版權頁），頁18~23。
23　冬峰生，〈臺灣事情 第二 風俗習慣〉，收於《臺灣警察雜誌》123號（出版地不詳，昭和2年9月1日），頁87~98。
24　手島兵次郎，〈第二編人事（臺灣慣習大要）〉，收於《臺法月報》24卷12期（版權頁不詳），頁20~21。

臺灣風俗誌
愈々出版さる

今回本社より發賣する事となつた臺灣風俗誌は臺南地方法院檢察局通譯たる片岡巖氏が十有餘年に亙り公務の餘暇洽く諸書を渉獵し或は之を古老に質し閲歴に探究し臺灣固有の風俗人情を調査攻究し隨て得れば輙ち錄し稿餘山積せるものを更に分類淘汰し集を分つ十一、章を成す六十五、悉然たる一千二百餘頁の大冊を成せるもので實に本島空前の大著述と云ふを憚らない、下村總務長官は本書に序して「臺灣風俗誌は正しく臺灣の社會の側面史であり（中略）臺灣の社會狀態臺灣人の民族心理を知る可き好箇の著述である」（下略）と推賞され菅野檢察官長は（上略）此一卷几を案に備へて翻閲に便せば臺灣統治の任に在るものは以て三百萬の民情を洞察し習慣を知識し（中略）…の治績を擧ぐるを得可し（下略）と賞讚し松井檢察官も亦其序に於て（上略）著者は本書を以て專ら本島人に對する施政の資助たらしめん希圖なるが如しと雖も其益啻に彼れのみに止まらんや熟讀玩味せば以て博物の志と爲し以て農工の助と爲すを得ん特に商賈之に據て商略を樹立せば恰も敵陣を覗き見て兵を行ふが如しと云ひ加福豐次氏は同化政策の心理的基礎も亦之に依て發見せらるるに至らんと激賞して居る之れに依つて以て本書の價値を知る可く在臺者は勿論內地に在つて臺灣を研究せんとする人々に對して其座右に本書一冊を備へられん事を推奬するの次第である（三面廣告參照）

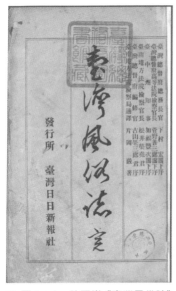

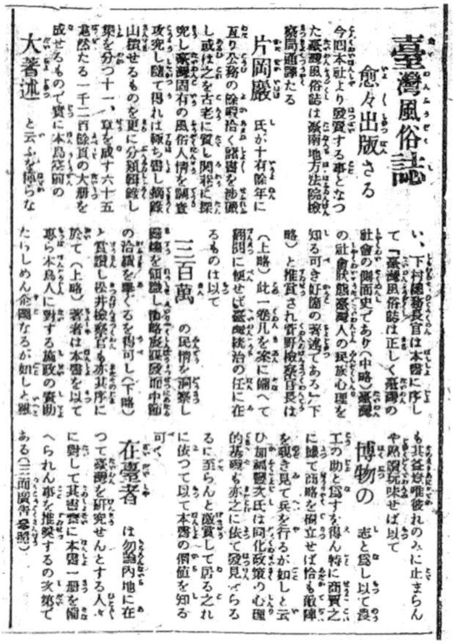

■ 圖2-1-8 片岡巖《臺灣風俗誌》封面（陳志昌/攝影）

■ 圖2-1-9 1921年3月19日臺灣日日新報報導《臺灣風俗誌》出版訊息（陳志昌/翻攝）

袋）、祈禱（祈福）等完整內容[25]。

片岡巖《臺灣風俗誌》是對生育禮俗做了普查式的民俗生活廣度調查，而昭和9年（1934）出版的鈴木清一郎《臺灣舊慣冠婚葬祭と年中行事》的調查則就是在普查的基礎上，加入個人實際生活的體驗與查察，以「內臺融和」的同化政策觀點[26]來撰寫，著重在臺灣人風物禮俗改變過程敘述，並且詳實

25 片岡巖，《臺灣風俗誌》（臺北：臺灣日日新報社，1921），頁1~11。

26 同化政策的敘述觀點，可以從鈴木清一郎在書籍的自序中，說到的「本書是要對臺灣人民有正確的認識，對於治理臺灣及經營各種事業有所幫助，進而實現日臺融和，乃至打破迷信與改善風俗。」由於仍是同文親善的統治觀點，故才說有同化觀點。鈴木清一郎，《臺灣舊慣冠婚葬祭と年中行事》，頁7。

地說明禮俗辦理過程，以及提出迷信奇風異俗的評論。與新生命誕生後的生育禮俗紀錄有：出產（生產）、舊慣に依る生兒の所屬（舊慣俗中新生兒權屬）、產後の手當（產後調養）、死產、帶流蝦、做月內、命名と其の標準（命名及其標準，乳名及讀冊名皆提及）、改名、三朝の禮（三朝之禮）、做滿月と祝物頭尾（做滿月與頭尾禮）、做四月日、做週歲、拜床母等[27]，每一習俗皆有詳盡的說明，並對於一些臺語詞彙也做了解釋。而且鈴木的調查書寫之中，與片岡最大不同的是他節錄了相當多臺灣人的敘說語句，以報導形式的第一人稱口吻來真實節錄，這是《臺灣舊慣冠婚葬祭と年中行事》與《臺灣風俗誌》兩書最大的不同之處。

　　昭和16年（1941）臺灣少女黃鳳姿就以豐富觀察力的文筆出版了《七爺八爺》，寫下了〈剃頭〉〈拜床母〉等2篇有關艋舺地區家庭的生育禮俗，內文提到艋舺地區是以產後24日為剃頭的時間，以相當文學化筆觸描寫嬰兒剃頭的模樣，及儀式中以雞蛋臉、鴨蛋身來對比身體的有趣觀察[28]。這種比喻筆者在臺南也記錄到進行剃頭儀式時，老人家也是這樣提到：「雞蛋面，鴨蛋身，好親戚，來相挺。（圖2-1-10）」日治後期《民俗臺灣》月刊雜誌，在所刊行的43號雜誌中，計有呂阿昌〈妊娠及び

27　鈴木清一郎，《臺灣舊慣冠婚葬祭と年中行事》，頁98~117。
28　黃鳳姿，〈做月內〉，收於《七爺八爺》（臺北：東都書籍臺北支店，昭和16年11月25日），頁19~23。

■ 圖 2-1-10　滿月剃頭俗諺稱：雞蛋面，鴨蛋身，好親戚，來相挺。（陳怡臻/提供）

出產に關する臺灣民俗〉[29]、黃鳳姿〈做月內〉[30]、孟甲生〈做四月日〉[31]、黃連發〈兒童と習俗〉[32]、池田敏雄的第3卷第9號〈民俗雜記〉[33]、第3卷第12號〈民俗雜記〉[34]等文章介紹了生育禮俗。這些文章介紹的生育禮俗，大抵內容也是孕婦生產、洗兒、做月內、做滿月、做四月日、週歲、命名（乳名）這些禮俗的範

29　呂阿昌，〈妊娠及び出 に關する臺灣民俗〉，收於《民俗臺灣》第1卷第5期（臺北：東都書籍臺北支店，昭和16年11月5日），頁1~5。

30　黃鳳姿，〈做月內〉，收於《民俗臺灣》第2卷第1號（臺北：東都書籍臺北支店，昭和17年9月5日），頁38~39。

31　孟甲生，〈做四月日〉，收於《民俗臺灣》第2卷第1號（臺北：東都書籍臺北支店，昭和17年9月5日），頁25。

32　黃連發，〈兒童と習俗〉，收於《民俗臺灣》第3卷第7號（臺北：東都書籍臺北支店，昭和18年7月5日），頁14~17。

33　池田敏雄，〈民俗雜記〉，收於《民俗臺灣》第3卷9號（臺北：東都書籍臺北支店，昭和18年9月12日），頁28~33。

34　池田敏雄，〈民俗雜記〉，收於《民俗臺灣》第3卷第12號（臺北：東都書籍臺北支店，昭和18年12月1日），頁44~45。

■ 圖2-1-11　日治時期育兒搖籃（陳志昌／翻攝）

疇，但是書寫上更多朝向民族學式的觀察筆記，對於來執行禮
俗的成員、彼此稱謂、時間、禮品種類與數量、送禮與回禮的
人際互動、甚至心理思維及各種情緒，都描寫的相當細膩。（圖
2-1-11）

　　不過，前述諸多書籍資料的描寫，都是以「臺灣人」為調
查來紀錄，除三宅生〈舊慣用語（其十六）〉一文可能是描寫臺
南之外，少有寫出各地區臺灣人辦理生育禮俗的差異細節，也
沒有直接提到有臺南地區或府城人的在地禮俗。或有人提連橫
《臺灣語典》及《雅言》所介紹生育禮俗可以為臺南代表，書中
也確實有介紹「臺俗生子」的三朝、滿月、度晬的禮俗[35]，但若
由連橫書中所寫作慣例及風格，如果是有地區性意指，多半還
是會標註地區名，所以推斷連橫撰寫的內容還是無法充分作為

35　連雅堂，《臺灣語典》（臺北：金楓，1999），頁249、281、282。

臺南地區生育禮俗代表性文章，只能說就連橫的書寫有觀察到同質性辦理內容。

3.地方仕紳的生命經驗

由於生育禮俗所發生的場域是以家庭為中心，所以筆者嘗試從日治時期臺南本地仕紳的個人傳記或日記中來尋找，希望可以透過描寫在地生活場景的資料，來比對臺南與臺灣漢人禮俗的地區性差異，臺南鹽分地帶名仕吳新榮身後所留下的《吳新榮日記全集》正是一份可以用來作為觀察比較的資料。日記自昭和8年（1933）吳新榮留學日本返臺執業醫療、結婚後開始撰寫，除昭和9年（1934）、民國43年（1954）缺少之外，至民國56年（1967）為止，內文以臺、日、中文紀錄當時與地方仕紳往來、行醫狀況、讀書心得及對時局的觀察見解等，當然更有關於家庭生活的日常瑣記，是一部兼具常民生活面貌與知識份子思路的寫實紀錄。

吳新榮育有6子2女，至過世前內外孫共6人出世，在日記之中，可以觀察到自長子吳南星出世，就開始記述點點滴滴的生育禮俗。綜觀1933年至1967年的日記集結，記載了長子以古禮第十二日剃頭式及相關辦理情形、做月內、幸禮（hīng-lé、贶禮）[36]；岳母來替長女剃頭（筆者計算日期為出生後7日）[37]；次男回六甲做滿月[38]；三男滿月及四月日，找來照像館拍照紀

---

36 吳新榮著，張良澤編《吳新榮日記全集1（1933-1937）》（臺南：國立臺灣文學館，2007），頁45、48、51、55。
37 同上註，頁122。
38 同註24，頁303。

念[39]；次女拍滿月紀念照片[40]；四男「排八字」、「拜契父母」、至日本神社由神官為母子做祓除儀式、四月日[41]、週歲、摸歲（抓週禮）[42]；五男出世、產婦產褥（所指應為作月子）[43]；六子滿月開宴、做週歲聚餐、拍照[44]；長內孫臺南醫院出生、剃頭（計算日期為15日）、彌月做滿月、做四月日、週歲辦宴[45]；長外孫出生、做月內、做滿月、做四月日、做度晬[46]；長內孫女滿月敬祖謝神、宴客[47]、次長內男出生、命名、宴客、四月日拍照[48]。

日記記載家庭生活的時間相當長，所以對於家庭成員的重要日子，吳新榮多半或繁或簡地都記上幾筆，不過由於是個人日記並非采風紀錄，且傳統「男主外、女主內」的樣貌之下，所以對這些生育禮俗的紀錄並不稱得上相當仔細。透過吳新榮

39 吳新榮著，張良澤編，《吳新榮日記全集2（1938）》（臺南：國立臺灣文學館，2007），頁327、340。吳新榮著，張良澤編，《吳新榮日記全集3（1939）》（臺南：國立臺灣文學館，2007），頁229。
40 吳新榮著，張良澤編，《吳新榮日記全集4（1940）》（臺南：國立臺灣文學館，2007），頁287。
41 吳新榮著，張良澤編，《吳新榮日記全集7（1943-1944）》（臺南：國立臺灣文學館，2008），頁416、418、420、443。
42 吳新榮著，張良澤編，《吳新榮日記全集8（1945-1947）》（臺南：國立臺灣文學館，2008），頁150。
43 吳新榮著，張良澤編，《吳新榮日記全集8（1945-1947）》，頁301、307。
44 吳新榮著，張良澤編，《吳新榮日記全集9（1948-1953）》（臺南：國立臺灣文學館，2008），頁44、85。
45 吳新榮著，張良澤編，《吳新榮日記全集10（1955-1961）》（臺南：國立臺灣文學館，2008），頁288、290、292、306、357。
46 同上註，頁314、315、319、341、359。
47 吳新榮著，張良澤編，《吳新榮日記全集11（1962-1967）》（臺南：國立臺灣文學館，2008），頁329。
48 同上註，頁343、344、346、356。

的日記，可以觀察到他因為忙碌醫療、政治，對生育禮俗的記載較簡潔，且參與程度不一，不過日記還是可以呈現臺南北門地區傳統生育禮俗與其他地區的同異之處，如：相同

■ 圖2-1-12　拍照成為紀念孩子的重要成長歷程（陳志昌／翻攝）

的有做滿月、四月日、週歲的禮俗辦理概念；相異之處在於沒有「做三朝」及「12日古禮剃頭」，這二者應該是北門吳家與文獻中臺灣其他地區最不同之處。透過吳新榮日記也可發現，因為日治時期攝影術及照相機的引入，從1938年三男南圖的滿月禮開始，吳新榮開始在孩子們出生後生育禮俗這些重要生命時刻，找來照像館拍照紀念，而且照片也加洗出來，寄給遠方的親友。日治後，照相術的普及，讓臺灣人的生育禮俗有了一個新的紀念方式，雖生育禮俗可能簡略辦理，但到相館拍張照片當作紀念，開始成為一個常民用來紀念、聯絡感情的重要表現。（圖2-1-12）

　　另我們也可以看到吳新榮身為一個知識份子，命名的思考表現出他個人心理層面及民族文化思維，從年輕時留日背景及抱懷家族民族遠大志向，所以用個人期許來替孩子命名報戶口，一直到晚年接受算命術數的命名邏輯，這可以看到轉折之處。在同時期的社會文化裡，吳新榮在孩子命名上，表現出不同的地方。

　　藉由上述日治時期史料的描寫與整理，可以知道在嬰兒出

臺南生育禮俗

生後存活之後的「做三朝」、「剃頭」、「做滿月」、「做四月日」、「做度晬」、「命名」等禮俗，為日治臺灣人共同認知的遵循，並且鮮活地存在生活之中。可歸納出同質性部分是在於：（1）時間：禮俗辦理的時間截點概念，如做三朝、剃頭、做滿月、做四月日、做度晬、命名等重要的不同時點。舉辦內容可能會有差異，但時間點概念是雷同的。（2）人物：參與禮俗的人物角色有拾子媽（或稱穩婆、先生媽，傳統產婆）、助產士（新式產婆）、外家（guā-ke，產婦原生家庭）、夫家、親朋好友。禮俗辦理的人物身分可能會有因地制宜的可能，但背後的人際往來互動關係，卻是禮俗辦理最重要因素之一。（3）物品：祭神敬祖用、給產婦做月內賀禮、睨禮（回禮）、外家送頭尾禮、儀式進行祈福用品（水、蔥、桂花、芙蓉、石頭、銅錢、雞鴨卵…等）。這些物品可能是溝通神人之間的祭品，也可能是人際禮尚往來重要不可或缺的象徵物。

而透過這些日治時期的調查，比對戰後的史料，可以發現時代的變動，也牽動禮俗辦理的表現方式。日治帶引入的交通建設，使得臺灣人移動便捷，隨著人們的移動遷徙，禮俗也跨出地域的疆界，開始產生不同的碰撞對話。而隨著新時代的攝影技術出現及普及，拍照留下照片，開始變成生育禮俗裡面的重要呈現，也標誌著人們對於生命歷程的重視。（圖2-1-13）

■ 圖2-1-13　拍照成為生育禮俗重要的紀念（陳志昌／翻攝）

二、臺南各地域的生育禮俗特色

由於生育禮俗是種家禮，各家有其門風規範，而且生養之事牽涉經濟運作，除了由家庭所聚集擴大的家族宗廟組織，家庭成員也常對外與其他家庭互動，所以由家庭往外擴展，也常見以各種互助會、神明會組織來聯誼，再加上臺灣漢人及原住民的多族群性及居住分布，所以區域性差異是存在著的。不過，各族群所承傳的自有禮俗文化，過三百多年來的交流接觸，通婚聯姻，加上近代交通、資訊聯絡方式暢通多元，也可見交融改變的情形。本章從組織的組成及地域分布來思考，發現有宗族型態、信會組織、廟宇境域、西拉雅族習俗等型態，以下序分討論之。

（一）宗族型態

宗族是種以姓氏血緣為基礎的共同體組織，常見是宗親經營管理共有財產，以因應冠婚喪祭、濟育撫養的經濟開銷，有喜樂患難與共的互助性質。宗族更是種地方政治組織，在現代國家未形成前，是一股維繫地方社會穩定的根基勢力。由於此種宗族組織的文化活動，最主要仍是祭祀過世祖先及神明，因祭祀神明或祖先而設的社會組織相當多，牽涉成員組成、祭祀型態、費用繳納、財產管理等，而有包括神明會、祖公會、祭祀公業、父母會、共祭會等不同的組織[49]。臺灣漢人的宗族組

---

49 木清一郎著，馮作民譯，《增訂臺灣舊慣習俗信仰》（臺北，眾文圖書公司，2004），頁48。

織，依戴炎輝教授觀點分為「合約式祭祀團體」與「鬮分式祭祀團體」，「合約式」係僅以同姓氏為主來入股加入，同姓間並不一定有血緣系譜關係；「鬮分式」則以血緣系譜關係為主。其組織運作由入股的股本為基金，放貸滋金或是購置田產放租，或祖產遺留產業作為祭祀公業，以作為每年祭祀的經費來源[50]。

而現代國家出現，加上經濟型態改變，宗族的勢力減弱，存留的多是文化、信仰性格。所以由家庭所擴大的家族宗廟組織，在現代化過程，開始沒落及轉型，現在多半是透過每年固定例祭或是特意舉辦的活動，來聯誼宗親之間的感情。「合約式祭祀團體」與「鬮分式祭祀團體」在目前臺南市都有相關的組織，以內政部所登記的人民團體名冊資料，2018年臺南市有鄭氏宗親會等79個宗親會組織，以王念湘等人合著的《南瀛宗祠誌》加上資料顯示，目前臺南市宗祠應該超過90座。有人提出「宗親會」等於「合約式祭祀團體」，「宗祠」等於「鬮分式祭祀團體」，但仔細研究可發現宗親會裡面並非所有都是可自由加入，宗祠也並非都全是嚴謹的血緣系譜關係，所以單單要用「宗親會」、「宗祠」來鑑別其組成性質，比較不合實情。

不過宗親會、宗祠每年多半會在各自的特殊例祭日、重陽、冬至時辦理祭祖大會，若宗親家中有新生兒，添丁需報祖，多半會在四月日後或度晬（滿1歲）前後，前往祭祖，可讓祖先

---

50 戴炎輝，〈臺灣的家族制度與祖先祭祀團體〉，《臺灣文化論叢》第二輯（臺北：清水書店，1945），頁233~235。

■ 圖2-2-1　宴席聚餐聯繫感情（陳志昌／攝影）

們認識親門下的新生兒，或是讓共祭的神明保祐新生兒平安健康長大，有些宗族會在報祖當日將新生兒的族名填寫入族譜的昭穆，常見祭拜後辦理宴席聚餐，用以聊天聯繫感情（圖2-2-1）。目前臺南市較有規模的宗族組織祭祀活動有：楠西鹿陶洋江家祭祖、西港劉厝劉氏宗親會、榴陽王郭氏宗親會、大社茇葉宅公愿祭典、忠順聖王會食祖佛酒迎陳聖祖、安南區中洲寮邱氏族親祭祖、佳里佳化蘇姓宗親會祭祖、將軍苓仔寮黃家祖廟祭祖、佳里黃家祖廟祭祖等。其中「榴陽王郭氏宗親會」、「大社茇葉宅公愿祭典」、「忠順聖王會食祖佛酒迎陳聖祖」等3個活動，已受臺南市政府依照文化資產保存法，登錄為臺南市市定民俗。由於宗親會相當多，筆者僅能挑選幾個類型態來討論，以下茲就有規模及特色的宗族型態來介紹：

1.楠西鹿陶洋江家

江家古厝是目前全臺灣最大的傳統單姓聚落，四進三落的

臺南生育禮俗

傳統閩南建築保存完整，是政府指定的歷史建築與歷史聚落，也是楠西知名景點。江家後代子孫組成的祭祀公業，每年都會舉辦清明祭祖，由四大房輪流主辦。祭祖活動舉辦時間在清明節，來自全臺各地子孫近300人，齊聚在12世開基祖江棋壽墓前，點香祭拜再行三跪九叩首大禮。其中年齡最長的是92歲、最小才出生幾個月大，六代同堂共同祭祖，趁機交流，也培養感情。祭拜結束後每人領取紅龜粿及100元發財金，中午一起在古厝公廳吃潤餅，宗親團聚聊天，熱鬧又溫馨。江家宗親是「閹分式祭祀團體」，整個江家聚落佔地3.5公頃都是祭祀公業，也是臺南市政府指定的客家單姓聚落，4進3落的紅瓦建築則是市定歷史建築，在民國60年代最多同時有136戶居住，目前僅剩30戶，空房舍盡量整修保留做為歷史景點。

2.西港劉厝劉氏宗親會冬至祭祖

曾文溪歷年來多次的改道淤積，使得倒風內海範圍的地勢每經一次土石流，就增高數尺，劉厝祖先們的古墓因而逐漸被掩蓋在地底之下。1984年劉氏宗親成立「劉氏登魁公派下親族會」，開始找尋被掩埋的古墓，2003年劉氏宗親成功挖掘出劉厝開基始祖劉登魁、二代祖媽劉陳孝淑孺人2座古墓。依墓碑清康熙53年（1714）年代推算，迄今已有280多年歷史。

每年冬至前夕，散居各地的劉姓族人都會返鄉，先在公厝祭祖後，再到古墓向祖先致意，如果有新生兒多半也會帶來祭祖，象徵飲水思源。早期祭祖均在冬至當天辦理，但考量經濟及工作因素，現改為冬至前的週日舉行，當天中午族人還會以辦桌方式聚餐，大家一起話家常，連絡感情。

■ 圖2-2-2　鹿陶洋江家宗親清明祭祖

3.七股篤加邱姓冬至祭祖

　　邱姓為主的篤加社區，每年在冬至舉辦祭祖，各地家人此時都會返鄉回到祖厝，虔敬地跪在先祖及五房牌位前膜拜，追念先祖的德澤。祭祖多半由族老擔任典禮主祭，帶領宗親跪拜先祖，每年剛結婚的新人及新生兒，也必需回到祖先牌位前膜拜，進行認祖歸宗儀式。祭祖後，由宗親會設宴餐敘，彼此閒話家常、聯繫情誼，所以有「冬至祭祖，吃祖報新丁」的稱法。

　　典禮主祭的長老邱連棟表示，冬至祭祖已經舉辦近兩百年，每年祭祀人潮增多，祭祖儀式已演變成一套完整的禮儀，最重要的意義在於凝聚邱姓血緣，透過冬至祭祖維繫宗親情感。

4.佳里佳化蘇姓宗親會冬至祭祖

　　佳化蘇姓宗親會於1988年興建「蘇姓崇祠」完工，位於佳里區佳化里，據傳先祖自唐山一個名為「武功」地方渡臺，所以家化蘇姓，也稱「武功蘇」。以冬至為主要祭祖日子，清明、端午、中秋、除夕等節日也會祭拜祖先。（圖2-2-4）

臺南生育禮俗

依照宗親會組織章程，會員分「正式會員」、「贊助會員」。凡屬佳化蘇姓始遷祖蘇府公派下現員及其子女（有血緣關係），贊同本會宗旨且年滿20歲以上，填具入會申請書，經理事會通過，並繳納會費後為正式會員，成績優異者可領取獎學金。另外，凡認同佳化蘇姓宗親會宗旨且年滿20歲以上設籍於臺南市行政區域之蘇姓宗親，填具入會申請書，經理事會通過，並繳納會費後為贊助會員[51]。可看到這是個「鬮分式」與「合約式」兼備的組織型態，這樣的宗親會有越來越多的趨勢。

5.佳里下廍林姓宗親春秋祭祖

下廍（嘉福社區）的祭祖活動分為清明掃墓和冬至祭祖，

---

51 佳里區佳化蘇姓宗親會網站資料 http://www.jfs.tw/org-rules/ch2

■ 圖2-2-3　西港劉氏古墓見證倒風內海地理變遷（陳志昌／攝影）

■ 圖2-2-4　佳里佳化蘇姓宗親會崇祠

典型的春秋二祭型態。清明掃墓是由子孫共同祭拜開基祖「大祖」林可棟夫婦之墓，掃完大祖墓之後再各自回去掃「房頭祖墓」。約於1953年左右，後裔因細故在大祖墓地爭執，從此共同掃墓之舉因此中斷，僅在每年冬季「大寒」時節以「媽祖會」分得的「公金」僱人去整理大祖之墓。各房興建祖塔之後，清明掃墓即僅擇清明前之週日來祭拜祖塔。

　　冬至祭祖有經過改變，早期大祖林可棟暨各房頭祖先神主牌，以各房頭輪祀方式奉祀，當時尚無所有族親共同祭拜神主牌，這種輪祀慣俗在早期臺灣民間相當普遍，即使至今有些地方尚如此。宗祠落成之後，林可棟派下及埔仔林後裔共同在宗祠冬至祭祖，時間擇於冬至前週日，上午祭拜祖先，中午在宗祠前設宴。現在配合工作形態及各家其他祭祀活動，所以各房共有的清明掃墓及冬至祭祖皆提前於靠近的週日，而清明及冬

至當日，各房再回去掃自家的掃墓和祭祖[52]。

6. 南區鯤鯓集美陳姓祭祖

陳姓為泉州同安集美移民，為四鯤鯓的大姓之一，舊慣例也是1年2次拜祖先，不過並非春秋二祭，而是大年初二及清明，而且稱呼方式不一樣，大年初二的祭祖稱「探墓厝」，清明掃墓稱「培墓」（puē-bōng）。只是在大約1990年代因為省道台17線興築，許多祖墓被迫撿骨放置靈骨塔中，大年初二的「探墓厝」及清明「培墓」，皆改至靈骨塔。

家族內新婚夫婦，依慣例需連續培墓3年，但由於近代工作型態改變，且家族成員四處搬遷，現改成只要該房有代表出席即可。而家族中的新生兒，過往皆是度晬後才會前往「探墓厝」及「培墓」，用以讓祖先認識新生兒。只是隨著族親將各房祖先牌位分靈出去，所以越來越多新生兒與祖先的初次見面，都在各房祖先牌位前進行。

7. 榴陽王郭氏宗親會

郭姓「榴陽王會」成立的年代及其背景不詳，僅知在日治時期已年復一年的流傳著，在太平洋戰爭期間整個活動被迫暫停，神明則暫供奉在西港區大塭寮，直到戰後10幾年後才恢復輪祀。「榴陽王會」輪祀的神明共有3尊神像，分別是「三元真君」、「十二使祖」及「李老先生」，合稱「榴陽王三聖始祖」[53]。

---

52 臺南市佳里區延平社區發展協會，〈臺南市佳里區嘉福社區農村再生計畫成果報告書〉未出版。https://www.tainan.gov.tw/tainan/warehouse/%7B2D8C2325-DC53-4836-9754-92E5FE1F0F87%7D/jiafu.pdf

53 丁仁傑，〈榴陽王郭氏宗親祭祖大典成為台南市登錄民俗相關材料彙編〉，《民族學研究所資料彙編》24期（臺北：中央研究院民族學研究所，2016），頁3。

郭氏族人先後自福建漳、泉2州移民來臺灣，先後入墾台江及曾文溪一帶，除了要跟時常改道的「青眠蛇」曾文溪奮鬥，土地拓墾過程也時常與他姓發生爭執。大塭寮郭姓與樹仔腳黃姓，對於土地劃分、開墾概念不合而發生械鬥，由庄和庄之間恩怨，演變為姓氏間的「黃郭相刣」。擲筊輪祀則最遲在日治時期大正15年（1926）形成，祭典前所在地全庄煮油淨宅、祭祖前宴王大典與拜天公，具有完整的祭祀儀式。（圖2-2-5）

　　神明會不設祠堂，每年跋桮（puàh-pue）選出爐主，迎請神尊皆深具在地特色，是臺南地區最具規模及特色的祖先崇拜習俗（圖2-2-6）。戰後向外縣市拓展，遠至高雄、屏東等地，影響範圍逐漸擴大，每年農曆十月初一日舉行例祭，並開席設宴，宗族間慣稱：「拜老祖公、食祖佛酒。」族人宗親年年參與，

■ 圖2-2-5　榴陽王郭氏宗親會祭壇（臺南市文化資產管理處/提供）　　■ 圖2-2-6　榴陽王郭氏宗親會宴席前跋（puàh）爐主（臺南市文化資產管理處/提供）

宗親組織運作具典範性，場面相當浩大，在南臺灣具有相當重要性[54]。

　　若依榴陽王郭氏宗親會的入會方式來看，分成個人會員、團體會員、學生贊助會員3種，另依繳費與否還有名譽會員、永久會員2種，雖以「郭」姓為主，但彼此間並不一定要有血緣關係，性質上屬「合約式祭祀團體」。2017年由臺南市政府依文化資產保存法公告登錄為市定民俗「榴陽王郭氏宗親祭祖大典」，是南臺灣規模甚大的宗族祭祖活動[55]。

8. 大社荖葉宅公愿祭典

　　「公愿祭天」起源於1898年荖葉宅事件，當時鄭氏族親為營救一對被視為抗日份子的夫妻鄭清及鄭昭英，而觸怒日本警察廳，警告如未能如期交出要犯，將引來鄭氏家族慘遭滅族之災難。地方族老為確保荖葉宅宗族的平安，祈求善化慶安宮媽祖及在地守護神玄天上帝保佑，在神明指示下，立下重誓祈願，只要族親逢凶化吉，願年年拜叩天地，酬謝神

■ 圖2-2-7　2014年荖葉宅公愿文化節（臺南市文化資產管理處/提供）

54　丁仁傑，〈榴陽王郭氏宗親祭祖大典成為台南市登錄民俗相關材料彙編〉，頁4。
55　臺南市文化資產管理處網站，http://tmach-culture.tainan.gov.tw/asset/assetdetail.asp?assetid=%7BEC221234-3F37-4FEC-81DF-91DFEB52DC1C%7D

■ 圖2-2-8　鄭氏宗親叩謝天地神恩（臺南市文化資產管理處/提供）

■ 圖2-2-9　慎終追遠的鄭姓祭祖壇（臺南市文化資產管理處/提供）

愿。因後來村落族人順利過難關，是以才有每年祭天謝公愿的
祭典[56]。

茗葉宅大埕殺豬宰羊謝公愿，原是每年農曆二月辦理，現
改為每10年1次。近年在新市區公所「文化造鄉」的施政理念
下，結合大社社區發展協會及大社玄武傳奇文史工作室，致
力於推動文化傳承，2014年適逢10年1次的公愿祭典，特舉
行「茗葉宅公愿文化節」，辦理「文化論壇」，凝聚族親認同。
由於目前祭典進行還是以茗葉宅鄭姓為主，雖沒有明確組織規
章，但就訪談資料來看，是以血緣家族為主的「闔分式祭祀團
體」，2017年由臺南市政府依文化資產保存法公告登錄為市定
民俗。

9.忠順聖王會食祖佛酒迎陳聖祖

歸仁穎川家廟以忠順聖王「陳聖祖」為祭祀對象，組織有
一「敦脩堂忠順聖王會」，會員原係歸仁大廟里陳姓宗親，後
來擴大到庄頭鄰近陳姓宗親皆可加入，已成為一「合約式祭祀
團體」，由於兼具有祭祖、祀神的雙重意涵，所以也有學者研
究歸類為神明會。會員分布範圍相當廣，約在日治昭和年間已
經形成跨街庄的輪祀，戰後擴大廣布於永康、仁德、歸仁、新
化、關廟、龍崎、東區、安南區等地，會員分布最廣時計46
庄頭，是一極為龐大且歷史久遠的組織[57]。每年農曆2月15日由

---

56 臺南市文化資產管理處網站資料，http://tmach-culture.tainan.gov.tw/asset/assetdetail.
   asp?assetid={284A1802-8F99-4411-84E4-81C2E5966169}
57 林晏如，〈臺南地區忠順聖王信仰之研究〉（未出版：國立臺南大學台灣文化研究
   所碩士論文，2013），頁31~32。

■ 圖 2-2-10　迎陳聖王的盛況（臺南市文化資產管理處／提供）

■ 圖 2-2-11　以黑令旗遮掩神像（臺南市文化資產管理處／提供）

■ 圖2-2-12 以黑令旗遮掩神像（臺南市文化資產管理處/提供）

■ 圖2-2-13 忠順聖王會跋爐主（臺南市文化資產管理處/提供）

上年度爐主庄頭負責酬宴「祖佛酒」，宴後再跋桮（puảh-pue）擇新爐主，新爐主再於次月擇日前往迎回供奉一年。2017年由臺南市政府依文化資產保存法公告登錄為市定民俗。

（二）信會組織

　　度晬禮俗從家庭裡的往外延伸，不是繼續辦理抓週，而是新生兒家庭往外，藉由紅龜、水果餅等喜氣幸福象徵物，透過聚落信仰或是神會組織，分享傳遞給聚落組織中的人群。常見是藉著神明生日時，挑著水果餅或紅龜、嬰兒頭尾禮、三牲、四果等供品來祭拜神明，並將水果餅或紅龜分送給庄民或會腳，分享喜悅之餘，並取得大家的祝福，正如文史研究前輩黃文博校長說：「籃子空了，心中的喜悅卻滿了。[58]」這種度晬睨禮（hīng-lé）延伸到人群交陪的習俗，是生育禮俗中喜氣分享的重要明顯運作，所以筆者以運作的組織型態將其分類為二，一是以福份會或神明會的信會組織，以跋（puảh）爐主方式維持，常見沒有固定場域；二是以廟宇境域來運作，不一定會跋爐主，有固定場所。由於組織化型態有相當的差異，所以將其分成「信會組織」、「廟宇境域」來接續討論。

　　在臺南鹽水溪、二層行溪流域（今稱二仁溪）的永康、新市、歸仁、仁德、新化一帶較常見以福份會或神明會的組織支持著這類度晬習俗，睨禮有紅龜、水果餅等不同種類。（表2-1：二仁溪流域的生育信會組織）運作方式以福份會或神明會員為

58　黃文博，《南瀛民俗誌》（臺南：臺南縣政府，1989），頁35。

【表2-1：二仁溪流域的生育信會組織】

行政區	名稱	日期(農曆)	活動範圍	備註
永康區	車行開天宮擔龜	2月15日	王行里車行	曾參與擔龜者便具資格
永康區	王田擔龜	謝公願時同時舉行（2、3月間）	王行里王田	入福份者，生男嬰，即可擔龜
歸仁區	三庄天公爐會擔餅	1月14日（靠近三界公生）	辜厝里辜厝、新厝里灣厝、檳榔園	入福份者可參與
歸仁區	六甲福德爺會擔龜	2月2日	六甲	入福份者可參與
歸仁區	大人廟福德會擔餅	8月15日	大人廟（含廟東、廟西、廟後）、鱉穴仔、餅店仔、過溝仔、過港仔	具「福份」資格者可參與
新化區	洋仔福德爺會擔龜	2月15日	豐榮里洋仔	限本地楊姓族親參與
新化區	北勢擔龜	2月16日	北勢里北勢	曾參與擔龜者便具資格
新化區	嘜口擔龜	2月22日	嘜口里嘜口	曾參與擔龜者便具資格（已開放生女嬰者參與）
新化區	竹仔腳太陽公會擔龜	3月19日（太陽公生）	全興里竹仔腳	加入神明會半年後始能參加
仁德區	土庫土地公會擔餅	8月12日	土庫、大宅	入福份資格者可參與
南區	佛祖壇超峰寺福份餅會	未明	灣裡佛祖壇	參加福份者，生男嬰分餅。已停止辦理。

＊本表由文史工作者張耘書小姐提供，並加上筆者調查資料增補。參考資料：張耘書，《永康廣
興宮境內擔餅節》，2019，臺南：臺南市文化資產管理處。

主，其概念來自聚集的力量，「一個人，四兩福[59]」，所以人多
少都有福份，眾人累加成一會（互助組織），可以分享彼此的
幸福。過往以出丁（生兒子）為主，但近年男女平權觀念提升，

59 吳瀛濤，《臺灣諺語》（臺北：臺灣英文出版社，2001），頁3。

加上少子化影響，組織也開始修正，不分男女嬰，會腳皆可以擔餅前來分享喜悅，有些地方餅舖順勢將水果餅分製桔醬、梅子醬不同口味用來分別供應男女嬰使用，相當與時俱進。

這類運作以輪祀神明會為中心的有永康車行擔龜、永康王田擔龜、歸仁六甲土地公會[60]、歸仁辜厝灣厝檳榔園三庄天公爐會[61]、歸仁六甲六甲福德爺會、歸仁大人廟福德爺會[62]、新化洋仔福德爺會擔龜、新化北勢擔龜、新化嗹口擔龜、新化竹仔腳太陽公會[63]，本段介紹「信會組織」，以這類沒有依附在廟宇的新會組織為主，筆者另採集到已消失二層行溪流域南區灣裡佛壇里超峰寺也曾有一福份會，但已消失不辦理，故僅於表格內呈現。另外，以廟宇為中心的生育禮俗組織，將列於下段「廟宇境域」來介紹。

1.永康區車行擔龜

永康區「車行庄」行政區屬王行里，但本里的歷史發展脈絡上，原是分屬王田庄及車行庄，戰後合併二庄才合併稱王行村，後改為王行里，雖然行政區合併，但王田及車行各自都有擔龜習俗，而且辦理形式也不同。車行庄擔龜的歷史已不可考，目前習俗是在開天宮進行，家中新生兒度晬後，即在農曆二月十五日擔龜到廟中拜拜，再將紅龜分享給曾參與擔龜者。

---

60 同上註，頁E1-8~1-10。
61 同上註，頁E1-8~1-10。
62 同上註，，頁E3-10~3-12。
63 許耿肇、簡辰全、施威宇、黃文皇、黃彥齊、林佳惠，《臺南老神明會研究》（臺南：臺南市政府文化局，2013），頁125~128。

由於庄頭人口不多，加上少子化影響，所以目前是不定期舉辦，常有累積個幾年才辦理一次，所以不容易見著。

2.永康區王田擔龜

永康區「王田庄」的擔龜歷史，據耆老表示無法可考據。本庄的組織也是有一個福份會，採世襲繼承的福份制。福份會主要目的是辦理謝公願習俗，所以有福份的人可以分得謝公願的祭品，而會腳若家裡出丁（男童），添丁戶會製作紅龜來分送會腳，所以當年若有人家出丁，福份者可以分得較多的物品。

擔龜是家中有新生兒度晬後，才擔龜與加入福份的會腳們分享，辦理時間是在農曆二至三月間，配合庄內謝公願的吉時一起進行，由於還是有跋（puａ́h）爐主，所以擔龜的地點會在爐主家或是神農四大帝聖堂來進行。不過由於近年來少子化，所以常有3年合併辦理，所以慢慢形成於閏年（4年1次）舉辦，所以也會見到小孩已經3歲才擔龜的情形。

3.歸仁區辜厝（辜厝里）、灣厝、檳榔園（新厝里）三庄 天公爐會擔餅

歸仁區灣厝、辜厝、檳榔園等3庄生子「挑（擔）餅」之俗，形成於日本昭和7年（1932），當時辜厝、檳榔園、灣厝等3庄，在郭大巡、施于、張海、鄭炎等耆老號召下，有意參加者80人（辜厝40人、檳榔園20人、灣厝20人）相約每戶1份，以每年農曆元月十四日，祭祀「三界公爐」及「大燈」1對的祭典時（圖2-2-14），若家中有新丁出生，則須製80份餅分送各戶。當時約定，將80人分為8組，每組10人，10人當中每年產生1個「頭仔」。每年的祭典日，「舊頭帶新頭」（舊頭仔帶新

頭仔）共16人，在值年爐主家聚會。祭典後，負責將該組應分得的餅全部帶回，分給組內的10人。在分餅時，每人收取若干祭祀費用（2007年時每福份收取50元）[64]。

■ 圖2-2-14　輪祀祭拜「三界公爐」及「大燈」1對（吳建昇／提供）

「有份者」的權利是由子孫共同繼承的，因此如果該年度家中有添加「新丁」（男童），就須在每年農曆元月十四日祭典當天，抱著男童至值年爐主處，參加「三界公爐」之祭典，並分餅給其他有份者

■ 圖2-2-14　輪祀祭拜「三界公爐」及「大燈」1對（吳建昇／提供）

（1932年時參加者或繼承人）。祭典是由道士所主持，誦經時會將80人至今年為止已累積之丁男，誦出名字來祝禱。在餐會之後，眾人會進行跋桮（puah-pue），以跋（puah）出一組為「爐主」組，跋中的組內，再一一唱名跋出下一年度的「新爐主」，最初並言明，已擔任過爐主的就沒有權利再跋爐主，所以原初的80人，每人一份都能在一輪當中擔任爐主。（圖2-2-15）

---

64 黃文博，《台南縣民俗及有關文物調查報告書（溪南）》（2008，臺南縣政府委託未出版），頁E1-8~1-10。

臺南生育禮俗

4.歸仁區六甲福德爺會擔龜

歸仁六甲里生子挑龜活動，依據現存的紀載此一活動情況的《福份簿》記載，此一習俗最早可推溯至日昭和14年（1939），據傳因為當時庄民生活困苦，平常沒有什麼東西好吃，所以約定若家中生新丁，則做甜的「紅龜」請大家吃。但有耆老強調，初期留存的文字資料不夠齊全，一些疏漏的已無法考證，尤其許多記載的姓名，都屬於阿祖級的先人，研判起源應該更早。

■ 圖2-2-16　歸仁六甲以土地公生日為擔龜日

整個活動以農曆二月初二日土地公聖誕當天為「挑（擔）龜日」（圖2-2-16），參加福份者118戶中，若該年度家中有生「新丁」，則須帶「新丁」參加土地公祭典，祭拜完後，要以扁擔「挑（擔）紅龜」，親自分送至所有參加福份的家戶。有參加福份者，當天則在家門口擺置籃子，發送「紅龜」者見籃子就放進去。（圖2-2-17、2-2-18）

■ 圖2-2-17　在家門口擺置箱子

■ 圖 2-2-18　發送者將紅龜放入門口的箱子和籃子之內（吳建昇／提供）

　　近年來，則依個人喜好，分送給各福份的，並不一定是「紅龜」，有的改以「水餅」，有的則改為其他餅類。在儀式結束後，並進行擲筊決定該年的頭家。目前為止，「福份」仍為最初（1939）的118份，福份由最初的參加者或後代共同繼承。2014年有7個在去年添丁的家庭，帶著新生兒及牲禮、紅龜向福德正神祝壽，事後將紅龜分送給118個有「龜份」的人家，分享添丁的喜悅，有人希望明年新生女兒者也可參與祝壽，讓活動更熱鬧。

5.歸仁區大人廟福德爺會擔水餅

　　歸仁區大人廟一帶，包括大人廟的廟東、廟西、廟後，及周邊的鱉穴仔、餅店仔、過溝仔、過港仔等地，自古以來即有以「福德爺會」為核心的「擔水餅日」之俗（圖2-2-19），歷史

源流不可考，後人只知相沿成習。「福德爺會」會內有人添丁生男，都得於福德爺（土地公）誕辰日的農曆八月十五日（圖2-2-20），「擔水餅」分送有福份的會腳來分享喜氣。

　　每年土地公生當天午後，去年凡有「出丁」（生男孩）的家戶，必帶著牲禮、四果、水果餅等，抱著家庭新成員，來到爐主家中祭拜福德爺。在人員到齊後，首先道士先為今年的新男丁作法祈福和對福德爺的祭拜（圖2-2-21），儀式完畢才開始福德爺的祭祀活動以及演戲酬神、跋爐主1名和頭家2至3名，

■ 圖 2-2-19　大人廟壹角社福德爺會福份清冊

■ 圖 2-2-20　大人廟壹角社輪祀的福德爺

■ 圖 2-2-21
會腳抱小孩前往爐主家祭拜
（陳志昌／攝影）

（圖2-2-22）當然同時進行的活動就是分餅。這裡做「水餅」的大小，隨生子戶心意自己訂做，以1份半斤的餅為主。挑餅日的前幾天，負責人就會不斷接到生子戶的詢問今年有多少福份的電話，福份成員會在下午前來爐主家中，繳交福份金並領取今年的「水餅」（圖2-2-23）。而為了因應有福份人數的減少，目前有條件開放在地居民加入。

6. 新化區洋仔福德爺會擔龜

新化區洋仔，昔稱「洋仔港」，原是沿鹽水溪上溯可通行舟艇的商港，後因淤積進而墾地開發，今行政區稱豐榮里。新化區洋仔有一楊姓所屬的「福德爺會」，是一鬮分式神明會，福份制度僅限楊姓參與，楊姓族人稱為「入福份」。由於「福德爺會」自己有部分基金，已成立一福德爺文教基金會來負責營運，而且基金會另有借支制度，可借款給會腳。

臺南生育禮俗

福份會成員家裡有人出丁時,會擔紅龜來分享給其他會腳,但正確的施行年份已不可考,目前是在農曆二月十五日土地公誕辰時進行。土地公誕辰當日,會將土地公神像請至豐榮里活動中心,然後添丁人家,會準備三牲、壽桃、壽麵、水果、紅龜及孩子的衣物,先祭拜土地公祝壽,後將紅龜分贈給有福份的會腳。過往是以紅龜為主,現在則改為擔水果餅,分餅是改採自行到活動中心領取。

7.新化區北勢擔龜

新化區北勢因位處洋仔(今豐榮里)或大目降街(今新化市街)里的北邊,因而得名,今行政區域為北勢里。庄內原沒有宮廟,是以輪祀田都元帥的神明會形式進行,後在鄭順元號招倡議鳩資,1999年創建「田府宮」。

北勢擔龜的歷史已不可考,以農曆二月十六日土地公誕辰之時,庄民家裡有添丁者,會在此日準備牲禮及紅龜前來祭拜,祭拜後擔龜給予曾參與擔龜的庄民。由於考慮近代居民的工作型態,多半假日才有空閒,所以若該年農曆二月十六日逢平常日,則提前至週日舉行。

8.新化區哖口擔龜

新化區「哖口」地名原唸做 pân-kháu,據傳是巷口(hāng-kháu)轉音而來[65]。庄內初時為神明會形式輪祀九天玄女於民宅,1980年建廟「九玄宮」。本庄的擔龜習俗,據傳已逾百年,可能在神明會輪祀神明之時逐漸形成。目前擔龜時間是農曆二月

65　黃文博,《南瀛地名誌(新化區卷)》(臺南:臺南縣立文化中心,1998),頁46。

二十二日土地公誕辰，家裡有添丁的庄民，會在此日準備牲禮、水果、紅龜等到九玄宮，先祭拜感謝神明庇佑，後將紅龜發送給庄民。

據耆老表示，庄內早年有一福份制，有福份才有祭品或紅龜，但今已漸散，所以現在多半是只要曾參與擔龜者，便會收到添丁庄民的分享。過往只有生男丁會擔紅龜，現在則是孩子生得少，男孩女孩通通好，所以生女嬰者也會參與擔紅龜。由於是在土地公誕辰時舉行，所以本地庄民也稱「擔土地公龜」。不過原有的擔紅龜，現在則轉變為擔水果餅，目前添丁戶固定至少製作一擔餅（100個），若需發放數量超過，其餘金額則由廟方補助。

9.新化區竹仔腳太陽公會分餅

在新化全興里竹仔腳有一個神明會組織「太陽公會」，此一神明會由來已久，在日治時期就已載錄在相良吉哉《臺南州祠廟名鑑》一書之中。由於竹仔腳太陽公神明會屬全庄性的神明會，因此當時參與人數已有6、70人，目前人數更多達200多人，可以說是臺南地區規模最大的太陽公會。由於人數眾多，因此為了管理之便，不僅會內設有總幹事一職外，又將庄頭分成「社頭」、「社中」、「社尾」3廊，每廊人數約為60~70人不等，每廊在以擲筊方式跋選頭家協助爐主。每年主神太陽公聖誕農曆三月十九日時，爐主會邀請所有爐下會員來吃太陽公酒，這時3廊頭家就要負責聯繫廊內會員的工作，爐主也會擇日辦宴席慰勞3廊頭家及總幹事的協助。祭典當日亦舉行爐主的徵選，不過不一定在宴席時舉行，一切都由總幹事來安排，

並由3位頭家負責擲筊跋選，凡曾經擔任過爐主的會員就沒有徵選資格，因此一輩子只有一次的機會。

　　在每年太陽星君聖誕的農曆，竹仔腳太陽公會有生子戶的「擔餅」習俗，亦即過去一年內有生「男丁」的爐下弟子，在當天清晨會帶著幼兒到太陽公案前拜契，並準備牲禮、擔餅來報謝神恩，分享生育的喜悅（圖2-2-24）。如果是新加入的會員，頭一年就要先擔餅以示公平。祭典當日清晨，男童的長輩便會帶他到太陽公案前拜契，正式成為太陽公的契子，並於衣領背後蓋上太陽公的官章。祭拜時，每位男童自家的那分餅會擺放在其他會員的餅上，並用朱色寫上「添丁進財」四字，稱為「盤頭」。目前一擔內有2塊水果餅，早期是挨家挨戶分送水餅，現在則改由頭家負責分發或自行來領取。

■ 圖2-2-24　2014年竹仔腳太陽公會分餅盛況，有6名新生兒參與（吳建昇／提供）

10.仁德區土庫挑水餅習俗

仁德區土庫里「土地公會」土地公,原為庄廟明直宮境內各角頭共同的輪祀信仰,據說在輪祀以前曾經有座小廟,在小廟傾毀之後,遂改以輪祀方式,不過有些聚落後來退出輪值,致目前僅大宅(郭姓)、許厝、土庫(黃姓長房)、黃姓二房及尾房等聚落流傳。本神明會也有相傳多年的擔水餅習俗,在每年農曆八月十二日土地公聖誕時舉辦祭典,除跋桮(puȧh-pue)選爐主及聯絡庄民間的感情外,凡去年家中有添男嬰者,都得準備水餅相贈。

土地公生當天一早將水餅運至爐主家中祭拜,在完成祭典後便開始分送給村民,由舊爐主和各角頭頭家負責挨家挨戶發放分餅(圖2-2-25)。過往福份數多時,有好幾百份,挑餅數最多曾達20幾份,不過隨著部分聚落家戶的退出,以及現代

■ 圖2-2-25 土庫發放水餅的情況

社會少子化的發展，此一盛
況已經不再，以2014年觀
察為例，福份計有113份，
挑餅數3份，這代表著參加
福份的成年男人有113人，
這一年來有3個男嬰出生。
此外，土庫在地餅店目前有

■ 圖2-2-26　土庫水餅（吳建昇/提供）

開發了口袋型的小水餅，這是地方因應分水餅活動開發的土特
產禮盒，不過挑餅活動時仍是半斤和一斤裝（圖2-2-26）。

（三）廟宇境域

　　這種度晬覛禮（hīng-lé）的習俗，在前段「信會組織」說
明了以福份會或神明會運作形式，本段則介紹以廟宇為中心的
運作形式，計有北區開基天后宮佛祖會[66]、永康西勢廣興宮、永
康樹仔腳福安宮、永康烏竹三千宮[67]、新市大社北極殿、歸仁西
埔大埔福德祠[68]、歸仁大學潁川家廟[69]、歸仁媽廟朝天宮[70]、仁德
大甲慈濟宮[71]。

66　林雪娟，〈流傳百年，子孫龜申列市定民俗〉，中華日報網站，http://search.cdns.
　　com.tw/readfile.exe?0,0,15982,49790,%B3%AF%B2Q%AA%E2
67　戴文鋒，《在地的瑰寶：永康的民俗祭儀與文化資產》（臺南：臺南縣永康市公所，
　　2000），頁94~115。
68　黃文博編，《臺南縣民俗及有關文物調查報告書（溪南）》（臺南縣政府委託，未出
　　版），頁E3-13~3-15。
69　同上註，頁E3-16~3-18。
70　同上註，頁E3-19~3-21。
71　同上註，頁E2-7~2-12。

不過由於近年來各地廟宇的經營管理方式逐漸出現變化，對於信徒的生育習俗需求上，可見以辦過七星平安橋過關度限、契子餐會、契子醮、契子會等方式，但其中以「契子會」較為接近本段所談的組織型態，所以也將一併介紹組成契子會的七股永吉吉安宮契子會、後壁下茄苳旌忠廟岳飛契子團等（請見下表2-2：保有生育習俗組織的廟宇境域）。由於所談的是以有廟境所屬地域概念及已組成系統化的組織為主，若有其他單純拜契習俗或是常見信仰行為，則放至第五章來論述。

1.中西區—四安境下大道北線尾良皇宮財子壽會

府城區福安坑溪流域，舊名水仔尾的下大道北線尾良皇宮，主祀保生大帝。廟內有一自日治時期昭和年間創辦的「財子壽會」，已維持60餘年，創會時為60名會員，不再增加。只要會員家中有添丁誌喜，就需在農曆三月十五日保生大帝誕辰之日，準備牲禮、鮮花、素果、紅龜等來祭拜神明，祭拜後，並將紅龜分送給會腳們分享喜氣。「財子壽會」另有平安發財龜可供會員跋桮（puàh-pue）乞平安龜，迎請回家增添平安發財。

今因為少子化，加上為強化信會組織力量，所以原僅守60名會員的限制，已經開放，可供各界有意願者，報名加入會。而且少子化時期，為了淡化重男輕女的觀念，每個孩子都是寶，所以會員家中弄璋弄瓦（生男生女）均需如上述，睨紅龜給各會員。

【表2-2：保有生育習俗組織的廟宇境域】

行政區	名稱	日期(農曆)	活動範圍	備註
中西區	下大道良皇宮財子壽會	3月20日	水仔尾（北線尾）	原維持60名會員，家中生男嬰會員，做紅龜貺其他會員（今增收新會員，且生女嬰者也做紅龜）
北區	開基天后宮佛祖會	3月20日（註生娘娘誕辰）	五福里水仔尾	入會者生第一胎男嬰，隔年擔龜貺會腳
新市區	大社後店擔紅龜	3月2日~4日	大社里後店、東勢角、西興	3角頭擔紅龜時間不相同
永康區	烏竹三千宮擔龜	1月9日	烏竹里烏水橋、竹林前	入福份者生男嬰，隔年擔紅龜貺會腳
永康區	樹仔腳福安宮擔餅	1月12日	新樹里樹仔腳	入福份者生男嬰，隔年擔餅（今開放生女嬰者參與）原屬西勢廣興宮角頭之一，後脫離自建宮廟、分餅。
永康區新化區	廣興宮擔餅	1月20日（土地公生日）	永康西勢里西勢、新庄仔、番薯厝，新化崙頂里崙仔頂	入福份者生男嬰，隔年擔餅（今開放生女嬰者參與）列入市定民俗
新化區	山仔腳朝天宮擔餅	9月6日	山腳里頂山仔腳	以戶為單位，有廟份者方可參與
歸仁區	媽廟朝天宮擔餅	3月23日	媽廟	今為庄內喜獲麟兒者皆可參與
歸仁區	大學穎川家廟擔餅	3月23日	大學	具「福份」資格者若生男嬰，可自由參與
歸仁區	大埔福德祠擔餅	8月15日	大埔	具「福份」資格者可自由參與
仁德區	大甲慈濟宮擔龜	3月15日	大甲	曾參與擔龜者便具資格
七股區	永吉吉安宮契子會	9月15日（三王祭典日）	永吉	認神明，做契子
後壁頂	後壁下茄苳荘忠廟岳飛契子團	2月15日	下茄苳	認神明，做契子

＊本表由文史工作者張耘書小姐提供，並加上筆者調查資料增補。參考資料：張耘書，《永康廣興宮境內擔餅節》，2019，臺南：臺南市文化資產管理處。

2.北區一開基天后宮佛祖會

　　臺南市北區開基天后宮，廟內有女性信徒所自組的神明會－「佛祖會」（圖2-2-27），在每逢農曆三月二十日註生娘娘誕辰，會員家中若添第一位男孩時（僅限第一位男孩），即會在該年訂製「囝孫龜」和信徒分享，稱之為「還龜」（圖2-2-28）。此一風俗已約有近百年歷史，據佛祖會成員何玫慧（廟前舊來發餅舖後代，圖2-2-29）及附近耆老表示，這項「還龜」的儀式在日治時代就已經存在。目前佛祖會會員人數約為60人，多以年紀較大的長輩為主，會員資格可由媳婦或女兒繼承。廟宇若有喜慶活動，即使已經搬遷也會特地回來幫忙，會員感情十分濃郁。囝孫龜必須是烏龜的造型，大多以餅龜、麵粉酥龜

■ 圖2-2-27 「佛祖會」設在開基天后宮內

■ 圖 2-2-28　2014年發放囝孫龜的情況

■ 圖 2-2-29　廟前富有盛名的舊來發餅店（吳建昇/提供）

為主，後來也有蛋糕龜（圖2-2-30）；至於紅龜，則是一般滿月或滿周歲使用，較少人拿來當囝孫龜。以往在龍年時會有一年分到十餘隻的囝孫龜，不過目

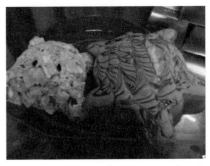

■ 圖 2-2-30　「囝孫龜」可以是麵龜，也可以是麵粉酥龜、蛋糕龜

前受到少子化的影響，這樣的盛況已不復存，甚至也有數年連一隻都沒有的情況。

3. 新市區大社里後店擔紅龜

　　新市後店北極殿歷史悠久，草創於清康熙57年（1718），距今已有三百年歷史，現廟則重建於1967年。過往新市大社地區普遍有擔紅龜活動，大抵都在玄天上帝聖誕時舉行，過往一年若家中有新添男丁，就會在聖誕當天，準備牲禮、鮮花、素果、紅龜到北極殿拜拜，祭祀後再肩擔紅龜分送至每一戶人

■ 圖2-2-31　新市後店北極殿（陳志昌/攝影）

家，藉此告知親友家裡添丁的喜悅。由於考量分送之時，家中可能沒有人在，所以每戶人家會在家門口擺置米篩或籃子，用來放置紅龜。（圖2-2-31）

　　而因本地有三間玄天上帝廟，各角頭擔紅龜的時間也不相同，其中後店在農曆三月二日、東勢角在三月三日、西興在三月四日。至於過往選擇紅龜的原因，主要是因為紅龜是過往祝壽的象徵，但也稱可能與本地主神為玄天上帝有關。但目前因各角頭住戶新增太多，所以大多是將要送人的紅龜換成現金給廟方，但家長仍會準備紅龜作為祭祀神明的物品，不再挨家挨戶發送紅龜。

4.永康區烏竹里三千宮擔紅龜

　　烏竹里三千宮有一福份會，擔紅龜習俗據傳因當時庄民生活困苦，平常沒有什麼東西好吃，所以會腳們約定若家中生

■ 圖2-2-32　烏竹三千宮正月初九拜天公仍使用相當多紅龜（吳建昇／提供）

新丁，則作甜的「紅龜」請大家吃。整個活動以農曆元月初九
「天公生」當天為「擔龜日」（圖2-2-32）。目前庄內參加福份者
約140戶，若該年度家中有生「新丁」（男孩），則須帶「新丁」
參加天公祭典，祭拜完後透早要以扁擔攤籃，擔著紅龜，分送
至所有參加福份的家戶。有參加福份者，當天則在家門口擺置
籃子，發送者看見籃子就放進去。近年來，則依個人喜好，分
送給各福份的，並不一定是紅龜，有的改以西勢地區的「水果
餅」，有的則改為其他餅類，如粉酥（圖2-2-33）替代。近年，
因孩子出生率降低，加上必須生男丁才有擔龜，所以有時並非
年年都有擔龜，此一習俗仍持續進行，只是漸有式微情形。

5.永康區樹仔腳福安宮擔餅

　　永康地區的生仔擔餅習俗以西勢廣興宮最具知名度，且
2009年臺南市政府已正式公告列為文化資產。在受到外界關

■ 圖2-2-33　改用水餅代替紅龜（吳建昇／提供）

■ 圖2-2-34　永康區樹仔腳福安宮（陳志昌／攝影）

注前，因為移居人口及信仰的變化，擔餅的習俗也有變化。永康區新樹里樹仔腳位在永康西勢里西勢北邊，原是西勢廣興宮的祭祀範圍的角頭之一。梁姓民宅的順天聖母陳靖姑因神威顯赫，庄民遂倡議鳩資建廟，1979年「福安宮」廟體竣工（圖2-2-34）。既然庄頭廟宇落成，便形成村庄的信仰活動中心，所以一些祭典便自行辦理，不再前往西勢廣興宮。

　　福安宮每年以農曆正月十二日為順天聖母神誕祭典，當日除舉行祝壽大典外，乞龜與擔餅活動也在同日舉行。福安宮設有一福份會，每位會員每年須繳福份金，主要目的是廟內祭祀。擔餅則是家裡出丁（男孩）的會腳，自己準備水果餅，準備三牲、壽桃、發粿、紅圓、大麵、水餅、水果與金紙等供品及一套包含衣帽鞋襪的童裝，並帶新生兒到神明前祭拜，在順天聖母的庇佑下，讓新生兒可以平安長大。

　　添丁戶準備的水果餅，對象有二，一是具有福份資格，二是年滿60歲以上的耆老，每人領取一份。樹仔腳的擔餅活動源自西勢廣興宮，所以分餅方式與廣興宮極為相似。因樹仔腳庄人數較少，考量男女平等及少子化影響，現開放生女孩也可擔餅，喜福吉祥之氣可以分享給其他福份會員。（圖2-2-35）

■ 圖2-2-35　男女不同口味的水果餅（陳志昌/攝影）

■ 圖2-2-36　永康西勢廣興宮（陳志昌/攝影）

6.永康區西勢廣興宮擔餅

　　永康西勢廣興宮擔餅，由於活動盛大熱鬧如節慶，所以又稱「擔餅節」、「分餅節」，這是臺南地區生子分餅或送龜習俗，最早被挖掘出來、最具有知名度的民俗活動，2009年由臺南市政府依文化資產保存法公告為臺南市民俗，具有文化資產身分（圖2-2-36）。此一民俗活動範圍，主要為永康西勢廣興宮的轄境，包含永康區西勢里西勢（西勢前角、西勢後角2角）、新庄仔、番薯厝及新化崙頂里崙仔頂（中、東、西3角）等地，共4個聚落、7個角頭[72]。

　　關於西勢廣興宮分餅習俗相傳在一百多年前，庄內蔡家及

72　張耘書，《永康廣興宮境內擔餅節》，2019，臺南：臺南市文化資產管理處。

梁家子弟為祈願廣增壯丁，以致力農耕、傳承家業，於是每當庄民家中有添丁之時，便會群聚在庄廟廣興宮前，感謝主神謝府元帥及土地公庇佑，並且擔餅給加入福份者，共享喜獲麟兒的樂事，所以廣興宮廟境為祭祀而生的福份會是一個重要組織。「福份會」為一種祭祀組織，繳交福份金加入者便具有「福份」資格，廟方將福份金鳩集作為祭祀開支，參加者可分得祭品或享有回饋[73]，本廟的福份是世襲傳承，具有股份權利概念；其他地區有些是自願加入，沒有世襲情況，為單純會費概念。

當每年農曆正月二十日土地公聖誕時，若當地居民在該年家中喜獲麟兒，除以豐盛祭祀、演戲酬神外，生子戶必須為家中新生兒準備水果餅，並分送給庄中具有「福份」資格的居民。此一民俗活動稱之為「擔餅」，此乃指早期居民分餅是採人力肩挑竹簍、竹籃的方式，不過隨著時代的發展，現在都已改用機車或汽車代步；又過往此一活動僅限於生男丁的家庭參與，不過在2013年開始，廟方也邀請生女孩的家庭共同參加。

西勢廣興宮分餅習俗的活動，各角頭時間不一，多半在上午開始，最慢也會在中午進行。該年家中有生子的居民，首先會聚集在廟埕進行祭典儀式，準備小孩新裝一套（由頭到尾）、牲禮（三牲或五牲）、水果、紅龜、麵線、金紙、水餅等，部分民家會多備紅圓、發糕等物品，新生兒由長輩抱著參與祭拜，用以感謝神明賜子，並祈求幼兒平安長大，將來能夠出人

───────────────

73 黃文博，〈福分皆有份——永康廣興宮的分餅習俗〉，《南瀛文獻》32卷（臺南：臺南縣政府，1987，頁153-157）。張耘書，《永康廣興宮境內擔餅節》，2019，臺南：臺南市文化資產管理處。

頭地（圖2-2-37）。祭祀後就開始進行分餅活動，不過分餅方式有區域性的差異，在永康西勢里的西勢、新庄仔和番薯厝等3庄，採取分送到家的方式，即由各庄爐主領隊，依福份名冊，挨家挨戶分送，早年是以肩擔竹籃的方式（圖2-2-38），現在也可見到改以機車、汽車載送。

在新化崙頂里崙頂庄的西、中、東3角頭，其分餅方法則採集中分送，即將水果餅先送到爐主宅前，再由爐主逐一點名領取（圖2-2-39）。本地區也有餅頭稱呼，但是以家中有新生兒擔餅來的家人為主，自家新生兒那份會有寫上名字，會至作成較大尺寸，稱為「盤頭」或「餅頭」。（圖2-2-40）

至於分送的對象，就是有「福份」的居民，這是指在廣興宮登記有案、每年按期繳納福份錢的男性會員，有時一戶不只有一個福份，至60歲以後就可不再繳納福份錢。未滿60歲的福份者，其所領取的是「福份餅」，如這一年村庄有3個新生兒，這樣一個福份就可領到3塊水果餅；又年滿60歲者則是領「老大餅」，除了分享弄璋之喜悅，亦頗有敬老之意，就是活得愈久也愈有口福，祝福地方耆老能夠延年益壽、永遠健康（圖2-2-41）。

「水果餅」，即一種包有糖膏的麵粉煎餅，厚度約莫一公分，由當地糕餅店製作，過往分為兩種：大者一斤重、小者半斤重，送大餅或小餅，依個人的經濟能力而定。過往此一活動僅限於生男孩的家庭，不過在2013年開始，廟方也增加「查囡仔餅」，即開始邀請生女孩的家庭一同參與擔餅活動，推測這可能與現代社會男女平等及近年「少子化」的現象有關。而為

臺南生育禮俗

■ 圖2-2-37　添丁戶準備牲禮共同祭拜土地公（陳志昌／攝影）

■ 圖2-2-38　至今仍保留以扁擔攤籃的形式（陳志昌／攝影）

圖 2-2-39　新化崙仔頂採集中發送的
方式（吳建昇／提供）

圖 2-2-40　出丁戶準備的水果餅稱為
「盤頭」或「餅頭」，與其他地方稱法
不同（吳建昇／提供）

圖 2-2-41　60歲以上是敬老
的老大餅（陳志昌／攝影）

圖 2-2-42　新化山仔腳擔
餅採廟份制，以戶為單位
集中運送（陳志昌／攝影）

臺南生育禮俗

了因應這樣的改變，在水餅的口味上也出現了差異，即男生水餅內餡改用金桔，女孩則是用草莓。

7.新化區山仔腳朝天宮擔餅

新化山仔腳庄，因地處北邊淺山丘陵腳下，因而得名，後因為了與西南側關廟區下湖「山仔腳」（下山仔腳）區別，也有了「頂山仔腳」之稱。今行政區域改編，頂山仔腳與五甲勢二庄合併為山腳里。庄內信仰中心為朝天宮，庄內擔餅於農曆九月初六日中壇元帥誕辰日舉行，採廟份制，以戶為單位，有廟份者才參與擔餅。（圖2-2-42）

該年度有添丁家戶，一早會準備牲禮、壽桃、壽麵、紅龜、大餅等祭品，前來廟內祭拜（圖2-2-43、2-2-44）。分餅是由爐主及上、下角頭頭人幫忙分送，本廟「餅頭仔」採登記制，共有5位，有意願擔任者向廟方添金登記後便能擔任，這位家長也會代表加入分餅的行列。本庄以廟北側上角、廟南側下角來進行分餅（圖2-2-45），各家戶也可見有人在門口放籃子或臉盆用來盛接水果餅。

由於本日也是中壇元帥誕辰，所以在擔餅日同時也舉行過限儀式。廟會延請道長來進行儀式，五色令旗分別由5名餅頭仔所執，由家長抱著擔任「餅頭仔」的孩童，手持令旗緊隨著道長身後通過限橋，進而達到消災度過人生關卡的祈福儀式。（圖2-2-46、2-2-47）

8.歸仁區媽廟朝天宮擔水餅

媽廟里朝天宮的擔水餅活動，於每年農曆3月23日媽祖誕辰舉行（圖2-2-48）。過去一年中家裡有新生男丁，在神誕日

■ 圖2-2-43　添丁家戶準備牲禮等祭品，前來祭拜（陳志昌／攝影）

■ 圖2-2-44　添丁戶帶雙胞胎孩童前來上香祈福（陳志昌／攝影）

■ 圖2-2-45　本庄分上下二角頭來進行分餅（陳志昌／攝影）

臺南生育禮俗

■ 圖 2-2-46　過限橋用五色
令旗分別由 5 名餅頭仔所
執（陳志昌／攝影）

■ 圖 2-2-47　手持令旗緊
隨著道長身後通過限橋
（陳志昌／攝影）

■ 圖 2-2-48　媽廟朝天宮（吳建昇／提供）

到廟裡謝神，祈求保祐新生兒平安長大，準備牲禮、鮮花、素果，並準備水餅，來分送給鄰居好友，藉此告訴親友家裡添丁之喜，共享喜悅。祭拜之後，即將水餅擔至每戶人家分送。

■ 圖2-2-49　媽廟村朝天宮祭祀，水餅已非必要祭品（吳建昇／提供）

不過，近年來媽廟社區經過重組，已非家家戶戶都參加此活動。（圖2-2-49）

9.歸仁區大學穎川家廟擔水餅

歸仁大廟里大學穎川家廟陳姓族親（圖2-2-50），凡是男丁結婚成家即可向祖祠登記加入一份「福份」，加入之後每年繳交福份金，供「穎川家廟」開支與祭祀基金。若有參加廟內福份會的成員，在每年農曆三月二十三日媽祖誕辰前一年之中有添丁者，就得在媽祖誕辰當天製作水餅分送給親友，居民稱之為「擔餅」。

在媽祖誕辰當天上午9點多，添子戶會抱上新生兒，準備三牲、四果等祭品，在人員到齊後，開始請道士作法祈福（圖2-2-51）。新丁之中最年長者被稱為「餅頭仔」，腰纏紅帶為祈福法事的主角。祈福祭拜儀式完成後，即廣播具福份者到廟前來領回今年的餅，凡有加入「福分」者，皆可分到水餅。早期分餅方式是祭祀完之後，由添丁者用「擔」的將水餅挑至各家各戶分送，今已改為集中在「穎川家廟」前領取，並繳交福

臺南生育禮俗

■ 圖2-2-50　大學「潁川家廟」廟門外觀（吳建昇／提供）

■ 圖2-2-51　分水餅祭祀先於祖祠前舉行祭拜活動（吳建昇／提供）

■ 圖2-2-52　分水餅集中在家廟前領取（吳建昇／提供）

分金（圖2-2-52）。大學陳家人如此年復一年，不斷的分享來自家族族人生子添丁的喜悅，直到自己生子添丁亦以同樣的方式，向其他人表達分享。

10.歸仁大埔福德祠擔水餅

歸仁區西埔里大埔社區一帶，福德祠為信仰中心，廟內有

■ 圖2-2-53　福德祠內舉辦祭祀土地公儀式（陳志昌／攝影）

福德爺會的福份會，歷史源流不可考，後人只知相沿成習，加入者繳交福份金來支應廟內的年節祭祀（圖2-2-53）。凡去年一年中，此一區域任何一家有人添丁生男，都得於福德爺（土地公）誕辰日的農曆八月十五日，帶著三牲、四果和該年度福份份量的水餅，以及家中小男丁前往福德祠。祭拜後，將水餅分送有加入福份會腳（圖2-2-54），分享喜氣。而做餅大小、向誰訂製則由生子戶自行決定。

　　本地區以新生男丁中的最長者稱為「餅頭仔」，作為新丁們的代表，頭戴紅巾帽祭拜神明（圖2-2-55）。儀式完成後則由生子戶以汽車、機車或腳踏車載著水餅（圖2-2-56、2-2-57），在庄內繞一圈，挨家挨戶的分送，而庄民亦習慣性的在差不多中午時，會在自家門口準備篏仔（kám-á）或臉盆等候收餅（圖

■ 圖2-2-54　2017年福份名單（陳志昌/攝影）

■ 圖2-2-55　新丁最長者稱為
「餅頭仔」頭戴紅巾帽祭拜
神明（吳建昇/提供）

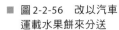

■ 圖2-2-56　改以汽車
運載水果餅來分送

■ 圖 2-2-57　領取水果餅

■ 圖 2-2-58　門口放置臉盆
放置水果餅

■ 圖 2-2-59　仁德區大甲里大甲慈濟宮（吳建昇 / 提供）

臺南生育禮俗

2-2-58）。

11.仁德大甲慈濟宮擔龜習俗

仁德區大甲里大甲慈濟宮建廟至今已數百年（圖2-2-59），「擔龜習俗」係由當初參與建廟之周姓庄民發起，以聯絡庄民間之感情，以庄廟慈濟宮農曆三月十五日保生大帝誕辰日為擔龜日，凡去年家中有添男嬰者，準備紅龜相贈庄民。一早將紅龜運至慈濟宮，先挑入廟內祭拜保生大帝，祈求神明保佑，祭拜後，由各角頭負責人來分送紅龜。廟方會安排人員以挑擔方式分送，藉由分享添丁的喜悅，聯繫鄰里間的情感，有著滿滿人情味。這項傳統習俗以仁德大甲慈濟宮信眾為主，村內有3個主要的角頭，各角頭分別進行，依據家中男丁數來發放，每丁1個，估計每個男嬰的家庭需準備5、600個以上，過去廟方準備竹籃與扁擔，讓做父親的挑著分送，但也有阿公帶挑的，場面溫馨有趣又熱鬧，由時代改變，目前也見到以機車運送的變化（圖2-2-60）。此外，該年度第一個生男嬰的人家，擁有製作「紅龜頭」的榮耀。

■ 圖2-2-60　現已改機車運送分紅龜（吳建昇／提供）

12. 七股永吉吉安宮契子會

　　永吉村民與庄內王爺關係甚佳，庄民多認吉安宮之主祀神明三王（吳府王爺）或池王（池府王爺）為「契父」，並非一定要出生就拜契，就算是成人只要誠心獲王爺許可就可以拜契，且直至去世了才除名，久之形成一群為數眾多的王爺契子，1983年由王會長號召成立「吉安宮契子委員會」，簡稱「契子會」。成員每年依個人意願捐款緣金，廟方於吉安宮內以一面牆公布捐款芳名及金額以昭公信（圖2-2-61），後成立一共同基金，凡屬契子會成員每年有申請獎學金之權利，分大學、高中、國中、及國小等各組申請，於每年農曆九月十五日（吳府王爺聖誕）公開授獎（圖2-2-62、2-2-63、2-2-64）。另外，契子會也辦理不定期的平安宴，凡是契子及家人皆可報名參加。如今三王契子會成員超過500人，池王契子21人。

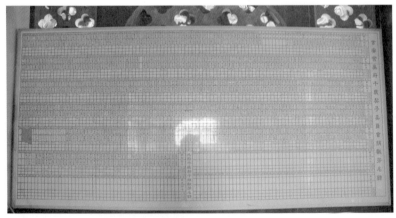

■ 圖2-2-61　永吉吉安宮契子會捐款芳名錄（陳志昌/攝影）

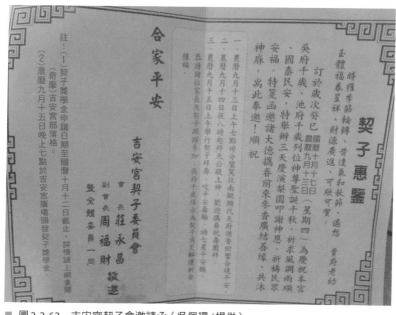

■ 圖2-2-62　吉安宮契子會邀請函（吳佩珊/提供）

■ 圖2-2-63　吉安宮契子會例行於農曆九月十五日進行契子拜壽（吳佩珊/提供）

■ 圖2-2-64　吉安宮契子會頒發獎學金（吳佩珊/提供）

13.後壁下茄苳旌忠廟岳飛契子團

後壁下茄苳旌忠廟是地方重要信仰中心，民間習俗拜武穆岳聖王（岳飛，俗稱岳府元帥），求為聖王的契子者甚多，2013年廟方邀請契子回娘家，這些契子男孩，女孩都有。廟方舉辦「岳飛契子團」成立大會，由律師溫三郎擔任團長。來旌忠廟求拜岳府元帥為契子者，須先填寫契子契書，向岳府元帥祈求，並心念向善，再經法師加持及跋桮（puáh-pue）入契儀式。廟方會頒發認證祈福卡，祈福卡上還有姓名、編號，並印有岳府元帥3D神像，可當作護身符隨身佩帶，並設有小岳飛獎學金可以供學童申請。

（四）西拉雅族習俗

1.吉貝耍部落貫桑

西拉雅族的東山吉貝耍部落，當地有一生育習俗與漢人「換桑」風俗類似。部落長輩在孩子出生後，會在農曆九月五日祭典當天早上，攜帶一個穿上紅線的古銅板，抱著小孩到大公廨，請求尪姨或祭司幫助祈福，部落稱為「乞貫桑」（圖2-2-65）。在神明阿立母面前，尪姨或祭司以西拉雅祝禱語為貫桑加持，並且繫上一片西拉雅信仰植物澤蘭，然後繫掛在小孩身上，藉以讓小孩子平安健康長大（圖2-2-66、2-2-67）。因此，每年吉貝耍祭典時，吉貝耍父母會帶著小孩子來到大公廨，請祭司再次幫孩子祈福，並換上新的貫桑，稱為「換貫桑」，一直到孩子17歲就可以不用換貫桑，代表他已經成年了。

臺南生育禮俗

■ 圖2-2-65　東山吉貝耍部落大公廨（陳志昌／攝影）

■ 圖2-2-66　1992年李仁記尪姨幫孩童乞貫粢（吳建昇／提供）

■ 圖2-2-67　古銅板上繫上西拉雅信仰植物澤蘭（段洪坤／提供）

2. 佳里北頭洋部落契子

佳里北頭洋為西拉雅族蕭壠社聚落，1955年合部落內7個私家祀壺而建設成公廨，並命名為「立長宮」。後於公廨立長宮前加蓋慶長宮，供奉觀音佛祖，成為西拉雅公廨與漢人廟宇並列的現象。立長宮內神桌正中立一石碑，書「阿立祖」三字，此為西拉雅族人的祖靈，桌上並擺設各式各樣的壺體，桌下則有大小不一的卵石（原來在桌上），其中壺體代表各地的祖靈，卵石則是因拜契而出現，也稱之為「契石」（圖2-2-68）。

公廨有一拜契習俗，由當地西拉雅族人或漢人帶著小孩，前來認阿立祖為契父。拜契儀式先由耆老拿著蔗葉、圓仔花做的頭環，套在孩子頭上，並禱念祈求阿立祖保佑孩子，接著取祀壺內「向水」，以手沾水往孩子胸前輕撫3下，再沾水輕潤嘴唇，然後取祭壇內石頭，在孩子的頭部及身體擦拭幾下，輕撫頭部是表示讓頭殼堅硬、可以更加聰明，輕撫身體是表示讓身體健康、不容易生病，俗語說的「頭殼硬，好育飼」，儀式完成後就成為阿立祖的契子[74]。每年農曆三月二十九日阿立祖祭典日，凡拜阿立祖為契父的孩子及家長，必備酒、檳榔、粽子，或也可看到牲禮、紅龜粿、鮮花、水果等漢人食品需回來祭拜阿立祖（圖2-2-69）。此一拜契關係一直到長大為止，不過沒有類似漢人的「脫絭」儀式。

---

74 黃文博，《南瀛民俗誌》（臺南：臺南縣立文化中心，1989），頁83。

■ 圖 2-2-68　立長宮內神桌下
　的契石（吳建昇／提供）

■ 圖 2-2-69　契子家庭準備供品回來祭拜阿立祖
　（陳志昌／攝影）

三、現代生育禮俗的存與變

　　臺南縣政府在民國41年（1952）成立臺南縣文獻委員會，吳新榮擔任編纂組組長，與洪波浪共同掛名主修臺南縣志。民國46年（1957）出版《臺南縣志稿 卷二人民志》，由莊松林[75]委員撰寫〈第四篇風俗〉，文章中載寫了戰後臺南地區人民生活習慣、禮俗、歲時、娛樂等民風，提到生育禮俗行事為外家親姆踏巢、生產、報喜、做三日（剃頭）、做月內、做滿月、做四月日、做度晬等[76]。莊松林所寫臺南地區生育禮俗大抵與日治文獻記載雷同，如親友餽贈禮品來幫產婦做月內、滿月時後頭厝（āu-thâu-tshù，產婦娘家）送頭尾禮、四月日收涎（siu-nuā，也見寫作「收瀾」[77]）、度晬時後頭再送頭尾及抓週禮，但最大不同之處在於「做三朝」的概念，莊松林所記載「做三日」是指「剃頭」，並非傳統所記載的「浴兒」，也與吳新榮所稱古禮12日剃頭有著差異。

　　以府城區域來看，在民國68年（1979）游醒民纂修《臺南市志 卷二人民志禮俗宗教篇》記載生育禮俗有三朝祭祖、做月內、十二日報酒（報外家）、算命、二十四日剃頭、彌月祭祖

75　莊松林，字朱鋒，日明治43年（1910）生，卒於民國63年（1974），世居府城臺南市。曾追隨蔡培火、韓石泉等參加臺灣文化協會。戰後任職中國國民黨，曾受聘臺南縣、臺南市文獻委員會委員，協助修纂志書。陳奮雄主編，《臺南市文獻半世紀》（臺南：臺南市文獻委員會，2003），頁192。

76　莊松林，〈第四篇風俗〉，收於洪波浪、吳新榮編，《臺南縣志稿 卷二人民志》（臺南：臺南縣文獻委員會，1957），頁92~93。民國69年（1980）由臺南縣政府出版《臺南縣志 卷二人民志》內容與《臺南縣志稿 卷二人民志》相同。

77　教育部臺灣閩南語常用詞辭典，http://twblg.dict.edu.tw/holodict_new/index.html。

宴客、命名、養兒禁忌、四個月收涎、度晬抓週等[78]，這與莊松林《臺南縣志稿 卷二人民志》不同之處在於：（1）做三朝沒有洗兒，也沒有剃頭，僅有備雞酒、油飯敬拜祖先，並以油飯餽厝邊鄰居。（2）向外家報喜的日期為12日，《臺南縣志稿》中則沒有明確記載時間限制。上述2篇文章為戰後臺南地區相當早開始描寫生育禮俗的文章，與日治時期的文獻相比較，可以發現其中：（1）做三朝的消失，（2）向外家報喜的日期，（3）剃頭時間的訂定等，為最明顯差異。同年（1979）莊松林以「朱鋒」的筆名，撰寫〈臺灣古昔的喜慶〉為題收錄在郭立誠《中國生育禮俗考》書中。此一文延伸原有在《臺南縣志稿 卷二人民志》撰寫的內容，新增有補胎兒、伴手禮、顧傭洗月內、押胸仔衫與月斗捾褲、尿墊、磧腹止飢、生子裙、嬰兒食蜜水、月內風、月內房、高麗湯、烏豆茶、報喜與送庚、過橋趕來鵠、收涎餅、度晬由來、生日、十月花胎哥、花胎病子歌等。增加記錄了相當多的物品的稱呼用途，並用表格呈現外家各生育禮俗階段攜帶的禮品一覽[79]。

　　戰後在對於生育禮俗描述有提到地區性差異的文章，首應推民國80年（1991）時任臺灣省文獻會的簡榮聰主委撰寫〈臺灣傳統的生育民俗與文物〉一文。本文將與生育相關的傳統禮

78　游醒民纂修，《臺南市志 卷二人民志禮俗宗教篇》（臺南：臺南市政府，1979），頁30~31。在同一年，游醒民另刊載〈臺南市民間習俗〉一篇，收於《臺南文化》新六期，內容生活習慣、歲時風俗、禮儀、娛樂、社會雜識等，但有關生育禮俗內容與《臺南市志 卷二人民志禮俗宗教篇》皆相同，故不論之。

79　朱鋒，〈臺灣古昔的喜慶〉，收於郭立誠《中國生育禮俗考》（臺北：文史哲出版社，1979），頁133~151。

俗，如子孫桶、妊娠、胎神、安胎等到生產、作月子、做滿月、做四月日、做度晬、命名、斷奶等習俗進行一系列總的整理，並且將臺灣北部、中部、南部各地獨有的禮俗都進行相當仔細介紹及俗諺採集[80]，實有助於釐清日治時期生育禮俗史料之中的地區性特色。例如：文中提到臺北萬華地區產婦產後首吃橘餅（桔餅）的慣例，在日治時新樹〈懷妊及出產に關する雜話(續き)〉[81]、片岡巖《臺灣風俗誌》[82]、鈴木清一郎《臺灣舊慣冠婚葬祭と年中行事》[83]、呂阿昌〈妊娠及び出產に關する臺灣民俗〉[84]等文章之中也見到，故或許可以顯現這幾篇文章記錄的地區就在臺北四周。

　　1980年代對應全球化熱潮，本土化思潮的隨著興起，各地自我為主體的民俗逐漸被重視，民國83年（1994）起原臺南縣文化局在民俗專家黃文博等人的協助下，開始有系統地蒐集整理臺南地區的自我特色，凃順從《南瀛生命禮俗誌》也是在這樣一個時空背景下，以臺南生命禮俗為主體來撰寫出版。書中〈生育篇〉所寫就是有關生育禮俗的在地點滴，更重要的在於作者將禮俗的合併或簡化情形，詳盡地說明再三。文中介紹到的生育禮俗及相關特色或改變有：（1）三朝洗兒：因通訊發

80　簡榮聰，〈臺灣傳統的生育民俗與文物〉，收於《臺灣文獻》42卷2期（臺中：臺灣省文獻委員會，1991），頁275~287。

81　新樹，〈懷妊及出產に關する雜話(續き)〉，收於臺灣慣習研究會編《臺灣慣習記事第二卷第九號》，頁54。

82　片岡巖，《臺灣風俗誌》，頁7。

83　鈴木清一郎，《臺灣舊慣冠婚葬祭と年中行事》，頁101。

84　呂阿昌，〈妊娠及び出 に關する臺灣民俗〉，收於《民俗臺灣》第1卷第5期，頁5。

達，「三朝報酒」已不見；三朝洗兒已由醫院護士代勞；原有祭祖改與12日剃頭一起處理；煎麻油雞蛋拜床母[85]。（2）剃頭禮：臺南縣於嬰兒出生後的第12天舉行「剃頭禮」最為普遍，但也有24日剃頭；有些地區則規定男嬰第12天剃頭，女嬰第11天理髮[86]；剃頭理髮要燒開水，加小圓石1顆、雞蛋1粒、芙蓉等共煮，用來洗兒。（3）滿月：外家這天會送「頭尾（禮）」、紅龜粿、紅桃、紅圓（滿月圓）、香蕉等；主家（生嬰兒家）將禮品及油飯一併祭祖，並準備菜飯拜床母；外家送來的滿月圓不能全收，要留些和油飯一起當回禮；油飯分贈親朋好友，宴請送禮或替產婦做月內的親友；做四月日可提前和滿月合併舉行[87]。（4）做四月日：外家送頭尾禮並主持「做四月日」；收唾（收涎），掛收唾餅到厝邊頭尾，請親友鄰居幫小孩收涎講吉祥話[88]。（5）度晬（週歲）：外家送頭尾禮並主持「度晬」；有提及抓週習俗[89]。

依《南瀛生命禮俗誌》本書記錄來看，可以說「三朝洗兒」這例，除拜床母之外，洗兒、報酒幾乎已經消逝不辦理。「剃頭」、「做滿月」、「做四月日」、「度晬」等時刻，外家均要送頭尾禮並主持禮俗。另外家或親友提送物品已不復見雞隻、豬肝、豬腰子（腎臟）等用來替產婦作月子的傳統食材，禮品部

85　涂順從，《南瀛生命禮俗誌》（臺南：臺南縣文化局，2001），頁96~97。
86　同上註，頁97。
87　涂順從，《南瀛生命禮俗誌》，頁99~100。
88　同上註，頁101。
89　涂順從，《南瀛生命禮俗誌》，頁102~103。

份則遵循俗諺：「滿月圓、四月桃、度晬紅龜」，此禮品部份主家、外家都會準備[90]。這些屬於臺南地區的在地特色與改變，相當鮮明。

　　若以今日縣市合併後的角度來觀看整個臺南地區，自民國八十年代起各地區紛紛纂寫鄉鎮區志，內容繁簡不一[91]，對於民俗的記錄也不一定是詳盡，但若從時代背景來考量，或許仍是值得審視的文獻。民國83年（1994）宋祥義、鍾和邦主修的《仁德鄉志》記載的生育禮俗有生產、報喜、做月內、做滿月、做四月日、做度晬、根據八字命名。沒有提及做三朝，且也提到對於做滿月以油飯、米糕贈親友鄰居，近年來也可見以蛋糕代替的變化。而做四月日收涎更是已經逐漸簡化或廢除不辦理[92]。

　　民國92年（2003）管志明、鍾騰、杜正宇主編的《新化鎮志》提到生育禮俗部分則記載有做月內、滿月、週歲、崙頂擔餅節等禮俗儀式，所辦理內容也是雷同，但特別的部分是沒有四月日收涎[93]，及新化崙頂里參與永康西勢廣興宮的擔餅節。鎮志中所提的擔餅節是指前年度家中有誕生新生兒的家庭（需事先有參加廟方福份），逢農曆正月二十日須挑三牲四果、水餅

90　同上註，頁101。

91　張溪南，《白河鎮志》，1998，臺南縣：白河鎮公所。中華綜合發展研究院應用史學研究所編，《柳營鄉志》，1999，臺南：柳營鄉公所。陳巨擘主撰，《佳里鎮志》，1998臺南：佳里鎮公所。謝宏昌、丘為君，《鹽水鎮志》，1998，臺南：鹽水鎮公所。井迎瑞總編纂，《官田鄉志》，2002臺南：官田鄉公所。盧明教《濃濃關廟情 戀戀香洋風》，2010，臺南：關廟鄉公所。以上原臺南縣的鄉鎮志均沒記載生育禮俗及相關資料。

92　宋祥義、鍾和邦主修，《仁德鄉志》（臺南：仁德鄉公所，1994），頁640~641。

93　管志明、鍾騰、杜正宇主編，《新化鎮志》（臺南：新化鎮公所，2003），頁357。

來廟中拜謝府元帥[94]。這是敬神的生育禮俗之一,更是屬於由家庭延伸到聚落公廟聯合辦理福份分享的大型活動。

《安平區志》中,呂清華所編寫的〈第三篇民俗篇〉[95]記載臺南安平的生育禮俗,提到有三天報喜、月內、做滿月(剃頭)、拜床母、四月日、度晬、拜契、斷奶、吃雞腿、搖籃歌、命名等,所提到的禮俗的祭祖、外家送頭尾等辦理方式與過往大同小異,但有明確地記載安平與其他地區不同之處,例如:(1)做滿月:頭一胎是男,第二胎是女的話,就不做滿月。(2)滿月拜床母,準備一碗尖尖的飯、(雞)肉酒、床母衣拜床母,而且要快快收。(3)四月日收涎和滿月一起做。(4)度晬油飯改成蛋糕,且不抓周。[96](5)拜契要立一紙質一布質的契子書,紙質用來火化給神明,布質留存。[97]作者相當細膩地介紹出採集時,安平地區的特色之處。

在民國100年(2011)臺南縣市合併前,臺南地區相當多鄉鎮市急忙出版鄉鎮志,為歷史留下見證。在這些志書中,提及生育禮俗的有戴文鋒主編《東山鄉志》、張勝彥總纂《善化鎮志》[98]、張勝柏主編《安定鄉志》[99]等。在《善化鎮志》中,高佩英纂寫〈第十一篇宗教與禮俗〉,有提到剃髮、滿月、做

94　同上註,頁371~372。

95　呂青華,〈第三篇民俗篇〉,收於林朝成、鄭水萍總纂,《安平區志(上冊)》(臺南:安平區公所,2008),頁420~424。

96　呂青華,〈第三篇民俗篇〉,收於林朝成、鄭水萍總纂,《安平區志(上冊)》,頁421。

97　同上註,頁422。

98　張勝彥總纂,《善化鎮志》(臺南:善化鎮公所,2010),頁647~648。

99　張勝柏主纂,《安定鄉志》(臺南:安定鄉公所,2010),頁170~172。

度晬和拜床母等習俗有些家庭仍繼續遵行。若得子亦會有煮油飯、紅蛋分送親朋好友的習俗[100]。但是沒有說明各禮俗辦理時間性、準備禮品、參與人物以及特殊風俗。在《安定鄉志》中，蔡博任撰寫的〈第參篇住民篇〉提到本鄉的出生禮，於舊時之際的傳統禮俗有「作滿月」、「作四月日」、「作周歲」等三古法禮俗，以張勝柏等人於2009年10月11日採訪安定、安加、保西三村耆老所得，其中「作四月日」現在鄉內較少人繼續遵循。滿月出房門祭拜祖先前須先剃頭，因胎毛染有母親污血而容易觸犯神明。《安定鄉志》提到鄉內作滿月時，嬰兒的外婆家送滿月圓、頭尾禮為主，生男生則回禮米糕，生女兒則無米糕。作周歲準備抓周儀式，抓完周後，會將小嬰兒抱至兩個大大的紅麵龜上，一腳各踩一個，然後由大人抱小嬰兒於麵龜上輕跳幾下，期許小孩快快長大，長壽如龜。結束後，會拿米香給小嬰兒吃，希望小孩往後都能「吃香」，表示從今天起，脫去乳臭長大成小孩。[101]

　　這些鄉鎮志中，多半是挑選地區內的特色部份撰寫，而戴文鋒主編《東山鄉志》則對於生育禮俗的史料文獻來源及變化，進行更仔細調查介紹。文章中以歷時性文獻來講述做三朝、滿月、做四月日、做度晬等禮俗，並引池田敏雄《臺灣的家庭生活》、黃鳳姿《臺灣的少女》資料來說明「三朝」除了是

---

100 高佩英，〈第十一篇宗教與禮俗〉，收於張勝彥總纂，《善化鎮志》（臺南：善化鎮公所，2010），頁648。
101 蔡博任，〈第參篇住民篇〉，收於張勝柏主纂《安定鄉志》（臺南：安定鄉公所，2010），頁170~172。

洗兒之外，也是嬰兒餵乳的第一天，只是在東山鄉來觀察雖仍可見做滿月、做四月日、做度晬等，但做三朝已經不存[102]。滿月時若為長子長孫，常宴客稱為「請滿月酒」，近來已不限於長子長孫。物品部份則提到「油飯」與「一顆紅蛋」是彌月常見之贈謝禮，當今多以「油飯」、「彌月蛋糕」、「彌月禮盒」贈謝親友[103]。而四月日在現代社會只剩「收涎」儀式，其他如池田敏雄所記載「對四月日、忌坐椅轎」、「開臊」之禮俗已經褪失，在鄉志中記載到「收涎」所用的「收涎餅」，其數目也非僅12、24或48個，也見把整包的「酥餅」約2、30個全部綴串起來[104]。

　　透過這些文獻的詳細記載與介紹，可以看到隨著時間社會的演變，生育禮俗也產生相當多的與時俱進的變化（請見下表2-3），所以也許有讀者會感覺到這些常民生活的禮俗，有種新奇中帶點趣味，卻也是瑣碎、好似無關連事項的集合表現，這種直接的混雜感受正與人類學家賀斯科維茲(Melville J. Herskovits)感受雷同，反而更表現民俗學是關注生活的多元，尤其如上述文獻著重口語的敘事性描述，民俗其表現出來的稱得上是種綜合性科學[105]。透過文獻，是想找尋出內在最大同質性，回到禮俗最核心的意涵來思考，生育禮俗功能在特定時間

---

102 戴文鋒主編，《東山鄉志（下冊）》（臺南：東山鄉公所，2010），頁552~554。
103 同上註，頁557。
104 同上註，頁559。
105 丹‧本—阿莫斯，〈為民俗學正名〉，收於周星主編《民俗學的歷史、理論與方法（下冊）》（北京：商務印書館，2006），頁702。

辦理，用來親親人倫，附加祖先信仰的保佑眷照，達到天人和
諧發展。這些禮俗外顯的變化牽涉到複雜的生理成長、人際往
來、文化思維、社會變遷等因素影響，只是變化不等於消逝，
消逝也不等於無法復元，這些存變之間的選擇，可稱作是種時
代性的轉換，也是民俗的一種常態。

【表2-3：戰後文獻及臺南方志載錄生育禮俗時間及內容差異性一覽】

禮俗 方志文獻	三朝	特殊日	滿月	四月日	度晬
1957《臺南縣志稿 卷二人民志》	剃頭 雞酒油飯祭祖 油飯分贈親鄰	12日親友後頭提贈雞豬肝腰子	外家贈頭尾祭祖	牲禮祭祖 外家贈頭尾 酥餅收涎	祭祖 抓週 外家贈頭尾 宴客
1979《臺南市志 卷二人民志禮俗宗教篇》	雞酒油飯敬祖 油飯分贈親鄰	12日報酒，親友後頭贈雞麵線豬肝，24日剃頭	外家贈頭尾祭祖 宴客	牲禮祭祖 外家贈頭尾 酥餅收涎	祭祖 抓週 外家贈頭尾 宴客
1979〈臺灣古昔的喜慶〉	神明前洗兒 油飯贈接生婆	生子7日，女11日報外家油飯贈親鄰	外家贈頭尾祭祖 洗胎毛剃頭	外家贈頭尾 牲禮祭祖 酥餅收涎	外家贈頭尾 祭祖 抓週
1994《仁德鄉志》	無記載	12日親友後頭提贈雞豬肝腰子	祖母剃頭 油飯米糕或蛋糕代替贈親友	逐漸簡化或廢除不辦理	祭祖 抓週
2001《南瀛生命禮俗誌》	報酒消失 醫院護士洗兒 拜床母	12日剃頭 24日理髮 男12日剃頭 女11日理髮 後頭贈頭尾 祭祖	後頭贈頭尾、滿月圓	四月日提早和滿月合併收涎	外家送頭尾、紅龜香蕉 抓週
2003《新化鎮志》	無記載	正月20日擔水餅謝神	外家贈頭尾	無記載	祭祖 抓週 外家贈頭尾 宴客

方志文獻 ＼ 禮俗	三朝	特殊日	滿月	四月日	度晬
2008《安平區志》	後頭報喜	四月日和滿月合併	祖母剃頭外家贈頭尾油飯米糕贈親友	牲禮祭祖外家贈頭尾酥餅收涎	外家贈頭尾覘油飯改蛋糕，不抓週
2010《善化鎮志》	無記載	有剃頭	有	有	有
2010《安定鄉志》	無記載	無記載	滿月剃頭外家送滿月圓頭尾禮，覘米糕(生男)	少	抓週踩紅龜吃米鄉
2010《東山鄉志》	廢除不辦理	12日剃頭24日剃頭	剃頭外家送頭尾宴客	收涎後頭送滿月	抓週外家贈頭尾宴客

※筆者整理所得。資料來源：莊松林，〈第四篇風俗〉，收於洪波浪、吳新榮編，《臺南縣志稿卷二人民志》（臺南：臺南縣文獻委員會，1957），頁92~93。游醒民纂修，《臺南市志 卷二人民志禮俗宗教篇》（臺南：臺南市政府，1979），頁30~31。朱鋒，〈臺灣古昔的喜慶〉，收於郭立誠《中國生育禮俗考》（臺北：文史哲出版社，1979），頁133~151。宋祥義、鍾和邦主修，《仁德鄉志》（臺南：仁德鄉公所，1994），頁640~641。管志明、鍾騰、杜正宇主編，《新化鎮志》（臺南：新化鎮公所，2003），頁357。林朝成、鄭水萍總纂，《安平區志（上冊）》（臺南：安平區公所，2008），頁420~424。張勝彥總纂，《善化鎮志》（臺南：善化鎮公所，2010），頁647~648。張勝柏主纂，《安定鄉志》（臺南：安定鄉公所，2010），頁170~172。戴文鋒主編，《東山鄉志（下冊）》（臺南：東山鄉公所，2010），頁552~554。

第 三 章

生產前後的禮俗

　　人類新生命誕生來自男女之間的結合，而社
會所認可兩性間關係，多半立基於婚姻制度下的
家庭，由於背後牽涉承續財產權利的法理地位，
所以婚禮往往也受到社會相當大的重視及討論。
而重要的婚俗之後，接續著即是受重視的生育禮
俗，由俗諺所說：「不孝有三，無後為大」，自
然也可知道在生命的篇章裡，延續婚禮之後的生
育俗風，是被再三提起，倍受眾人關心的事項。
所以本章用稍稍追根究底的眼光，來看看從婚俗
到生產前後，顯露的祈禱生子願許。本章兼用歷
史文獻爬梳的方式，來進行傳統與現代的些許比
較，讓讀者可以觀看到不同時代的風俗相異之處。

一、婚期祈願的禮俗

　　《禮記》〈昏義〉云：「昏禮者，將合二姓之
好，上以事宗廟，而下以繼後世也。」婚嫁不只

是男女個人的人生大事，且更是牽係兩個家族的要事，重要目的在於延續香火、傳宗接代。在儀式之中，從訂禮、完聘、請期、拜天公、迎娶、設宴、入洞房等，各項繁複的儀節過程、祝賀語或象徵物中，有不少與「祈求生子」有所關聯。在凡事盡求美好預兆的預期心理下，婚俗也與信仰結合，甚而進一步形成許多的禁忌。

乾隆34年（1769）澎湖通判胡建偉所著寫的《澎湖紀略》提到婚俗的舉行及所備之物：「遣嫁之時，母親為新娘備暖肚一個，內藏曆書一本，取押煞之義；桔餅二個，取大吉之義；冰糖一包，取甜和之義；小鏡一面，取光明之義；洋銀一圓，取團圓之義；犁頭鐵彩一塊，取鐵心不移而有光彩也；生炭一塊（『炭』字土人讀作『攤』字），取生子攤出愈多之義也，束在新娘肚中。[1]」觀看這些婚俗實踐時所準備的物品：冰糖、小鏡、犁頭鐵、火炭等，及這些物品所蘊藏的甜甜和氣、光明未來、繁衍生湠（senn-thuànn/sinn-thuànn）意涵。可以明顯的看出，所準備的物品都是祈求吉兆的目的，最後更將這些吉祥象徵物束放在新娘的肚子上，表達出薪火相傳的求子願望。雖然是二百多年前澎湖的紀錄，但與今日臺南地區婚俗所備之物相比較，還是讓人感到熟悉不陌生。

清光緒年間成冊的《安平縣雜記》記載訂婚時，所準備的諸多物品，分成「納采」、「納吉」、「納徵」三階段[2]來記述，這

---

1 胡建偉，《澎湖紀略》（臺北：臺灣銀行經濟研究室，1961），頁153。
2 「六禮」是指完整結婚過程的六階段禮俗，臺灣民間傳統古禮婚禮認知的六禮程序為：一、納采（議婚、提親、講親情tshin-tsiânn），二、問名（討年生、提字仔、合八字），三、納吉（小定、搵定、過定、文定、訂婚），四、納徵（大定、送定、完聘），五、請期（送日頭、送日子、乞日、提日、報日），六、親迎（迎親、迎娶）。

臺南生育禮俗

時期準備的物件禮品，以髮飾玉器、綾羅綢緞、大餅、豬肉、糖品等為主，只是這些禮品還需視經濟財力而定，財力不足可有如銀簪等替代品，所以可知婚俗禮品的準備並無強迫之理，當然也是種經濟力展現。男方所贈之禮物，在「納徵」（又稱過大禮）時，女方依例將禮品半數回贈，並特別「回禮用錫盆二，如大碗式，一植石榴一株（用銀石榴三四顆、銀桂花數朵繞枝），名曰榴桂；一植連蕉一株，取連招桂子之義，以答納幣之禮也。[3]」婚俗進行到了迎娶前的完聘階段，女方回贈象徵多子多孫的石榴、大富大貴的桂花、連招貴子的蓮蕉等，表示兩姓合婚後，女方可帶來多子嗣（圖3-1-1）。對比上述胡建偉的《澎湖紀略》內容，可見《安平縣雜記》婚聘禮品內容的益

■ 圖3-1-1　象徵多子多孫的石榴（陳志昌/攝影）

3　不著撰者，《安平縣雜記》（台北：台灣銀行經濟研究室，1959），頁10~11。

加多樣，自然這些物品背後祈福象徵也增加，而這些禮品的準備沒有消失不見，在今日臺南府城周遭區域的婚禮之中，仍舊是保留可見。

【表3-1：婚期祈願禮俗內容】

	主角/人物	禮俗內容
婚期祈願	新人/家人	心理篇：節慶求姻緣、看日子、撒帳、四句聯、好聽話 物質篇：訂婚禮、回禮、結婚禮、回門禮、入洞房、舅仔探房 儀式信仰篇：安床、翻舖、求神、謝神、演祈子戲

民間對於這些婚俗的舉行過程中，不同的身分關注的禮俗也不同，有經驗的長輩會著眼到這些禮品物件的質量，注意到物質所呈現的經濟面向；婚俗重要關係人們則主被動參與儀禮，讓人際關係得以有不同層次的緊緊相扣；禮俗執禮媒人會關注儀式過程的完整性，希望透過儀式展演來維持祝福的願求。故下文從物質、心理、儀式信仰等三個角度來切入，引領讀者觀看到婚俗中對於祈願生育的意涵。

（一）心理篇：節慶求姻緣、看日子、四句聯、好聽話

人類期盼生活幸福，擁有美好生活，常透過聲音、語言、圖像、符號、文字、動作、器物質等多元表象的形式與行為，來傳達背後的人際、神靈觀點，進而成為一種文化象徵物與模式。這種祈福的心理，表現在文化行為上，就變成許多實質化的行為及器物。

■ 圖3-1-2 偷挽蔥,嫁好尫(周舜瑾/提供)

1.節慶求姻緣

　　兩人之間的投緣及沐愛之情,更是一個情感的起始,是種人性的自然之表現,而有別婚姻制度。農曆正月十五日晚上,民間有種說法是未出嫁的女孩要偷摘採別人種植的蔥或蔬菜,拔完後放置原處,不帶回家。所以俗諺說:「偷挽蔥,嫁好尫;偷挽菜,嫁好婿,」這說明了少女們在節慶時,對異性緣的祈願遊戲,男女之情總是人類歷史及創作的最好題材(圖3-1-2)。

2.看日子

　　看日子也稱擇日、擇吉,是一種民間信俗的術數活動,由專業的擇日師(或地理師)依照參與者的的生辰八字來計算適合辦理喜事的良辰吉「日」,在鐘錶發明後,時間計算準確度提升,也有特定吉「時」的安排(圖3-1-3)。民間還有一種是透過神明意旨或降乩指派,來擬訂各種良辰吉時及趨避(圖3-1-4)。看日子是追求一種天人和諧的時空環境平衡,參與者的生辰得以配合黃道吉日的吉神方位,而獲得往後生活的吉祥幸福。雖說是追求幸福,但最重要的另一面是要避開黑道凶日

■ 圖3-1-3　擇日師所選嫁娶吉課（陳美姬／提供）

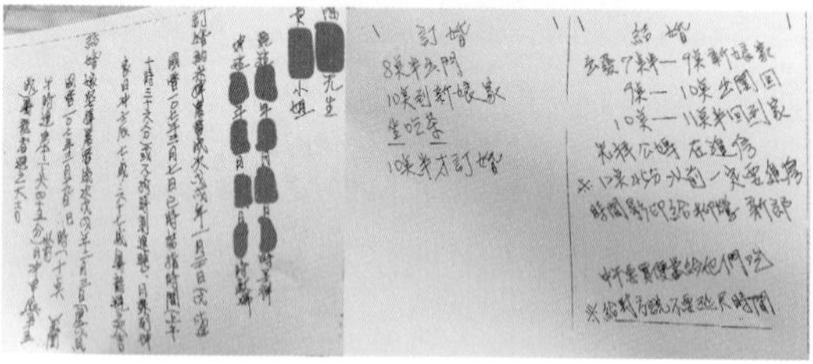

■ 圖3-1-4　神明指派嫁娶吉課（蔡桂芳／提供）

的凶神方位，或是找尋到可制煞、化煞的方法來避開，尤其是結婚的新人更要避開「白虎」、「天狗」等凶煞。

　　臺灣民間擇日業者承襲自泉州洪潮和一派為多，洪氏一門所使用《尅擇講義》有關嫁娶擇日以〈玉歷碎金賦〉[4]提到：「朱雀坤宮天德解，白虎行嫁麟符移。真夫星兮並天嗣，日辰切莫沖干支。男陽氣兮女陰胎，若是沖支定缺兒。[5]」上述文字說明男女婚嫁需考慮麒麟符制煞白虎星，不然會有無法延續香火，會有缺少子嗣之疑慮。〈玉歷碎金賦〉整段文章的說法更直指有損夫妻雙方壽元，或困難懷孕受胎，或是孩童會較難養育長

4　也有後人寫作〈嫁娶碎金賦〉。
5　林先知造曆館，《林先知通書便覽》（臺中：文林出版社，1993），頁碼未明。

大等，所以民間婚嫁之時，對於這樣的說法相當避諱，在這樣的心理表現是積極地要遠離凶惡，所以「看日子」仍舊是相當重要的一個程序，具有相當的趨吉避凶，安定人心的作用。

3.撒帳

撒帳是舊時婚禮的一項習俗，將金錢、紅綵（富貴發紅）、棗子、花生、桂圓、栗子（早生貴子）、蓮子（連生）等寓意新婚夫婦多生子女的物品，撒放在新人床上，以討吉利幸福。也有新人行交拜禮後，坐到床上，主持撒帳者以金錢，喜果等物向他們身上撒，李豐楙教授認為這除了祝賀多子多孫之外，撒放與爭拿的重點在於製造熱鬧氣氛[6]，目前這種祝賀習俗在臺南已經不多見。

4.四句聯、好聽話

這是民間說唱藝術或戲曲表演中，以一句4、5、7字或字數不拘的吉祥話，較常見為四句一組的押韻唸白，常見在年俗節慶、婚嫁、酒宴、食新娘茶、度晬生育、新居落成等喜慶宴會，用來表達著祝福、祈求、感謝、心適，甚至是詼諧捉弄的話句，可用來炒熱氣氛。

例如：「新娘車門打開開，金銀財寶歸大堆。新娘团婿行出來，生团生孫狀元才。」「紗巾掀過來，添丁大發財。」「紗巾崁頭前，子孫代代出人前。」「一銅佮一金，尪某會同心，翁某若同心，烏土變黃金。」「今夜洞房，燈燭輝煌，好話盡講，女貌才郎。」「新娘聊聊仔行，明年緊做阿娘。」「新娘行入厝，

6　李豐楙，《慶典禮俗》（新北：國立空中大學，2011），頁111。

家財年年富。」「新娘官仔高椅坐，低椅靠腳，大兄小弟快做阿爸。」「燒酒飲乎乾，新郎緊做阿爸。」這類吉祥話的語言使用以誦讀方式呈現，源自人類相信語言、文字具有神祕力量，進而崇敬的心理，及人性喜歡聽稱讚好話的心理因素，類似的還有咒語、歌謠等，都是祈福驅凶文化行為的一部分。

（二）物質篇：訂婚禮、回禮、結婚禮、回門禮、入洞房、舅仔探房

臺灣民間所稱古禮舉辦之婚禮，乃依循三書六禮的程序，只是近代演變簡化婚序，所以有研究者將現代臺灣婚禮簡分成「訂婚禮俗」、「結婚禮俗」與「回門禮俗」三部分[7]，而三階段中，都需準備不同禮品用來象徵婚姻美滿，祈子祈福。

1.訂婚禮俗、回禮

訂婚禮俗中，除了聘金之外，男女雙方也各自準備聘禮及回禮，習俗上男方多準備「訂婚六禮」或「訂婚十二禮」，（圖3-1-5）當然不管是六或十二項禮，內容會隨時代變遷而改變，不過傳統聘禮中的台式大餅、冬瓜糖、糖霜、麵線、福圓（龍眼乾）、豬（後）腿肉、閹雞一對等富有吉祥意涵的物品，還是相當常見（圖3-1-6）。這些禮品各有象徵的意義，如：冬瓜糖、糖霜取意甜蜜，麵線取意長久，福圓取意福氣，豬肉是節

7　原用「歸寧」一詞，但為求真實表現臺灣民間的用法，以常見的「回門」來稱呼之。塗素珠〈雲林縣林內鄉閩南婚姻禮俗探討〉（國立臺東大學臺灣語文教師碩士論文，2008），頁94~116。黃素卿〈屏東縣琉球鄉婚姻與生育禮俗之探究〉（國立臺東大學臺灣語文教師碩士論文，2009），頁29。

■ 圖3-1-5　訂婚儀式及相關禮品（陳志昌／攝影）

■ 圖3-1-6　訂婚十二項禮（陳志昌／攝影）

■ 圖 3-1-7　訂婚回禮用之石榴、蓮　　　■ 圖 3-1-8　訂婚回禮用之狀元糕（陳志昌
　蕉、鳳梨、芋頭等象徵性物品（吳　　　　　　　／攝影）
　建昇／提供）

慶禮儀不可缺乏之肉品，雞肉取自臺語音家，意指「起家（成
家）」。近年來菸、酒是傳統聘禮所新增，也賦予新的吉祥意
涵，如：紹興酒，臺語音同「招興」，有招來興旺之意；酒、
長壽菸等取意長長久久、長壽，所以成了必備禮品。其中香菸
有些地方要6條，因臺語「菸」與「婚」同音，稱「搦婚」（la̍k-
hun，六條菸的臺語音）要全數收下，不可退回香菸，取完全
掌握婚姻之意，因「退菸」有「退婚」之忌嫌。

　　象徵子孫繁衍之食材，如紅棗、花生、桂圓、蓮子，表示
早生貴子；如五穀種子（多子多孫）、石榴、龍眼（多子多孫）、
蓮蕉花、鐵釘（連招出丁）、桂花（貴氣滿門）、芋頭（容易繁
殖）、鳳梨（喜事旺旺來）、犁頭鉎（生雙生）、火炭（添丁），
其中犁頭鉎、火炭何在一起看，為臺語音的「生湠」（senn-

thuànn/sinn-thuànn）。諸多物品包含著祈子多福之重要意涵，所以有些媒人也會叮囑要將芋頭種、鳳梨花、蓮蕉花等栽種於花盆中，並且不讓其枯死，這就是希望別斷其香火，子孫連綿。

　　民間習俗在處理訂婚十二樣聘禮時，女方不可照單全收，每樣聘禮多少象徵性退還一些，稱為「回禮」或「回聘」，如：回以五穀種子、木炭、鐵釘、犁頭鈝、芋頭等物，寓含生湠、出丁，象徵生命傳衍之意（圖3-1-7）。女方訂婚回禮還可傳達對男性的情意，所以常見有準備給新郎穿戴的服飾用品，並加上一些食用糕餅，如大餅、米香餅、狀元糕等（圖3-1-8）。之外，日治時鈴木清一郎就調查到，男方贈送的「豬邊」，女方習慣上只收取豬肉部分，豬腳一定會退還給男方。之所以忌諱全收，當然是受到而女方只能收豬肉而忌收豬腳，不能割豬肉（不管大小）退給男方，象徵著男方「肉可分人吃，骨不讓人啃」之意[8]，這種風俗在今日臺南依舊可見。

2.結婚禮俗

　　舊俗在迎娶前，男女雙方各擇良辰吉日在自宅行「上頭」禮，即是儒家的成年冠笄禮，男方行冠禮，女方行笄禮[9]。演變至今是在迎娶當日早晨，新郎新娘於吉時舉行「上頭」儀式，將清水煮熟的雞蛋吃完，然後將蛋殼放入水中，以此蛋殼水淨身，再換上白色內衣褲及禮服，打理門面後，再進行迎娶。家人並將剩餘蛋殼水放入床下或灑於新床週遭，表示這對新人將

8　戴文鋒主編，《東山鄉志（下冊）》（臺南：東山鄉公所，2010），頁552~554。

9　翁素杏，〈關廟地區的婚俗研究〉，頁26。

脫胎換骨，寓有生殖之意[10]。這種習俗在臺南週遭地域都還算是為人所知，但也逐漸簡化消失。

　　傳統婚禮會以一支頭尾枝葉完整的青竹綁上一塊豬肉，稱為「竹梳」，作為出嫁隊伍的前導，據傳是用以避開會吃胎兒魂魄的「白虎神」。時至今日，由女方準備青竹（或甘蔗），於青竹上懸掛一片豬肉及紅包，由男方迎娶人員將之繫於禮車車頂（圖3-1-9）。新娘要進出家門或上下車時，由媒人手拿八卦米篩遮於新娘頭上，稱為「遮米篩」或「過米篩」（圖3-1-10）。臺灣南部有身孕者用黑色雨傘（圖3-1-11），北部習俗則不論有無身孕，多慣用黑色雨傘。

　　禮車來到新郎家門前，由媒人或男方找來一位好命的婆仔，先行撒緣粉（也寫作鉛粉，臺語「鉛」與「緣」諧音）加唸吉祥語：「人未到，緣先到；入大廳，得人疼」、「鉛粉膨膨颺，錢銀滿厝間」、「鉛粉撒入房，代代出賢人」、「鉛粉撒落水，新娘官入門肥擱媠」、「鉛粉撒有春（剩餘），新娘官明年生一個查埔孫」，剩餘的鉛粉放置在床頭，口唸：「鉛粉放在眠床頭，新娘官逐項勢。」

　　媒人施緣粉之後，新娘進入男家大廳，需跨過燒有炭火的烘爐，並踩碎瓦片，俗稱「過火、破煞」（圖3-1-12、3-1-13）。「過火」意謂生火去邪，生火、木炭並象徵人丁昌旺（生淡）。「破煞」則是認為女方有可能原是屬於「命中帶煞」、「掃把星」，或是擇日師選擇能力不佳，存在讓新娘之命格與白虎星相沖的

10　翁素杏，〈關廟地區的婚俗研究〉，頁34。

臺南生育禮俗

■ 圖3-1-9　青竹綁
上紅包及豬肉（陳
志昌／攝影）

■ 圖3-1-10　新娘遮
米篩入家門（陳志
昌／攝影）

■ 圖3-1-11　南部有
身孕新娘遮黑傘
（陳志昌／攝影）

■ 圖3-1-12　生火、木炭象徵生湠（陳
志昌/攝影）

■ 圖3-1-13　新娘入門破煞，踩碎破瓦
片（吳建昇/提供）

可能，所以在「女命無真，男命無假」的預防思維與心理，在
婚禮中所進行一種破除命格帶煞的儀式，用以求取新人生殖的
順利。過火、破煞時也要唸吉祥話，如「跨過火，入門才會有
家伙」、「新娘官來踏瓦，入門致蔭全家都勇健」等。隨車的伴
郎，跟著將新娘嫁妝、子孫桶（也稱尾攤，有面盆、尿桶、浴
桶、跤桶、桶盤、小竹椅等洗小孩用品）等抬入新娘房，並唸
四句聯：「子孫桶，過戶碇，夫妻和，萬事成。」「子孫桶，舉
高高，生子孫，中狀元。」新娘嫁妝裡面，有箱「壓箱」裡面
有生活用衣褲、金錢，舊俗會準備生子裙（綁帶黑布裙）、黑
布、花帔毯等，分別是生小孩用以遮住產道的生子裙、製作家

居服及喪服用的黑布、包裹小孩用的花帔毯，都是與生產相關的物品，由於今日在家生產已經相當少見，所以這些物品在壓箱裡面也不復見。

在結婚習俗中，甘蔗或青竹、豬肉、紅包是用來避引白虎神；緣粉、生火、木炭等是種除煞象徵；子孫桶則多半是生活用容器，尤其是用來在產房內生小孩或洗小孩用的用具；新娘燈（舅子燈）進洞房，象徵女方嫁入後，這對新人可以順利生子出丁。這些都可見到在結婚禮俗辦理過程，對於婚後生活及接踵而來的生養新生命之期待及準備。

3.回門禮俗

婚後第一次回娘家稱「回門」、「返厝」、「歸寧」，過去習俗為婚後第三天，也稱「頭返客」、「頭返厝」，今日則多半於結婚隔天或第二天回娘家，由於也是介紹新郎給女方親戚認識，所以也稱「請子婿」。臺南週遭喜樹、灣裡、仁德、歸仁、關廟地域，過去在請子婿後隔天，再度回門，稱「二返客」、「二返厝」；婚後第十二日，第三度回門，稱「三返客」、「三返厝」，以漸進式讓新娘逐漸習慣離家。由於來者是客，所以娘家多半在每次女兒返家後會準備米糕、香蕉、糕餅、紅桃、紅龜等禮物[11]，讓新人帶回夫家，但到了「三返客」就沒有特別的招待及禮品，即是俗諺說：「頭擺糕，二擺桃，三擺攏總無。[12]」由於現代交通網絡發達，這種習俗已經相當少見或是縮短時程。縮

---

11 這些食品是為分享給男方親友，「新娘真賢慧，米糕沿路會。」關廟地區的米糕是製作甜食，中間會放置一些紅豆或大豆，稱「米糕豆」。

12 翁素杏，〈關廟地區的婚俗研究〉，頁75。

短時程做法是「頭返厝」吃完午餐喜宴後，新人及男方家屬離去，歇息片刻或晚餐時刻新人再回娘家是為「二返厝」，隔天再回來是為「三返厝」。

　　回門時，女方父母會準備二隻帶根甘蔗（掛尾甘蔗）、一對雞隻作為「帶路雞」，讓女兒帶回婆家，取「起家」之意。今也可見於結婚當日跟著嫁妝一起帶到婆家，也由於飼養不易，多改用塑膠雞代替。過去有些地方習俗會將帶路雞放在新房床下，待新婚夜隔天才放出，看首先跑出床下雞隻性別，用來預測新娘頭胎是生男或生女。

　　回門時，母舅會送給姪女一只母舅鏡，民間說：「母舅鏡入大廳，才會得人疼」。女方還會準備與生產後製作嬰兒衣物有關的女紅用品，鴛鴦尺（竹製一尺長）、裁縫盒（內有剪刀、針線）、嬰仔衫等，都是為婚後生子做準備（圖3-1-14）。今日有些地方，則以嬰兒服為女方結婚回禮，或置放於嫁妝之內，成為結婚禮品之一。總得來說，都是蘊含表露早生貴子之意。

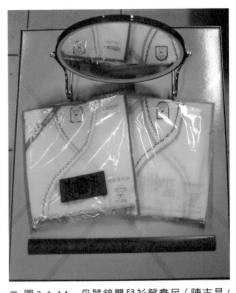

■ 圖3-1-14　母舅鏡嬰兒衫鴛鴦尺（陳志昌/攝影）

臺南生育禮俗

【表3-2：現代婚俗物品及祈子意涵】

人物 階段	男方		女方	
	禮品	意涵	禮品/回禮	意涵
訂婚	紅棗、花生、桂圓、蓮子	早生貴子	紅棗、花生、桂圓、蓮子	早生貴子
	五穀種子	多子多孫	五穀種子	多子多孫
	石榴、龍眼	多子多孫	石榴、龍眼	多子多孫
	蓮蕉花、鐵釘	連招出丁	蓮蕉花、鐵釘	連招出丁
	犁頭鉎、火炭	生淡	犁頭鉎、火炭	生淡
	桂花	貴氣滿門	桂花	貴氣滿門
	芋頭	容易繁殖	芋頭	容易繁殖
	鳳梨	喜事旺旺來	鳳梨	喜事旺旺來
			狀元糕	吃狀元糕，嫁狀元尪，生狀元子
			米香餅	呷米香，嫁好尪
結婚	上頭（熟雞蛋+清水）	脫胎換骨，即將生殖	上頭（熟雞蛋+清水）	脫胎換骨，即將生殖
	八卦米篩或黑傘	針對新娘懷孕與否	甘蔗或青竹、豬肉、紅包	避引白虎神
	生火、木炭	除煞、避白虎煞象徵	緣粉	象徵吸引男性
	轎斗圓	圓滿象徵，入洞房後吃圓仔	子孫桶，有面盆、尿桶、浴桶、跤桶、桶盤、小竹椅等	產房內生小孩或洗小孩用的用具
			生子裙	生小孩用遮住產道
			黑布	製作家居服及喪服
			花帔毯	包裹新生兒用
			新娘燈（舅子燈）	象徵出丁生子
回門			帶根甘蔗	可繼續種植，延續甜甜蜜蜜
			帶路雞	起家，預測生產性別
			米糕、香蕉、糕餅、紅桃、紅龜	吉祥禮品
			鴛尺、裁縫盒、嬰仔衫	製作新生兒衣物

＊筆者整理。

4.入洞房

傳統婚俗在迎娶準備的禮品中，轎裡必放「轎斗圓」以迎接新娘，媒人帶著約一斗二升的圓仔粞（înn-á-tsheh）搓成12粒，用來送給女方結婚當天做圓仔（圖3-1-15），以象徵甜蜜圓滿，由於通常是轎內前頭，也有稱「轎前圓」。這些圓仔粞到迎娶時會先用來祭女方家中祖先，然後再放到女方家裡米甕上象徵性擺放一下，再跟著迎娶隊伍回男方家中。有些地方已改為麵粉製作的紅圓20粒，或是直接已改用糯米代之，稱「斗二米」，或有以12粒蘋果取代「轎斗圓」者。

這些圓仔粞會用來製作入洞房後，新郎新娘食圓仔之用，

■ 圖3-1-15　製作轎前圓（陳志昌/攝影）

臺南生育禮俗

清胡建偉《澎湖紀略》提到：「合巹之禮，是夕備席一筵，在房中男女對酌。飲畢，即備湯圓二碗，每碗湯圓六枚，先男女各執一碗，各食二枚；次即男女交碗，又食二枚。每碗各剩二枚，男即以所執之碗蓋住新娘之碗，放在床下，然後就寢。[13]」日治鈴木清一郎《臺灣舊慣習俗信仰》也有記載[14]，一直到今日臺灣各地依舊保留此一習俗，由好命的婆仔夾給新郎、新娘，婆仔會唸到：「食甜甜，一胎生雙生。食甜甜，明年生後生，」類似的吉祥話，由新人各吃一口後，再互相餵食，是種讓男女雙方認識，營造新人進入親密關係的一種暖身行為。

類似透過遊戲行為營造親密感的，還有「鬧洞房」習俗。由於是透過遊戲來進行，所以這類小儀式是以相當熱鬧，搭配語言戲謔，甚至帶有性暗示的方式進行，以四句聯吉祥話來炒熱氣氛，如：「弄新娘我最行，祝恁夫妻好到老。」「今日人客這爾多，攏欲來看恁兩個。新郎新娘親一下，人生大事免歹勢。」「門當閣戶對，榮華兼富貴，今暗心花開，趕緊送作堆。」「好田也著好種子，認真播種好時機；翁某雙人若歡喜，今宵合作生雙生。」「大家卡緊行互伊去輸贏，著愛打拼做阿娘。」「新人實在真古意，洞房鬧久會生氣，大家趕緊倒轉去，乎他們雙人好好做代誌。」

這鬧洞房的習俗，在現代也延伸到新郎迎娶新娘時，在不延遲良辰吉時的前提，女方的伴娘會要求男方新郎或伴郎作來

---

13 胡建偉《澎湖紀略》，頁153。
14 鈴木清一郎《臺灣舊慣冠婚葬祭と年中行事》，頁179~180。

進行一些遊戲，或是展現新郎體力甚佳，可以應付新婚生活的鑑別行為（圖3-1-16）。綜觀這些小儀式目的在於讓這對新人可以透過各種行動來認識、營造親密感，進而達到婚姻生活美滿，生衍下一代。

5.舅仔探房

「舅仔探房」在過去習俗多半是婚後第三天早上，現在則多半是當天跟在迎娶儀式後，新娘的娘家兄弟會來探訪

■ 圖3-1-16　鬧洞房（陳志昌／攝影）

新郎新娘，慣習是順帶將禮物—新娘燈（也稱舅仔燈，圖3-1-17）提進洞房，置於床上，並唸：「舅仔進燈，新人出丁」之吉祥話，所以有歇後語說：舅仔探房—進燈（丁）。舅仔除了探房之外，同時也攜來禮帖，邀請親家前往女方做客，準備歸寧儀式。

舊俗上，舅仔探房時會將帶來的已結子的紅花（如石榴花）獻給新娘，換過頭上的裝飾春仔花，民間稱「換花」[15]，這風俗近日也漸漸少見。

在今日臺南地區所見婚俗之中，物質禮品的準備，過往是由家族內成員來張羅。隨著時代變遷，家庭結構由大家庭改變

15　鈴木清一郎著，馮作民譯，《臺灣舊慣習俗信仰》，頁211。

■ 圖 3-1-17　寫有添丁進財的燈籠（陳志昌/攝影）

成小家庭為主的社會型態，婚禮的準備張羅幫手減少，但文化需求依舊在，所以各地逐漸出現一些婚用禮品專賣店，雖是商業新展，但卻也著實讓婚禮準備不再焦頭爛額。這些專賣店的存在，一方面也產生商業化複製，所以禮品上有同質性增高情形出現。不過比較大臺南地區發現，存有不同區域的諸多差異。例如：府城區周遭區域對於婚禮使用的吉祥植物上，多使用石榴，而在曾文溪以北區域，則多使用龍眼，兩者都隱含有多子多孫之意。保有各地自我的小習俗，才得以達到多元文化及自我特色的鑑別。

（三）儀式信仰篇：安床、翻舖、求神、謝神、演祈子戲

1.安床、翻舖

在婚禮前，男方會擇一吉日良辰，由有福氣的好命人協助安床、布置新房；也有些地方是依照男女雙方的生辰八字、家屋方位、窗位、神明位等因素來禁行床位的選擇，當夜並祭拜床母[16]。所謂安床（an-tshñg），即為「安床母」，在萬物皆有神的概念下，「床母」為床之女神，相傳床母能保佑嬰兒、幼兒平安順利長大，不過也傳說其會忌妒新人美滿姻緣，所以民間為了避免床母從中破壞婚姻，就必須先安床母。

安床目的無非是為傳宗接代，增進夫妻感情，提高睡眠品質。民間安床也是種人與空間的擇吉，所以也需請擇日師挑選良辰吉日，或也有人自行在農民曆上選擇列有「安床」的好日子來進行，常見是簡單祭拜後空間後，依吉時將床移到正確位置即可。安床之後，有些地方會有翻床（翻舖）習俗，多半是找來屬龍的男童在床上翻滾幾遍（圖3-1-18），旁人念好聽話：「翻落舖，生查埔；翻過來，生秀才；翻過去，生進士。」安床後由屬龍男童與新郎同睡，忌諱新郎1人獨自睡那床，俗諺說：「睏空舖，沒死尪也死某」，當然也不可3人同睡或和其他女性睡。有些地方也見到是擺上一對新婚安床娃娃（圖3-1-19），新郎則到另一空間獨睡，等迎娶新娘後再同床共眠。現代安床多半選擇在結婚前幾天，以避免造成大家的不便。

16　翁素杏，〈關廟地區的婚俗研究〉（國立台南師範學院鄉土文化所碩士論文，2003），頁26。

■ 圖3-1-18　翻床習俗（吳建昇／提供）

■ 圖3-1-19　安床娃娃（陳志昌／攝影）

　　關於安床的過程，首先需要先將床單、枕頭鋪好（圖3-1-20），新人床不可對著門，不可對著窗，更不可對著柱、樑、鏡子與廁所，床一定放在乾燥的地板、不得放在陰濕的地方等等，新房中的鏡子需要貼上紅紙，又在大型傢俱（如衣櫃、梳妝臺）的抽屜裡要撒上釘子、稻穀，以象徵早生貴子，此即所謂：「眠床撫予好，招財又進寶；棉被撫予正，生囝得人疼，」相關物件一直到安床後4個月才可以移除。也有地方會在新房床上擺放一籠大發粿、一籠甜粿，以此象徵祝福新人發達與早生貴子之意。安床後的祭祀床母儀式，除了供品（三牲、水果、三杯清茶，或加豆腐、肉、酒為供）之外，尚要準備米、鹽、陰陽水（半熟半生之水）、床母衣、金紙、線香等，燃香向床母祭拜、保佑一切平安，並可祈求新婚夫婦早生貴子（圖3-1-21）。之後將少許的鹽、米撒在新床週圍，並將陰陽水撒在新床

■ 圖3-1-20　男方在婚禮前擇一吉日良辰　　■ 圖3-1-21　安床時以供品祭祀床
安床、布置新房（吳建昇／提供）　　　　　　母（吳建昇／提供）

的前後（皆用以避邪），最後再將床母衣、金紙火化掉，安床
儀式即告一段落。

2.求神

　　民眾向神明祈求生子的風俗十分普遍，在人口眾多及富歷
史性區域，有些地方會依附故事傳說的神蹟，有些地方則強調
神明的功能性，是以城市裡數量繁多的神明總可滿足民間的不
同願許。而非城市的區域其實不一定有這麼多神明，自然功能
上無法細分，所以這些神明多被人們賦予綜合性功能，自然包
含提供生養新生命的神聖功能，如：龍崎大坪里（番社）永安
宮的「趙府元帥」、東山枋仔林公厝的「順正大王公」、白河崁
頂福安宮的「福德正神」、柳營太康雲霄太子殿的「太子爺」、
後壁下茄苳旌忠廟的「岳府元帥」、山上新莊福緣宮的「余府
千歲」、南化中坑靈山九天的「九天玄女」等，在地方上都被
咸認有祈子之神效。不過民俗認知裡，還是有一批專司生子且
較為人知的神明，如：註生娘娘、臨水夫人、觀音菩薩、媽祖

及花公花婆等，而且也有民眾會提出一套功能性的差異，如婚後準備懷孕，有一說認為此階段是歸屬註生娘娘；而如果懷孕後未生產，則是臨水夫人的職責，此外在臺南尚有較少見的孟府郎君、張仙大帝及流霞婆，以下分別說明各神明與祈子習俗的關聯，以及其在臺南地區受奉祀的情況。

（1）註生娘娘

註生娘娘就是授子神，專門司掌生育、保佑孕婦、產婦及襁褓幼嬰，多半是以女性的形象出現，或抱著孩童（圖3-1-22、3-1-23），且傳說祂掌管生育大事，所以手持硃砂筆及註生簿。在臺南地區沒有主祀註生娘娘的廟宇，但超過九成的廟宇都將祂列為配祀，鈴木清一郎《臺灣舊慣習俗信仰》則提到：「寺廟為了爭取婦女信徒，多半強調該廟供奉有註生娘娘，[17]」顯見民間對生育有相當大的需求與期待。有關註生娘娘之來歷，大多認為來自《封神演義》之影響，仇德哉《臺灣之寺廟與神明(四)》記載：「其來歷出自封神傳，謂姜子牙奉玉皇大帝之命，封三仙島之雲霄、瓊霄、碧霄掌混元金斗……係龜靈聖母之門徒，亦即被封為玄壇真君趙光明之妹，今人稱為註生娘娘，實係三合一之稱法。[18]」不過民間對於註生娘娘的由來及其說法也有不一的情況，除在中國有女媧娘娘說、碧霞元君說之外，在閩南及臺灣也有指臨水夫人即為註生娘娘的情況。

談到註生娘娘多半也提及附屬的十二婆姐，臺灣民間許多

17　鈴木清一郎著，馮作民譯，《臺灣舊慣習俗信仰》，頁513。
18　仇德哉，《臺灣之寺廟與神明(四)》（臺中：臺灣省文獻委員會，1983），頁135~136。

■ 圖3-1-22　抱孩童的註生娘娘（陳志昌/攝影）　　■ 圖3-1-23　武廟觀音廳的軟身註生娘娘（吳建昇/提供）

廟宇並無奉祀十二婆姐，但多半知道此一概念，並由此化為神像之外的陣頭，如：麻豆南勢保安宮（圖3-1-24）、麻豆南勢社區、學甲宅港社區、新營民榮社區、六甲甲東社區、南區灣裡同安宮等，這些廟宇或社區成員將十二婆姐概念化為陣頭，產生「十二婆姐陣」（新營民榮社區、南區灣裡同安宮稱「五媽婆祖陣」）。由於陣頭受各界重視及歡迎，原無專屬祭祀空間，麻豆南勢保安宮在2013年於虎側偏殿設立十二婆姐牌位，用以給庇佑孩童的婆姐們一個專屬的空間（圖3-1-25），宮內十二婆姐的稱號內容如下表3-3。但並非各地十二婆姐都是一樣，據馬書田《中國民間諸神》[19]所載各婆姐職司及名稱為表3-4，可以發現臺灣與中國對於婆姐的理解，存有相當大的差異。

19　馬書田，《中國民間諸神》（臺北：國家出版社，2005），頁115。

【表3-3：麻豆南勢保安宮十二婆姐一覽】

總管陳大娘（靖姑）	第二宮黃鸞娘	第三宮方四娘	第四宮柳蟬娘
第五宮陸嬌娘	第六宮宋愛娘	第七宮林珠娘	第八宮李珠娘
第九宮楊瑞娘	第十宮董仙娘	第十一宮何鸞娘	第十二宮彭英娘
婆姐囝	婆姐媽	----	----

【表3-4：馬書田《中國民間諸神》十二婆姐一覽】

註生婆姐陳四娘	註胎婆姐葛四娘	監生婆姐阮三娘	抱送婆姐曾生娘
守胎婆姐林九娘	轉生婆姐李大娘	護產婆姐許大娘	註男女婆姐劉七娘
送子婆姐馬五娘	安胎婆姐林一娘	養生娘娘高四娘	抱子婆姐卓五娘

（2）臨水夫人

陳靖姑，相傳生於唐代福建古田臨水鄉，故稱臨水夫人。其尊稱甚多，如：大奶夫人、陳夫人、順懿夫人、順天聖母、助國夫人等等，在臺灣為三奶夫人之一，民間稱陳大奶。在臺南地區以臨水夫人為主神的廟宇，包含中西區臨水夫人媽廟（圖3-1-26）、東區臨水宮、永康區臨水堂、永康姑婆廟（同祀

■ 圖3-1-24　麻豆南勢保安宮十二婆姐陣（陳志昌／攝影）

■ 圖3-1-25　麻豆南勢保安宮十二婆姐牌位（陳志昌/攝影）

主神，原主祀姑婆祖徐靈聖母）、西港區順天聖母宮、白河區臨水宮（圖3-1-27）及東山區玉勅慈濟宮等（表3-5）。其他尚有許多民間小法壇亦崇拜臨水夫人，尤其是以閭山教派分支的三奶派，更是以祂為主神，並學習與護幼、醫藥、捉妖相關法術。

【表3-5：臺南市主祀臨水夫人廟壇一覽】

編碼	區名	廟名	地址	備註
1	中西區	臨水夫人媽廟	中西區建業街16號	乾隆年間建廟
2	東區	臨水宮	東區大同路二段19巷4弄4號	1995年建廟，主祀陳靖姑三姊妹
3	東區	聖汝宮	東區裕和五街211號	1969年建廟；主祀陳靖姑、李三娘和林九娘和林九（未登記）
4	永康區	大灣臨水堂	永康區大灣5街39巷9號	大灣謝家祖厝，主祀順天聖母（未登記）
5	永康區	福安宮	永康區新樹里富強路2段306號	樹仔腳梁姓先祖道光年間迎入，1980年建廟
6	永康區	姑婆廟	永康區尚頂里正南一街146號	同祀姑婆祖徐靈聖母
7	西港區	順天聖母宮	西港區新興街8-142號	私人神壇（未登記）
8	白河區	臨水宮	白河區外角里三民路22號	康熙年間建廟
9	東山區	玉勅慈濟宮	東山區青里88號	1961年建廟

■ 圖3-1-26　中西區臨水夫人媽廟（陳志昌／攝影）

■ 圖3-1-27　白河區臨水宮奉祀之助國夫人（陳志昌／攝影）

有關陳靖姑的信仰，是和神話傳說同步發展而來的，其傳說如下：唐大歷年間福建古田臨水中村陳昌妻子葛氏於正月十五產下一女，取名靖姑，從小聰穎明慧。受閭山道法，學成歸里時，聽聞有大蛇危害鄉里良民，陳靖姑持法斬殺白蛇，恩澤鄉里。陳靖姑後嫁給古田縣劉杞為妻，遇家鄉大旱，禾枯樹萎，民不聊生，正懷孕三月的她順應民願，奮然脫胎，臨壇施法祈雨，果降甘霖，旱象頓消，但此時卻遭仇妖暗算，最後歸天，年僅二十四歲。臨終自言道：「吾死必為神，救人產難，」民眾感念恩澤，於古田立廟祭祀。

　　陳靖姑信仰盛於明、清時期，被奉為生育神，其職能是扶產佑幼，為廣大婦女所崇拜。隨著除妖滅魔、斬蛇、脫胎祈雨等傳說的發展與豐富，其職能轉為保佑地方太平、合境平安。經歷代皇帝的加封和信仰的逐漸擴大，其神能顯得越加廣大，儼然成為一位求子、保育、驅邪、祈壽、求財、航運平安等萬能女神。臨水夫人曾受閭山道法，所以形象常有頭戴法冠頭巾、手持角哨、法索的形象（圖3-1-28）。雖習有鎮妖驅邪之道術，但民間卻以救產保胎、醫藥去病為臨水夫人之主要靈通。有些地方，臨產時，會以紅紙寫有臨水夫人法名，並請神降於房室內護佑，一直到孩子出生後，「洗三朝」時才拜謝焚送。民間的梗花欉、栽花欉、請花換花、過關度限、出幼出姐母宮（成年）等儀式，多半與臨水夫人一派的法術相關[20]。像過

20　林瑤棋，《婦孺保護神—臨水夫人》（臺中：各姓淵源學會，1999），頁27~42。馬書田，《中國民間諸神》（臺北：國家出版社，2005），頁124~125。陳芳伶，〈陳靖姑信仰的內容、教派及儀式探討〉（臺南：國立臺南師院鄉土文化研究所碩士論文，2003），頁129~172。

去白河臨水宮處理民眾
各種需求，就是以「手轎
起乩」的方式，且臨水夫
人的「婦幼神職」形象明
顯，所以主要是替信眾解
決求子、祈求兒童及大人
身體健康、安胎、生產順
利等問題。起乩之後，會
有位溝通人神之間的「桌
頭」，在瞭解夫人的指示
後，教導信徒的處理或治
療方法，這樣的降乩問事
方式更是在廟宇籌設以來

■ 圖3-1-28　法師形象的臨水夫人（陳
志昌／攝影）

（約在清朝康熙、雍正年間），一直到民國88年（1999）左右才
告中止。

　　在郭立誠《中國生育禮俗考》一書中，認為臨水夫人就是
註生娘娘，且稱註生娘娘手下的三十六婆姐，在臺灣奉祀時
僅配祀十二婆姐，是把數目減少了，認為婆姐數量由36減為
12，只是一種寺廟空間的簡化呈現而已，其實十二婆姐就是
三十六婆姐[21]。至於三十六婆姐的名稱各地不一，在臺南市中西
區臨水夫人媽廟中的三十六婆姐請見下表3-6、圖3-1-29。

21　郭立誠，《中國生育禮俗考》（臺北：文史哲出版，1979），頁33~37。

■ 圖 3-1-29　中西區臨水夫人媽廟後殿三十六婆姐與花公花婆（陳志昌/攝影）

■ 圖 3-1-29　中西區臨水夫人媽廟後殿三十六婆姐與註生娘娘（陳志昌/攝影）

【表3-6：中西區臨水夫人媽廟之三十六婆姐】

陳太娘	黃鶯娘	方四娘	柳蟬娘	陸嬌娘	宋愛娘
林珠娘	李枝娘	楊瑞娘	董仙娘	何鶯娘	彭英娘
羅玉娘	吳月娘	鄭桂娘	張春娘	王七娘	倪鳳娘
包雲娘	孫大娘	趙娥娘	周五娘	程二娘	葉柳娘
鐵春娘	雲燕娘	聶六娘	劉嬌娘	翁金娘	潘翠娘
凌豔娘	鄧三娘	朱巧娘	金秀娘	藍梅娘	胡大娘

（3）送子觀音

觀世音，譯自印度梵文，又譯作「觀自在」、「觀世自在」，觀人世苦難之音，名字顯現出這位菩薩的大慈大悲和神通無邊，故尊號為「大慈大悲救苦救難觀世音菩薩」。印度婆羅門認為觀音是神馬駒，佛教把觀音說成王子，因南北朝佛教在中國發展迅速，女信徒驟增，為了不失去大批的婦女群眾，能現三十三化身，救十二大難的觀音菩薩，由男而變女。《楞嚴經》云：「觀世音尊者向佛言：若有女人好學出家，我於彼前見（現）比丘尼（即尼姑）身，女王身，國王夫人身，命婦身，大家童女身，而為說法。」爾後，逐漸在地世俗化的觀世音，開始改變，形成妙莊王家的三女兒妙善公主的故事，性別也由男變女，最後成為端莊雍容、慈善安祥，以婦人模樣呈現[22]。後為避唐太宗李世民名諱，略去「世」字，簡稱「觀音」、「觀音聖母」、「觀音媽」，臺灣民間則多尊稱為「佛祖媽」或「觀音媽」。

佛教中，有六觀音、七觀音、三十三觀音等說法，但裡面

22　馬書田，《華夏諸神-佛教卷》（臺北：雲龍出版社，1993），頁70～100；馬書田，《中國民間諸神》，頁86~89。

都沒有「送子觀音」。由
於觀音慈悲為懷，救助眾
生，人們在諸多功能之
中，又加上一項「送子」
的功能，「送子觀音」純
粹是由民間創造的，而送
子的形象特別流行於南方
（圖3-1-31）。因為中國北
方的觀音形象，多半是中
性，沒有明顯的女性特
徵，或有的為男性，中國
學者王曉麗即認為：「這

■ 圖3-1-31　永康觀音廟所祀金面送子觀
音（吳建昇／提供）

也許是為什麼北方人大多不奉觀音為生育神的原因之一。[23]」馬
書田在《中國俗神》中，指出觀音送子，這是應世俗之需求所
存在，並非出自佛教經典，「正說明外來神明要想在中國紮根
落戶，必須中國化與世俗化。[24]」

　　由於人們崇拜送子觀音，所以沒有兒女的婦女會去借取
佛桌上供奉的蓮燈，因為「燈」與「丁」諧音，可保佑家裡添
丁（圖3-1-32）。另外，怕兒女長不大者，會去觀音廟裡去「寄
名」，認為把孩子給觀音照看萬無一失。觀世音為諸菩薩之首
席，在世俗的知名度和影響，不低於佛祖釋迦牟尼，婦女信徒

23　王曉麗，《中國民間的生育信仰》（北京：社會科學文獻出版社，1999），頁35。
24　馬書田，《中國俗神》（北京：團結出版社，2007）頁53。

臺南生育禮俗

■ 圖 3-1-32　佛桌供奉的蓮花與燈座（陳志昌／攝影）

們對觀音的崇拜，甚至超過釋迦佛祖，從民間暱稱觀音為「觀音佛祖」、「觀音媽」、「佛祖媽」，可顯現崇敬與親近之感。在臺南地區以觀音佛祖為主神的廟宇相當多，散佈各行政區皆有，其中東山區碧軒寺每年農曆12月23日迎請觀音佛祖回白河區碧雲寺的「東山迎佛祖」民俗，於2011年被文化部指定為國家重要民俗（圖3-1-33）。

　　除了寺廟面祭祀觀音之外，臺南中西區左藤糊紙店的洪銘宏藝師也提到，過去糊紙業所製作物件使用範圍很廣，生老病死及廟宇事都會用到。府城內有些富裕人家，在女兒出嫁之時，會請糊紙師父塑造一尊送子觀音當作嫁妝，擺在新婚夫婦的床頭，待兩人產下新生兒後，再送神焚化，顯見送子觀音的神通能力在臺灣民間備受認同。

（4）媽祖

　　媽祖，又稱天后娘娘、天上聖母、天后、天妃。祂是中國東南沿海的海神，據說祂出生一個多月，從來沒有啼哭過，故

■ 圖3-1-33　國定重要民俗「東山迎佛祖」（陳志昌／攝影）

名為「林默」，福建湄洲嶼人，天生即有佛緣，多次拯救遇難漁民和商人，被稱為「神女」、「龍女」。後來在一次的救難中喪命，當地人便建祠奉祀祂。海神是媽祖的民間普遍形象，但因媽祖生前為巫女，求育亦是巫女的職能之一，於是生育與媽祖便聯繫起來。《三教源流搜神大全》卷四：「邑有某婦醮於人，十年不孕，萬方高禖，終無有應者，卒禱於妃，即產男子。嗣是凡不育者，隨禱隨應。」

　　向媽祖祈求生育者，除了燒香外，還有一種搶紙花求子的儀式，即在迎神賽會上，媽祖神轎上和手上會掛許多紅、白紙花，凡欲求子者，都會到香埕等待（即掛香的活動場所），一等神轎抵達，即搶拿一朵紅、白花後就插在頭上。在臺南大天后宮內有提供點「祈子燈」的服務（圖3-1-34），鹽水護庇宮、後壁泰安宮及北門福安宮都要求信徒必須同時向媽祖與註生娘娘求子（請聖母做主 註生娘娘幫忙）。筆者採訪到在土城

臺南生育禮俗

正統鹿耳門聖母廟的求子儀式是在註生娘娘供桌前進行，由祈子夫婦擺置鮮花、素果、壽金後，再以跋桮（puȧh-pue）方式請示註生娘娘旨意，若得註生娘娘應允，則會受賜金丹（香灰）及香腳（有3、6、9、12柱等），接著將金丹、香腳放進紅包袋裡過爐（在神爐上方順時鐘

繞3圈），不可以封口、不可折疊，將這一袋置放在求子婦女的肚子處，返回家門後，將紅包放置在夫妻二人枕頭中間的床單下，袋口則面向床頭，就大抵完成祈子的儀式[25]。

（5）花公花婆（護花童子、箕童鋤童）

「花公花婆」是臨水夫人部屬，主要看管著靈界諸多花欉（代表女性），每天為所有的花欉澆水灌溉，細心呵護讓花欉可以長出花苞。每朵花苞都代表一個新生命，且都有性別意義，紅花苞代表女孩，白花苞代表男孩，花公、花婆可說是靈界的護花使者。所以久婚不孕的夫婦，為了早日懷孕，多有向掌管花欉的花公、花婆誠心祈求，以期在花公、花婆的細心照顧後，

25　筆者吳建昇採訪曾在土城聖母廟求子的賴小姐（約1980年生，臺中人，家庭主婦）所得。

■ 圖3-1-35　中西區臨水夫人媽廟後殿所祀花公、花婆、箕童、鋤童（陳志昌／攝影）

■ 圖3-1-36　中西區開隆宮臨水夫人神龕內配祀花公、花婆（吳建昇／提供）

自己的花欉可以長出許多花苞，可以趕快懷孕。此外，民間為體貼花公花婆照顧花園的辛苦，也配祀「護花童子」或「箕童、鋤童」以為協助（圖3-1-35）。民間常以供品和銀紙二份來祭拜花公、花婆，且因花公花婆是護花使者，故想要求子者不需準備鮮花。而當有身孕之後，每月必須來廟祭拜一次（農曆十五日為佳），以祈求肚裡的小孩子能平安出生，請求祂們繼續呵護這健康美麗的花朵，將來就能順利等到健康寶寶誕生。相傳第一次求受胎懷孕者，一定要連續拜3次，才會有感應，這也被稱為祈求懷孕、開花結子的第一關。臺南地區奉祀花公、花婆的廟宇不多，不過都頗具有歷史與文化價值，包含有中西區

臺南生育禮俗

臨水夫人媽廟、中西區開隆宮（圖3-1-36）、中西區大天后宮、北區大觀音亭等。此外，大天后宮又認為花公花婆即為周公與桃花女，此一說法則較為特殊少見。

（6）郎君爺

郎君爺乃五代後蜀君王孟昶，所以臺灣民間音樂南管人也稱「孟府郎君」。孟昶是中國五代後蜀的君王，精通音律，文詞聲曲造詣極高，其神像造型為身挾長弓、手執彈珠的樣子。在宋、明、清一些文人的筆記文談，提到宋太祖平定後蜀之後，召孟昶愛妃花蕊夫人入宮服侍，但夫人的心底仍想著前夫孟昶，遂請畫師私繪「蜀主孟昶挾彈圖」，以慰思念之情。夫人又怕宋太祖知情，借託說所畫為張仙，因祭祀能讓人生子，太祖遂敕封稱「郎君大仙」。傳到民間，大眾借托此一故事將郎君大仙視為祈子之神，而流傳有「張仙送子」一說，實際上是後人將蜀主孟昶及張仙混淆所致[26]。

因為其傳說故事，後來也成為府城一些文人及婦女所祭祀求子的祀神之一，如《臺海使槎錄》所載：「求子者為郎君會，祀張仙，設酒饌、果餌，吹竹彈絲，兩偶對立，操土音以悅神。[27]」雖所祀為張仙，卻稱此會為「郎君會」，且伴有絲竹之樂，顯然對孟府郎君與張仙大帝也有混淆不清的情況。目前臺南祀奉郎君爺的有：中西區振聲社（圖3-1-37）、中西區和勝堂（圖3-1-38）、南區水門宮南聲社、南區和聲社。其中振聲社是臺

26　徐筱婷，《中國戲曲搬演習俗之研究》（臺北：國立臺灣師範大學國文系博士論文，2008）頁188~189。

27　黃叔璥，《臺海使槎錄》（臺北：臺灣銀行經濟研究室，1958），頁45。

南府城歷史最悠久的南管館閣，在清乾隆58年（1793）8月由府城商業團體三郊資助成立，迄今已有兩百多年的歷史，為府城歷史最悠久的南管館閣。

（7）張仙大帝

張仙大帝具有祈求生子的功能，主要與前述孟府郎君的訛傳有關，往昔民間對孟府郎君與張仙大帝也有混淆不清的情況，以致使兩尊神明都成為民眾祈求生子的對象。有關張仙大帝的祈子傳說，據《歷代神仙通鑑》所載，宋仁宗曾夢見一位身挾長弓、手執彈珠之人，告訴他說：「君有天狗守垣，所以不得子嗣，我當為君逐之。」仁宗問祂何人，祂自稱：「我乃桂宮張仙，天狗在天掩日月，下世啖小兒，見我即避去。」在《續文獻通考》提到張仙，即張遠霄，因老人授度世之法及竹弓、鐵彈，為人擊退災難，神效無比，民間亦敬之如神，更進一步祭祀其畫像，逐漸具有避邪及乞子的功能。由於張仙

■ 圖3-1-37　北區振聲社所祀郎君爺君（楊家祈/提供）

■ 圖3-1-38　中西區和勝堂正殿右龕的孟府郎（吳建昇/提供）

在得道之後，成為關聖帝君的配祀神，據《臺南開基武廟志》載：「《明聖經》之記載：『張仙無主轄，敕令隨吾（關聖帝君）為從神，檢點少男與少女，或損陰陽絕子孫，送生催生及難產，魔妖傷殘瘢痘疹，如有焚香諷誦者，轉禍為祥顯聖靈，今有設吾像者，側立張仙持弓。』[28]」民間咸信張仙乃關聖帝君之屬神，所以在主祀關聖帝君的廟宇中，有時也可以發現張仙的祀神。此外，民間認為張仙大帝所挾之「彈」其諧音與「誕」相同，意含誕生之意；加上張仙大帝所持弓彈，可以射天狗，護祐信眾子女平安長大。有關於臺南地區奉祀張仙大帝的廟宇有：中西區祀典武廟的六和堂、開基武廟、首廟天壇、鹽水武廟、善化衡天宮等（圖3-1-39、3-1-40）。

（8）其他神明

左鎮口社寮阿立祖壇之太祖，也具有乞子的功能，其祈子方式是由男女雙方一起到廟裡拜拜祈求，並且準備檳榔、米酒、香菸、甜米糕等為供品來求子。在大內頭社奉天寺主祀奉觀音，不過信徒在向觀音求子後，也要向地方上的太祖來求子。其文化之形成與臺南原住民西拉雅族、大武壠族的關係，需要再進一步研究確認。

3.謝神

對民間來說，一個新生命的誕生，除可以感謝註生娘娘、臨水夫人、七星娘媽等掌管生育的神明，更重要的是這個新生命是由天所賜，最須感謝的是天公祖（玉皇上帝），所以通常

28　陳奮雄，《臺南開基武廟志》（臺南：臺南開基武廟，2002）頁35。

■ 圖3-1-39　祀典武廟六合堂所祀張仙　　■ 圖3-1-40　鹽水武廟所祀張仙大帝
（吳建昇／提供）

在答謝上述神明之前，定須先酬謝天公祖。民間對於設壇拜天公的時機，大抵上可以分成「神明生」與「生育禮俗」等二大類，神明生一類有正月初九天公生、神明誕辰拜天公儀式；屬於生育禮俗的有度晬、成年禮、家中長子長孫結婚前拜天公或特殊許願者等情況。

臺南傳統婚俗多在迎娶之前一晚或二晚，會請道士於家門前搭棚設壇叩謝「天公」，並延請家中、境域內神佛列位一同，酬演傀儡戲，接受俗民感謝天公及眾仙佛神明保佑新郎順利長大成人（圖3-1-41、3-1-42）。民間習俗中「拜天公」多限於家中長男，次男以下則不舉行拜天公儀式，但若有特殊許願而必須還願，則不在此限，同樣可以舉行拜天公儀式。

■ 圖3-1-41　婚前延請道士誦經拜天公（陳志昌／提供）

■ 圖3-1-42　家族成員一同在婚禮前拜天公（陳志昌／提供）

在家中拜天公所需的祭品依頂、下桌分別準備，頂桌需要準備紙糊天公座、山珍海味（塩巴、薑、糖、紅豆）、甜味6碗（金針、香菇、洋菜絲、冬粉、海菜等）、六味菜碗、紅圓、發粿、四果茶、素五牲等素齋品；下桌一般是五牲（有些已改為素食製品）、紅龜粿、四果、粽子、其他食品、鮮花等（圖3-1-43）。比較講究者，牲禮上準備要「刣豬倒羊」（圖3-1-44），即全豬全羊取代五牲之中的2項，並延請道士誦經，開演傀儡戲。

新婚在家中舉辦拜天公儀式者，在今日臺南已是減少甚多，現在常見於婚禮前一天到天公廟中祭拜天公（圖3-1-45），準備鮮花素果，焚香祝禱感謝蒼天，焚燒天公金，少見開演傀儡戲。由於簡化儀式的進行，民間許多金銀紙店亦有協助幫忙準備拜天公供品（圖3-1-46），供品有麵粉酥製作的豬羊3付、素三牲3付、甜粿3個、發粿3個、蜜餞3個、花枝1對、四果1付、米酒1罐、大麵1盤、四果茶1付、石榴包12個、米包18個、甜粽18個、牽圓18個、山珍海味1付、大紅圓12個、六味菜碗（乾溼各1付）。可以看到供品多半已簡化為齋品的形式，朝向方便民眾攜帶及準備的方式演變（圖3-1-47）。我們可以看到，不論是初九天公生或是結婚拜天公，都朝向簡化的方式演變，天公生由在家正廳拜天公，變為到天公廟拜；演戲種類有由傀儡戲變為一般的布袋戲、歌仔戲取代。結婚前在家中拜天公，殺豬宰羊，道士誦經，演出傀儡戲，也轉變為準備供品到天公廟拜天公。所以可以知道信仰習俗是會隨著社會的經濟型態及民眾信仰的祭儀而有所變遷，但這些僅是儀式上的改變，信仰虔誠仍是存在不變。

■ 圖3-1-43　頂下桌拜天公物品（陳志昌/攝影）

■ 圖3-1-44　刣豬倒羊（陳志昌/攝影）

■ 圖3-1-45　臺南首廟天壇的玉皇上帝聖位（吳嘉燕／攝影）

■ 圖3-1-46　民間代辦拜天公業者及準備物品表（吳嘉燕／攝影）

■ 圖3-1-47　婚前至天公廟中祭拜（吳嘉燕／攝影）

臺南生育禮俗

4.演祈子戲

《安平縣雜紀》：「傀儡，名曰線戲，祀玉皇以此為大禮。」臺灣南部懸絲傀儡戲，大多於嘉禮祈福的酬神喜慶活動演出，少用在祭煞場合，可觀察到的是演出情節不複雜，戲偶人物也不多，所以一人操偶即可（圖3-1-48）。婚前拜天公的傀儡戲演，臺語俗稱「嘉禮戲」，雖表面是酬神儀式，但其實目的也是不脫祈神求子、護家安康。

嘉禮戲儀式有「鬧廳」、「請神」、「演戲」、「辭神」等流程。請神及辭神均由田都元帥戲偶上場，演戲則由其他戲偶角色來演出。臺灣南部常見以【父子狀元】、【一門雙喜】、【薛仁貴封王】、【子儀封王】（也稱【七子八婿】）、【狀元回府】、【童子戲

■ 圖3-1-48 演師一人操偶（陳志昌／攝影）

球】等戲齣之中，來選出3齣來演出，進行到最後一齣戲時，為了祈求主家早生貴子，會以比較討喜的劇碼來娛樂眾人，不同劇團有不同的特色吉祥劇，如【童子戲球】、【尪某對】。【尪某對】是以一對男女戲偶來共演拜謝天地的橋段，用來表示團圓完滿之意（圖3-1-49）。以示祝福之意。【童子戲球】這是南部傀儡常見之動作劇，演出童子踢球的可愛模樣，娛神也娛人，憑藉的

■ 圖3-1-49　尪某對戲齣
（陳志昌/攝影）

是演師精湛的操偶手技。演出結束時演師必須念四句下場詩：「助我不能登，舉步上青天，年少登科第，合家保平安。[29]」這是對著於結婚酬神的主人家來說好聽話，祝福早生貴子之意。

　　結婚拜天公的3齣戲演完後，演師或道士會率領主家人員，進行「壓棚」的祈福儀式，準備裝有硬幣的錢水1桶、紅湯圓、發粿、10副新碗筷、紅龜、蠟燭、寫有「添丁進財」燈籠1對。新郎提著蠟燭、燈籠，其他物品則由家人分持，在演師的帶領下，進入新房（圖3-1-50）。將準備之物放置於新房內，新郎提燈輕放床上，演師會開始說四句聯好聽話，如：「尪某吃老

29　石光生，《南臺灣傀儡戲劇場藝術研究》（宜蘭：國立臺灣傳統藝術總處籌備處，2000），頁94。

臺南生育禮俗

■ 圖3-1-50　壓棚儀式（陳志昌／提供）

老，生子中狀元」、「錢水燈籠捾入來，乎您添丁擱進財」，每
唸完一句，旁人須大聲呼應：「有唷！」最後放置紅包於新房中
安床，並在燃燒天公座、甘蔗、金紙的送神儀式中結束。

二、出產期的懷胎俗

　　婦女懷孕稱之為「有身（ū-sin）」或「大腹肚（tuā-pak-
tóo）」，在現代醫藥知識及技術未躍進時代，對於孕產照護知識
仍有所欠缺，所以嬰兒夭折率、產婦死亡率頗高，人們是以只
能藉由信仰及想像，神秘而虔敬地看待懷孕的過程。然因為神
秘，所以充滿著禁忌與畏懼；因為虔敬，人群相互約束形成民
間習俗。在這長達10個月的懷孕期間，深恐流產、早產、難
產或生出嬰兒夭殘畸形，於是如何趨吉避凶，如何轉凶為吉，
民間發展出慣習措施來加以處理。而產婦生產過程也充滿著各
種危險，臺灣俚諺即說：「十月懷胎，艱苦無人知」、「生得過
就麻油香，生不過就棺材板，」足見生產與死亡是一線之隔，
為了去除難產的可能性，祈禱母子平安，此民俗信仰更得以倍

受強化堅信。

　　本段將從一對新人結婚後，從準備懷孕，到受孕，再到孩子出生的生產過程來觀察，在這「出產期」過程，由於牽涉想懷孕但無法懷孕，或已懷孕必須遵守習俗，或無法順利十月懷胎成功而小產，或成功懷胎到順產等，這中間牽涉許許多多的各種趨吉避凶習俗，且在民俗認知裡面胎兒雖有靈，但還不是個真人，所以本段將以「生產」來做分界，劃出「懷胎」、「安產」二個重要分期來做論述。

【表3-7：出產期習俗內容】

		主角/人物	禮俗內容
出產期	懷胎俗	孕婦	探花欉、楗花欉、栽花換斗、換花 換肚、踏草青、節慶求子、求子特殊習俗 胎神、安胎、胎教、預測胎兒性別、 孕婦禁忌、吃食禁忌
	安產俗	產婦	生產準備、產期風俗禁忌、生產的神明及儀法

（一）懷胎風俗—探花欉、楗花欉、栽花換斗、換花

1.探花欉

　　民間為能祈求順利生子，除了向神明祈求生子之外，尚有其他與祈子相關的巫覡法術或風俗，此即所謂的「探花欉」（thàm hue-tsâng），又稱之為「問花欉」（mn̄g hue-tsâng），民間相信靈界中有個本命花園，花園中的每一欉花代表陽間的一位女性，透過靈媒人去探看此一本命花欉的健康狀況與子女性別、數量，又稱為「觀靈術」。探訪者可以藉此看到自己的健康狀況，欣欣向榮的花表示健康良好，如果花乾枯、營養不良

或病蟲害代表病痛纏身，而從花欉上長出的花朵及顏色，則可看出該女性子女性別與數量，白花代表男孩，紅花代表女孩，但如果婦女曾墮過胎，花株底下會有落下的花苞。而此本命

花園，是由花公、花婆、箕童、鋤童等負責看管及幫忙修飾花欉，若照顧得宜，會讓陽間的運勢更旺，也可以讓不孕症婦女開花。「探花欉」此一法術為許多奉臨水夫人為宗師的三奶派小法壇常見科儀，但民間也見到有其他神明相助之下，前往靈界探花欉（圖3-2-1）。

2.楗花欉、栽花換斗

　　既然是將女性的靈體視為一花欉，自然有強有弱的生命，若探完花欉後，花欉上是有花苞，代表有兒女之命，但女性本命花欉不健康或是有白虎、天狗、五鬼纏身，可以施法壓煞，並到靈界請花公、花婆重新修整花欉，恢復本命健康，稱為「楗花欉」（kīng- hue-tsâng）。但若遇到本命實在無法修整，可施法「栽花換斗」，重新栽種一花欉，達到補強母體之成效。這種不孕求子的法術，在連橫《臺灣通史》就記載：「中婦不孕，乞靈於神，換斗栽花，謂之『求子』。」不過，民間不同法派，也有將楗花欉視為就是栽花換斗儀式的說法。同樣的，此一法術

也是為三奶派法師所精熟。但由於現代婦產醫學的精進，許多產婦多轉往求醫而不求巫，近年已較少辦理此類法術儀式。

關於栽花換斗方式，大致有以下兩種：（1）民間風俗：由乩童或尪姨將一盆蓮蕉花放在孕婦房內，施行請神書符、焚香、燒金銀紙等儀式。經施法後，將蓮蕉花放在孕婦臥房或主屋後方庭院，孕婦必須每天細心照料這株蓮蕉花，不可使它凋萎，如此就能使胎兒轉成男孩[30]。在學甲等部分地方，孕婦也有將芙蓉花插在米斗，在廟中向註生娘娘乞求後，再帶回家中繼續祈禱3天，之後再將芙蓉花栽在院子之中，同樣可以達到栽花換斗的功效。（2）法師科儀：以臺南中西區臨水夫人媽廟為例，據在廟內服務多年的林俊輝法師所稱，其儀式頗為繁複，首先需要準備好牲體、供品、香燭及一盆種在米斗或盆栽中的芙蓉花（圖3-2-2）。儀式流程大致包括：祈請諸神、上疏、祭婆姐[31]（圖3-2-3）、造百花橋、宣讀疏文、過橋解厄、拆橋及押煞[32]、楗花欉[33]、栽花欉（圖3-2-4）、剪花／換花[34]（圖3-2-5）、唱【十二栽花歌】、謝壇。在整個儀式結束後，法師會交代將芙蓉花帶回家好好照顧，讓芙蓉花生長繁盛，儀式才算成功。筆者在調查過程，高雄地區也不少法壇的栽花換斗的做法，與臺南

30　鈴木清一郎著，馮作民譯，《臺灣舊慣習俗信仰》，頁89。

31　恭請三十六宮婆姐、五方十煞。

32　燒掉紙紮的天狗、白虎、五鬼，把擾亂生子的黃蜂、尾蝶、五方十煞等祭送後，花欉才能順利長成。

33　有些法術是透過法師靈通去請花公花婆楗花欉，有些地方是有神明協助落靈界觀靈後，請花公花婆楗花欉。

34　有些換花方式是將廟內臨水夫人媽神案上的花朵，插在信女徒頭上，信女要連續佩帶3天等待花乾之後取下。

■ 圖3-2-2　一盆種在米斗中的芙蓉花（岡山協和宮四駕班／提供）

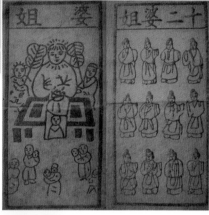

■ 圖3-2-3　祭婆姐用小紙（陳志昌／拍攝）

■ 圖3-2-4　栽好的花欉（岡山協和宮四駕班／提供）

■ 圖3-2-5　求子婦人背對來剪花／換花（岡山協和宮四駕班／提供）

地區相同。

3.換花

當推測胎兒性別不如預期之時，或者接連生出女兒的婦人，想要有男孩，民間就又發展出轉換胎兒性別的方法，也就是換花和換肚等習俗。換花也稱「移花換斗」，就是變換準備懷孕或孕婦體內胎兒性別的法術，此法可謂前述「探花欉」下的延續儀式，若懷孕婦女的本命有紅花、白花數朵（圖3-2-6），想此次得心所願，就要準備以紅花換白花，或是以白花換紅花，就需要進行「移花換斗」儀式，目的是希望將孕婦腹中的胎兒性別，透過法術轉換。

「換花」儀式的進行方式，大致有以下兩種：（1）新娘春花：首先用結婚時插髮髻上的「春仔花」，攜至註生娘娘處拜拜跋桮（puảh-pue），問問有無兒子命，然後再跋桮問問可不可以換花。獲得神明應允後，換上廟裡供奉給註生娘娘的花，換完花後插戴在頭上，一直到隔天起床，在將花放在枕頭下，一共要有3次，初一、十五連3次。[35]

■ 圖3-2-6　白花紅花（陳志昌／攝影）

---

[35] 採訪自關廟呂來銀老先生（約1940年生，前關廟山西宮委員，已退休在家）。簡榮聰《臺灣生育文化》，頁53。

■ 圖3-2-7　萱草（陳志昌/攝影）

（2）自備鮮花：到註生娘娘靈驗的廟宇去，自己先準備新鮮花朵，想要生男帶白花，想要生女帶紅花，在跋桮問娘母有無生子命後，就將自己帶去的鮮花與供桌花瓶裡的花互換，將換回的花朵就放回自己枕頭下。此外，民間也有具備2束鮮花，在祭拜之後，1束鮮花留在供桌上，1束鮮花帶回家用花瓶插放的做法。[36]

　　除此之外，據文獻所載，在民間也有讓孕婦攜帶萱草花（即金針花），可使腹中胎兒轉換成為為男娃，此也應屬變換胎兒性別的方法之一，此即《臺灣縣志》所載：「萱草花：花有百葉、單葉，又有金萱、密萱、秋萱。秋間著花，冬不葉凋。說文：『萱，忘憂草也。以其忘，故名為萱；萱，忘也』。丁謂詩：『草解老憂憂底事？花能含笑笑何人』？風土記：『宜男草也。懷孕婦人佩之，則生男』；故謂之『宜男』。[37]」（圖3-2-7）

36　採訪自新營區林子能先生（約1980年生，新營太子宮志工，地方民俗專家）。
37　採訪自關廟呂來銀老先生（約1940年生，前關廟山西宮委員，已退休在家）。

（二）懷胎風俗—換肚、踏草青、節慶求子、求子特殊習俗

1.換肚

「換肚」也是民間變換孕婦體內胎兒性別的習俗文化。在傳統社會中，婦女及其後頭（娘家）家人多期盼能生下男嗣，善盡生育職責，鞏固在夫家的地位。一但女兒出嫁後一兩年內連續生女兒時，後頭親人怕女兒在夫家會受到輕視或發生家庭糾紛，造成婚姻不幸福，自然汲汲營營尋求改變之道。

「換肚」與其他求子儀式不同的是，它還象徵後頭（娘家）必須對查某囝（女兒）的生育能力負責任，因此換肚物品多由後頭（娘家）準備。民間多半選一個吉日來進行，也有在產後的10天內舉行說法。其方法是在豬胃中放入糯米，加入四神[38]熬煮（一說加入暗示睪丸的黑棗），煮好後放在象徵「男性生殖器」的新茶壺裡[39]，然後再以紅線穿過6枚銅錢，兩端結上鈴子或是龍眼掛在茶壺口。後頭（娘家）將這個新茶壺送到查某囝（女兒）住處，放在床中央，祭拜床母後默默離去，不可與任何人交談，甚至打招呼。該女子將後頭（娘家）留下的豬肚吃完後（或有與夫婿同吃），將空茶壺收放在床下，日後生產時，再拿出作為慶祝生育之用；也有一說則是稱，將空茶壺

---

38 四神也有寫作「四臣」，是指做四神湯的中藥材，有：淮山（山藥）、蓮子、芡實、茯苓，也有人以薏仁取代茯苓，或是通通加進去，不只4種材料。

39 鹽水一帶是放在櫳籃中，不放茶壺。採訪自鹽水黃麗慧小姐（約1970年生，雜貨店老闆娘）。

作為收藏下次生產後的胞衣容器[40]。過去人們認為吃豬肚來「換肚」，以形補形，可以改變婦女生育的結果，象徵意義大於實質，不言可喻。不過，隨著時代的改變，這項儀式的解釋有擴大趨勢。換肚原意是針對只生數個女兒，生不出兒子，或是易於流產的女性，但現在也見到許多不孕女性為了求子也有進行「換肚」儀式情況。

2.踏草青

在《永康區志》有載：「踏青青，生後生（tȧh-tshenn-tshenn，senn hāu-sinn」，這是指在產婦前次生產滿月後，由丈夫陪同回娘家踏青，下一胎便可以生男孩，不過此一習俗似也有讓產婦能返回娘家休養，讓產婦暫時避開婆家家人對生女後的閒言閒語。又有地方俗諺稱：「查某坐頭胎，查埔綴後來」，這是鼓勵頭胎生女兒的人家，可以藉女孩招弟、帶弟，以再接再厲生子傳嗣之意。

3.節慶求子

在正月十五日夜晚，已婚婦女會到廟裡祭拜保佑，然後刻意從廟內燈籠下走過，俗語說：「鑽燈腳生卵葩，過燈腳生卵葩。[41]」類似的風俗行為，替節日增添了些許軟性情趣，不過目的在於祈求生子。也有求子的婦女，會在這天晚上到鄰人家裡偷拔竹籬笆的竹子，因為竹籬與「得兒」的臺灣話音相同。由

---

40 簡榮聰《臺灣生育文化》，頁25。王灝撰文，梁坤明版畫，《臺灣人的生命之禮：婚嫁的故事》，頁75。
41 鈴木清一郎著，馮作民譯，《臺灣舊慣習俗信仰》（臺北：眾文，2000），頁457~458。

於這類多半是象徵性行為及富有祈福意涵，鄰居們多半能理解而不追究[42]。

《安平縣雜記》亦載：「上元佳節……俗例，已嫁婦女元夕更闌結伴遊行，名曰『行大肚』，取生子之義。」臺南地區元宵節時，在當夜可攜帶燈籠前往廟宇向神明祈求賜子，然後將燈籠懸掛於廟內，因為「求子」即指「求丁」，臺語的「丁」、「燈」同音，有「求丁獻

■ 圖3-2-8 各廟宇於節慶佳節懸燈熱鬧
（陳志昌／攝影）

燈」之意，且若此年順利得子，在次年的元宵節還願時，就必須帶兩個燈籠祭拜，表示繼續「求丁」之意。各廟宇也多會懸掛大燈籠，求子夫妻可從燈籠下鑽過，此為「鑽燈出丁」之吉兆。（圖3-2-8）

4.求子特殊習俗

在臺南地區就民間及史料所見，尚有其他與祈求生子有關的特殊文化或器物，以下分別進行探討：

---

42 同上註，頁458。

（1）玉井龍具石

在玉井警方局後方的龍具石，亦稱為「一摸得男石」（圖3-2-9），此一巨石外型貌似男性生殖器，這是由玉井區民魏炳輝先生在天筆山（即龍具山）所得，之後民間穿鑿附會此一巨石能鎮壓不祥，因此魏先生乃慷慨割愛獻予

■ 圖3-2-9　玉井龍具石（吳建昇／提供）

警局，用以鎮護玉井地方，也被玉井分局當作「鎮家之寶」，目前置放於分局西南側，並立碑供人參觀以示敬重。據說警方經得此奇石之後，破案率就顯著提高，使地方治安越來越好，顯示確有護衛地方之功效。由於此巨石外型貌似陽具，相傳觸摸此奇石，能帶來好孕，還可以求子生男，不少新婚夫妻都到這兒許願祈求，盼能如願得子，而不少夫妻在如願喜獲麟兒後，也會備供前來答謝，使分局員警不時能享用民眾送來的油飯、紅蛋與彌月蛋糕。由於龍具石現已頗具知名度，不僅有報章媒體及電視節目特地前來採訪，連知名藝人許效舜在婚後也帶著妻子來此求子，並且也順利得子，並也將之歸功於龍具石之保佑。

（2）永康火車站前芒果樹

在永康火車站前的舊貨物轉運站（永康樹屋冰飲店）旁，有一株年約五十歲的芒果樹，其樹幹造型頗為「奇特」，不僅

同一樹頭分出兩株樹幹，且這兩株樹幹的外型也非常「特別」，因為一株樹幹有「突出」的模樣，另一株樹幹靠近樹頭處則有「凹陷裂開」處，當地民眾形容兩株樹幹的模樣有男、女性的生殖器特徵。據傳地方民眾若有求子的需求，可以到此觸摸或跨坐突出邊可生男孩，觸摸或跨坐凹陷裂開邊可生女孩。雖然許多人對此說法一笑置之，但確實有孕婦前來跨坐，也有婆婆代替媳婦祈福，以雙手摸著樹幹，希望能將好運帶回家。此外，也曾有中年夫婦來「跨坐」芒果樹，希望能求子。由於這株芒果樹已頗具「知名度」，且又位於火車站前，所以過往旅客在候車之時，經常會在冰飲店內消費或在樹下乘涼消磨時間，也使得芒果樹成為永康火車站的一個景點。不過，目前此棵特殊芒果樹在逐漸茁壯之下，厚重分岔的樹幹已經影響到舊貨物轉運站之建築本體，所以在安全考量下，芒果樹中的一株樹幹（形似女性生殖器者）已經在民國103年6月遭到砍斷，現在僅存有一邊的樹幹，但仍偶而有民眾前來跨坐。（圖3-2-10）

■ 圖3-2-10　永康火車站前芒果樹（吳建昇／提供）

（3）中興林場內芒果夫妻樹

在中興林場內也有一對有近百年歷史的「夫妻樹」，這兩株相依偎的芒果樹，二株芒果樹距離僅30公分，一株有自然成形的男性生殖器官（成形於民國60年代），

■ 圖3-2-11　中興林場內芒果夫妻樹（吳建昇／提供）

另一株則有自然成形的女性生殖器官（成形於民國80年代），二者相對望，令人嘖嘖稱奇（圖3-2-11）。依據場方在樹旁所設置之解說牌所示，稱：「祭拜（兩樹）的善男信女分為四種人：（a）未結婚的男子；（b）想結婚生子的男子及房事不協調的夫婦，他們相信靈神可帶來子孫，增強性能力與轉運；（c）上年願望達成，今年前來還願；（d）歡場女子，他們前來參拜的願神，希望客似雲來。今年年節將近，想要為感情加溫的愛侶，不妨前來夫妻樹前『膜拜』一番。」顯然是以明示暗示的文字，宣傳祭拜夫妻樹能有祈子、夫妻床事和諧、增強性能力及增強異性緣等功能。

（4）佳里金唐殿卜上元燈

金唐殿「卜上元燈」習俗起源於民國67年（1978），耆老吳宗邦因夢見金唐殿神明授予宮燈進而請示神諭，乃邀集當時主任委員林奉山、王孫盼、林胡、王老有、吳吉雄、陳進雄、王保原等人，成立「金唐殿上元燈慈善會」，於農曆元月十五

日下午於金唐殿眾神前「卜上元燈」（又名「狀元燈」）。欲參加卜燈者，須於當年農曆元月初一至十四日向慈善會報名，十五日下午3時於金唐殿內，由會長統一在神明前擲筊乞梄，連續3梄允杯而決定，乞中者受贈「狀元燈」一盞，但須繳納慈善金新臺幣壹萬元整，此一慈善金主要做為地方貧苦人家急難救助之用；而民眾將所求狀元燈帶回家中廳堂或客廳懸掛，俗信可保身安宅，為自己和家人帶來平安發財。由於「添燈」具有「添丁」的寓意，所以也具有祈求生子的功能，依據廟方所提供資料，可以發現民國74年（1985）該廟金府千歲曾降乩指示，並留下紀錄稱：「狀元燈可光佑，求回家中，『出丁』又進財利」，顯然此習俗確實與乞子出丁有關，因此許多想要產子的夫妻也會特地前往擲筊乞燈。（圖3-2-12）

（5）生基風水

生基，就是活人的生墳、壽墳，這是屬於風水造運的法式。方法是將還活著的人，他的姓名、生辰八字、毛髮、血液、指甲、衣物等，選一個良辰吉時，在祭拜之後，裝入骨灰罈中，再埋進風水好的墳墓裡，也就是一般人所說的龍穴。如此便可以藉由地理風水造運，以取得天地大自然之地靈旺氣，達到發財避邪、改命改運、延年益壽的目的，目前坊間也有以「做生基」為求子之法。（圖3-2-13）

（6）其他習俗

此外，在民間尚有許多祈子的象徵習俗，例如過往裝潢師傅在完成新厝或裝潢之後，就會將部分電燈、燈管留由主人家自行裝設，以「添燈」做為「新厝添丁」的寓意與祝福。

臺南生育禮俗

■ 圖3-2-12　佳里金唐殿的狀元燈（吳　　　■ 圖3-2-13　生基風水[43]（吳建昇／提
　　　建昇／提供）　　　　　　　　　　　　　　供）

　　現在年輕世代也有乞求「好孕棉」的新文化，也就是婚後
想要生子的婦女，他們會向剛懷孕或正在懷孕的媽媽，求得他
們懷孕前在最後一次月經時，拆封而未使用完畢剩下的的衛生
棉，據說有帶來生子好運的意味，故稱「好孕棉」（圖3-2-14、
3-2-15）。至於在取得好孕棉之後，除了在下次月經來潮時使
用外，在等待月經來的期間，為了可以等待好運的到來，可將
好孕棉放置包包中隨身攜帶或者壓在枕頭下。由於不少婦女因
此求子成功，在口耳相傳之下，好孕棉是年輕世代媽媽們間另
類的求子祕方。

43　清代臺灣就有「做生基」以求風水好運的傳統，圖為嘉慶年間「誥封恭人鄭門黃
　　氏長生壽域」碑，即鄭其仁妻妾黃氏之生基，此碑藏於永康鹽行天后宮廟後。

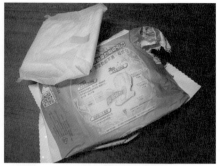

■ 圖3-2-14　剛懷孕孕婦帶給新婚女性生子好運的象徵（陳志昌／攝影）

■ 圖3-2-15　剛懷孕的孕婦用剩的「好孕棉」（陳志昌／攝影）

（三）懷胎風俗—胎神、安胎、胎教、預測胎兒性別

1.胎神

「胎神」，在民俗中沒有具體形象、沒有性別、沒有廟宇、沒有神蹟、甚至沒有名字、也不受民眾的膜拜，較接近「靈」的概念，與孕婦、胎兒關係十分緊密。婦女受孕之初，胎神就已依附於胎兒存在，因此從懷孕到生產之前，時時刻刻都隨身保護，直到胎兒脫離母體後，才真正脫離胎神的保護，改由床母庇祐照護。民間有些人相信妊娠的10個月間，以至產後的4個月內，胎神仍然居伏於家中。

有關胎神之由來，大抵有二：一種說法是指孕婦自懷孕起至生產，附在胎兒之魂上的神靈，居伏在孕婦寢室及住宅空間，由於和胎兒靈魂交感、相通，所以若胎神受到各種干擾傷害，也連帶會影響到腹中的胎兒，遂使胎神具有「保護胎兒」

臺南生育禮俗

與「傷害胎兒」的雙重性質，反映人們對胎神敬畏的雙重態度。如鈴木清一郎《臺灣舊慣習俗信仰》即稱：「由於胎神是和胎兒的靈魂相通，所以這種傷害立刻就會波及到胎兒，使孕婦肚子痛而造成流產，或者在將來生產時發生難產，以及使胎兒頓起異狀而變成畸形。」另一種說法則是指胎神是「胎兒的元神」，認為當女人懷孕之後，元神就存在於胎盤之上，胎兒在娘胎之中，母親的一舉一動也會影響到他，所以要求孕婦舉止得合乎禮，所謂非禮勿言、非禮勿視、非禮勿聽，並不能亂發脾氣，如此才能孕育才德兼備的胎兒，此說法與「胎教」有相同之概念。

胎神在生育禮俗上具有兩種意義，其一是讓孕婦得以順利生產，避免因觸犯胎神而對腹中胎兒或未來生產造成差錯，另一種則是基於胎神與胎兒的感應，期望胎兒能盡善盡美下，進而發展出「胎教」的觀念。於是為了保護母體及維護胎兒的正常發育，民俗上便產生了種種妊娠禁忌，以作為孕婦日常生活規範，這些禁忌即使在信仰科學的現代，亦是一種常見且受遵循的文化行為。

有關胎神的活動範圍，大抵遍及孕婦居家四周，由於對胎神的重視，妊婦及其家人都要特別留意每日胎神的特定位置或物體，所以諸多禁忌形成，如：不准在孕婦房間進行動剪刀、針線、修補牆壁、綑縛、穿鑿、打釘及夾扎等活動，也不得隨意移動房間內的擺設、不裝設電器、不在牆上張貼等。一舉一動必須小心謹慎，以避免觸犯或侵動胎神，才能屆期安產。

民間依天體運行及各星象方位，訂出六甲胎神逐月所占定

局的方位概念，在一般農民曆中編印有「每日胎神占方」或「每日胎神方位」等（圖3-2-16），提供有需要人家查閱。民間法術有以保胎符來處理犯胎神之咒術（圖3-2-17），有些家庭則在牆壁貼上一張寫著「胎神在此」的紅紙條，俗信胎神就會在一定場所，不致於到處移動，這些應該是民間認為文字蘊含有指揮力量的祝由術信仰。

　　筆者妻子懷孕後期，家屋正需進行整建裝潢，來自北門的木工師傅邱登木、邱俊佑父子指示懷孕的妻子先離開房子，然後就在房子的角落灑點鹽米，待一切準備就緒後才開始進行裝潢工作。有另一說法是，除在角落灑鹽米外，會以新掃帚先敲打搬動的家具櫃體，然後稍微掃一下，就可以避免使胎神受到干擾（圖3-2-18）。又若工程時間較長的話，就要先請孕婦回娘家住，等到完工

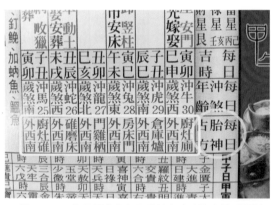

■ 圖3-2-16　農民曆中的每日胎神占方（陳志昌／攝影）

■ 圖3-2-17　犯胎神用之保胎符（陳志昌／攝影）

臺南生育禮俗

之後才可以回家。不過因筆者妻子在臨盆時有早產的情況，家中長輩將早產結果投射到民俗說法的觸犯胎神，但如上述孕婦在不同空間搬遷移動，加上相關家庭事務帶來的壓力，本來就可能造成情緒緊張，進而引起子宮提早收縮，甚至宮縮次數增加，是以誘發早產的可能。

■ 圖3-2-18　避胎神，新掃帚先敲打搬動的家具（陳志昌／攝影）

2.安胎

在孕婦妊娠十月至產後四個月之間，若有過分操勞、行動不慎跌倒等情況，也可能觸犯神明、鬼怪或胎神之時，以致動到胎氣的情況，也就是有所謂的「動著（tāng-tio̍h）」或「動胎（tāng-thai）」的時候，民間為了保護孕婦及胎兒，就會立刻設法進行「安胎」。一般孕婦若有出現肚子痛的不適徵狀，大多有向中藥舖購買「十三味」或其他安胎散服用。所謂「十三味」，或稱「保產無憂散」、「安胎飲」，乃由當歸、川芎、白芍、黃耆、菟絲子、厚朴、艾葉、川貝母、羌活、荊芥、枳殼、生薑、甘草等13味藥組成，據說在懷孕3個月以後，若能每個月服用1次，不但能滋補孕婦身體，也能保護胎兒不會有畸形出現，又可以避免難產，在民間流傳頗廣，不少孕婦也會自行到中藥房配服幾帖以求安心。不過事實上，據北區吳俊賢中醫師所稱，「十三味」是以理氣

活血為主，用於胎位不正和難產不下，所以其安胎保胎功效，應是建立在糾正胎位或難產催生的基礎之上，而不是供一般懷孕婦女預防流產、早產之用，若不謹慎用之，甚至可能導致流產；而然對於在防治胎漏、胎動不安或滑產等病，一般中醫多採健脾固腎、滋陰清熱、補養氣血等法，以達到固攝胎元、防止流產的目的，故所採用藥物與「十三味」不盡相同，因此不鼓勵將此做為懷孕婦女「有病治病、無病保胎」的通用藥方。

此外，在傳統民間信仰中，安胎也指為「安撫胎神」，舊俗安胎儀式頗多，因此除了在廟裡祈求神明庇佑母子平安外，也出現種種針對觸犯胎神所施行的儀式或法術。「動胎」情況輕者，一般可以用掃帚在「動著」的地方比劃3次，口誦：「請胎神退避，庇佑母子平安」即可。在明清時期流行的民間日用類書中，就有許多生養小孩的知識門介紹，流傳至今日，在諸多的農民曆中也都可以見到這類的安胎知識及措施（圖3-2-19）。民間不過若情況較為嚴重者，就必須延請紅頭法師敕符、作法、唸咒，並且在床前或「動到」、「犯到」之處，加貼如「安胎符」或「安胎押煞符」（圖3-2-20）；也有將安胎符佩戴在孕婦身上、放在床上或棉被下，隨身攜帶以護衛孕婦和胎兒、化凶為吉，如土城正統鹿耳門聖母廟的安胎符，其儀式是在福德正神供桌前進行，先由孕婦及家人在供桌上擺設鮮花、素果和壽金，在燒香祈禱向福德正神說明之後，就請廟方人員書寫安胎符，在唸過請神咒後，接著畫上安胎符及按奈手印，再蓋上天上聖母的印章加持，再將安胎符拿到主爐過爐，孕婦將安胎符適當摺疊後放在紅包內，以隨身皮夾攜帶護佑，不過在生產

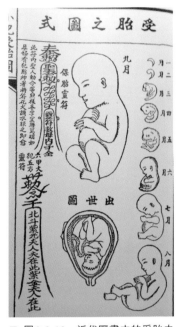

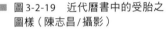

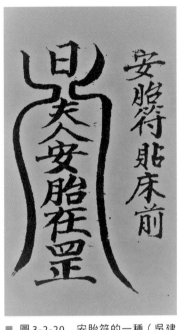

■ 圖3-2-19　近代曆書中的受胎之　　■ 圖3-2-20　安胎符的一種（吳建
　　圖樣（陳志昌/攝影）　　　　　　　　昇/提供）

時必須將安胎符放在家中，不可以帶至醫院，一直到生產之後
再將安胎符化掉。安胎符也有採取化飲法，即用火燒化入碗中
或杯子中，然後再加入陰陽水（一半冷水，一半熱水），和著
符灰一起飲用。也有採擦洗法，在安胎符火化後加入陰陽水，
在以沾符水擦拭身體，通常先擦頭部頭髮，再沾符水拍一拍前
胸及後背，目的則是在於去煞、淨身；也稱在安胎符再燒化和
水之後，先喝3口後，再將符水順時鐘抹在孕婦肚子上，右手
掌貼於肚臍上、左手按著觀音指（大姆指與中指相合），觀想
註生娘娘法像等。

3.胎教

胎教，就是指婦女在懷孕妊娠期間，除對身體精心保養外，還要利用精神狀態、外界環境對孕婦良好的啟迪，通過對母親的耳、目、口、鼻等感官的刺激，努力培養出積極的心理狀況和情緒體驗，以利於胎兒在母體內受到良好的感應，使他們出生後健壯而聰明。此外，民間顧忌觸犯胎神，使得孕婦一舉一動又進一步受到了重重的限制，要求孕婦舉止得合乎禮，才能生育出才德兼備的子女，此亦為「胎教」形成的原因之一（圖3-2-21）。

胎教可說是胎兒最初的教育，許多文化極為重視「胎教」，或稱之為「養胎」。漢初賈誼、劉向、南朝顏之推、東漢王充、三國魏文帝、唐朝唐太宗、南宋朱熹等，都曾經對胎教發表過意見，證明帝王家及權貴階層對於胎教的一套見解及重視。

傳統胎教的範圍頗為廣泛，雖然也有正面積極的胎教，如

■ 圖 3-2-21　胎教是最初的教育（陳志昌／攝影）

強調孕婦的飲食起居要饑飽適中、調宜飲食、節制嗜欲、居處簡靜等等，如唐代孫思邈的《備急千金要方》提到孕婦應該要「居處簡靜，割不正不食，席不正不坐，彈琴瑟，調心神，和性情，節嗜慾，庶事清靜」，這些觀念在現代看來也都是相當合理的知識，並且也得到現代醫學界的普遍認同。不過民間傳統胎教，最主要仍以負面消極的胎教為主，尤其是針對孕婦所設定的各種約束，這包含身體健康、言行舉止、情緒狀態及外在環境，亦即只要對孕婦及胎兒產生影響的可能因子，就可以被視為胎教的一部分，主要又表現在行為、感官、飲食與生活上的種種限制。比如：不可大動肝火、厲聲斥責，不可聽淫聲惡語，不可視惡色，否則將導致嬰兒形體醜惡、個性乖戾；又不可登高涉水、不可下坡疾行、不可胡亂吃藥打針等，則是避免導致胎兒受到傷害、難產夭折。而「外象內感」也是傳統胎教的重要特徵，因為基於「母子一體」的理由，母親接收外界刺激的感受後就會傳給了胎兒，如：晉代張華的《博物志》，提到孕婦如果看到兔子或是吃了兔子肉，生出來的小孩就會有兔唇；如果吃了薑，小孩就會長出多餘的手指；康有為《大同書》也提到孕婦看戲：「嘗見吾鄉人生子有面分兩色者，人皆駭異。究其所由，則以孕婦好看演劇，而劇場有塗面者，孕婦尤為賞心，一念所動，遂如影相之照，深入胎中，乃成著色。」這些毫無科學根據的無稽之談，可以說是「外象內感」的發展過度，不過卻實際演變成對傳統民間對孕婦的種種禁忌，並且也普遍流傳於現今臺灣社會之中。此外，在傳統「重男輕女」的文化下，更有將妊婦腹中胎兒「轉女為男」的胎教，如《諸

病源候論》、《千金要方》、《婦人良方》等醫書，就教導婦人可以藉由食用公雞、配戴雄黃來達到求得子嗣的目地。

如前所述，臺灣民間傳統胎教，最主要仍以負面消極的胎教為主，也就是針對孕婦所設定的各種約束，這也成為懷孕時各種禁忌的立論基礎；不過臺灣民間也非常重視「補胎（póo-thai）」的工作，所謂「補胎較贏做月內」，現在也有「一人食兩人補」的說法，這應該也算是比較積極正面的胎教文化，尤其在過往物資缺乏的年代，婦女經常只有在懷孕的時候可以稍為滿足口腹之慾，至於補胎方法多以食補為主，包含豬肝、雞肉、魚肉等都算是補胎聖品。不過，筆者曾聽過一位老婦提到，孕婦不可以吃羊肉，因為羊肉太燥熱，會引起子宮頸緊閉，生產時會延長產程，造成生產不舒服。為了孕婦及新生命誕生這件神聖之事，民間對於孕婦如何吃，總有一些有趣的體驗及看法。

4.預測胎兒性別

現代醫學進步，懷孕婦女只要透過超音波等科學儀器的診斷，或藉由羊膜穿刺術、抽取羊水的檢查，就能夠清楚了解胎兒的男女性別。不過早期在醫學不發達的時代，對於胎兒性別的判讀，卻往往只能依賴於前人經驗的累積，雖然不一定十分準確，因預測方式充滿著民俗趣味，故一直流到到現在。目前衛福部以公文明令醫療單位及檢驗機構不要做性別篩檢，所以許多婦產科醫師深怕遭病人所檢舉，所以在懷孕初期都不傾向告知孕婦胎兒性別，這更讓許多孕婦更想早點知道肚裡寶寶性別，使得前人預測性別的方法，再度成為民眾茶餘飯後的話題。採訪有關臺灣或臺南地區預測胎兒性別的方法，大抵有以

臺南生育禮俗

下數種：

（1）「**尖男圓女**」之說：這是指孕婦肚子若是尖尖的，就是會生男孩的「查埔肚」；相對孕婦肚子若是圓圓的，就是會生女孩的「查某肚」。不過值得注意的是，在民間也有完全相反的「圓男尖女」之說。然而，由於未孕子宮在盆腔之中，原來是一個倒置的梨形；後隨著妊娠月份增大，子宮相應增大，從盆腔進入腹腔，前壁向腹部呈橢圓形，但胎兒在子宮中的位置是活動的，如果胎頭對前壁就會呈現「圓形」，若胎腳對前壁就會呈「尖形」，亦即孕婦肚子形狀是隨著胎兒體位而變動，所以肚子的圓尖，實際上與胎兒的性別沒有關係。

（2）「**左男右女**」之說：這是指孕婦胎兒在肚子偏左腹，就是會生男孩，相對胎兒在孕婦肚子偏右腹，就是會生女孩。然而，這應是傳統漢人社會向以「左尊右卑」及「重男輕女」的傳統觀念有關，實際上因胎兒在子宮中的位置是不斷活動改變的，所以不一定就必然在肚子的哪一邊，所以此說也與胎兒的性別沒有關係。

（3）「**酸男辣女**」之說：這是指孕婦若喜歡吃酸的，就表示懷男胎；若喜歡吃辣的，就表示會生女胎。不過，實際上孕婦在妊娠期間，植物神經系統和內分泌系統變化較大，一切變化都是為了適應胎兒生長發育的需要，所以孕婦味覺和嗜好發生改變是客觀存在的，但卻不一定就會生男或生女。再者，這也與本人生活習慣也有關，因此不能根據孕婦的口味與嗜好變化來判斷胎兒性別。

（4）「**美女醜男**」之說：這是指懷孕後變得更漂亮，尤其皮

膚變得滋潤有光澤，就會生女孩；至於懷男胎的準媽媽，相對臉上就會長很多色斑，樣子會變得難看一些。由於孕婦在懷孕期間，體型、體態會相應發生變化，例如身體纖細瘦弱的婦女，在懷孕後會顯得豐滿；平時「面無血色」的女子，妊娠後會「紅光滿面」，這些變化都是神經－內分泌系統變化與調節的結果。皮膚細膩滋潤是孕期分泌大量雌激素、孕激素作用於肌膚的結果。同理，部分孕婦面部出現色素斑－「妊娠斑」，也稱「蝴蝶斑」，亦是內分泌系統變化所致，在產後會恢復如常的。所以孕婦的美與醜跟胎兒性別也無一定的關係。

（5）「**胖女瘦男**」之說：有人說懷女胎的孕婦，其臀部會變得肥大些，整個人會顯得肥胖臃腫，相對懷男胎則不會如此。這種說法是沒有科學道理的，有時甚至會誤導某些孕婦，進而忽視如妊娠水腫等潛在病變；且因妊娠水腫可能發生在男胎或女胎，這是一種病理變化，必須及時有效治療，否則發展為蛋白尿與高血壓，就形成妊娠高血壓綜合症後果就嚴重了。換言之，這也與生男或生女無關。

（6）**湯圓預測說**：在冬至煮湯圓，若湯圓表面膨脹有氣泡，就表示會生男孩；相對若湯圓表面凹陷，就表示會生女孩。清末鄭鵬雲〈新竹竹枝詞〉載：「搓丸風俗紀閩南，淨手焚香祝再三；新婦背人拈一顆，當爐私自卜宜男(冬至日，各家搓丸，孕婦親拈一顆，付之爐火，可占生男、生女之驗)。[44]」這是過往

---

44 鄭鵬雲、曾逢辰，《新竹縣志初稿》(1897)（臺北：臺灣銀行經濟研究室，1959），頁257。

以來的民俗流傳，當然也沒有科學根據，不過這種依據器物凸起與凹陷的特徵，推測可能與男性與女性的生殖器特徵有關。

（7）**夢兆預測說**：懷孕婦女夢兆來預測生男生女，例如夢見紅花白花，就表示會生女孩或男孩；若夢到栗子，就取其「利子」的諧音，表示會生男孩。雖然日有所思、夜有所夢，夢兆之說此一習俗卻由來已久。

（8）**推算公式**：在民間也流傳著數種推算生男生女的公式，所謂：「七七四十九，問母何月有；去除母年逐減，餘奇男女偶」或「七七四十九，問娘何月有，除去母身年，再添一十九，是男逢單數，是女便成雙，算男若是女，三五入黃泉。」其意思是指，在孕婦受孕月份加上四十九，再減掉孕婦的年齡，接著再加上十九，之後所得的數字若是奇數就懷男孩，若是偶數就是女孩，但如果算出奇數，卻生下女孩，那麼該女嬰就活不過3、5個月。此外，民間尚有「清宮生男生女預計表」之類者，這是根據懷孕婦女的年紀與受孕月份來推算，部分農民曆也將此表摘錄於其中。

（9）**其他方式**：尚有其他許多方式，可以猜測腹中胎兒性別，卻多缺乏科學根據，如：（a）在路上呼喚孕婦，若他從左邊回頭則生男性，若從右邊回頭則生女性，此說與前述傳統漢人社會向以「左尊右卑」及「重男輕女」的傳統觀念有關。（b）請一個小孩子從會籠裡拿取筷子，所拿出的數量為奇數則生男，偶數則生女，此說與傳統認為奇數為陽數、偶數為陰數有關。（c）依據前一胎小朋友大腿內側的皺摺數來推測，若是一條則生男，若是兩條則生女，此說也與傳統認為奇數為陽數、

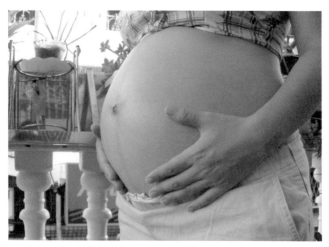

■ 圖3-2-21　胎教是最初的教育（陳志昌／攝影）

偶數為陰數有關。（d）依據前一胎小朋友頭上漩渦來推測，前一胎是男孩，頭上漩渦若是順時鐘（左旋）就是生男孩、若是逆時鐘（右旋）就是生女孩；相對前一胎是女孩，頭上漩渦若是順時鐘（左旋）就會生女孩、若是逆時鐘（右旋）就會生男孩。（e）隨著肚子日漸隆起，若孕婦肚腹部逐漸長成一條清晰的「妊娠線」（Linea Nigra，圖3-2-22）。民間戲稱在此線周圍長出明顯的肚毛，就會生出男孩，相對若子母線不清晰或未出現者則為女性。其實妊娠線是黑色素沉積的結果，原本是腹壁肌肉的腱膜接合交界，懷孕後隨著肚子隆起將腹壁肌肉撐開，縫隙也因為黑色素沉積而更加明顯，所以也與生男生女無關。（f）向前一胎未滿3歲或6歲的小朋友，詢問在媽媽腹中的是弟弟或妹妹，可得答案。這是認為小朋友的天靈蓋上未癒合或未長硬，所以比較容易感應到未知的世界，所以可以做為一種

臺南生育禮俗

徵詢的對象。

（四）懷胎風俗—孕婦禁忌、吃食禁忌

1.孕婦禁忌

　　「禁忌」，是最原始、古老的一種信仰習俗，是人們對某種神秘力量，產生恐懼，進而事前採取的消極防衛措施。這種消極防衛措施，即人們對自我的某些言行，實行的限制，以求免遭神祕力量的懲罰。禁忌除了畏懼災難的生理外，有些則是對神明的敬畏和希求神明保佑的期望（如膜拜婆祖、床母，敬畏胎神等）；這或許是人們將「人性」反射在神明上的一種表現，認為神明和人類一樣，也有喜怒哀樂，只不過神明有無邊法力，可賜福或降災給人們，因此人們除了尊敬神明以祈福外，也必須避免觸犯神明，以避免招來災厄。當生命處於越脆弱、越危險的情況下，受到的約束也越多，例如病人、孕婦、嬰兒等。傳統社會對孕婦的言行舉止設下許多規範，例如不可參與喜宴、不可拜拜、不可參加喪事、不可高舉雙手、不可觀看動土上樑等，千奇百怪，不一而足。茲將筆者所蒐集到的妊娠行為禁忌詳列如下：

（1）犯沖觀念—喜沖喜

　　民間有「喜不見喜，喪不見喪」的說法，有一些孕婦的禁忌項目，是從沖犯的觀念中生出來的。「喜沖喜」故名思義，就是兩件喜事同時發生，不但無法喜上加喜，反而容易犯沖，所以叫做「喜沖喜」，孕婦忌接觸喜慶活動，婦忌接觸喜慶活動，尤其是婚禮。民間認為有喜事也會傷人，所有的喜事裡面

結婚是最大的喜事，所以傷力也是最強，所以喜沖喜時，會有人被傷到，反而樂極生悲。所以孕婦應避免參加喜宴，尤其是懷孕初期（4個月內），因為新娘神比胎神大，加上懷孕本身就是喜事，若同時參與其他喜慶，會造成「喜沖喜」，對孕婦、胎兒以及新人都不好。若真的要喝喜酒，7、8個月後再參加比較好。此外新娘敬酒時孕婦要盡可能迴避，可以到外面或洗手間，等敬完酒時再回座位，以免正面沖到新娘。孕婦不能吃婚宴及喜餅等，以免沖犯到雙方，小孩以後也比較好帶。

臺南民間一說有孕婦同坐，將造成腹中胎兒的性別互換，也稱「換胎」。懷孕時千萬不要抱別人的小孩，尤其是未滿四個月的嬰兒。民間相信不只胎兒在腹中受到胎神的保護，出世未滿4個月的嬰兒仍然受到胎神的保護，因此在對沖的情況下，對方嬰兒可能會生病、拉肚子或夭折，俗稱「替胎」，而孕婦腹中胎兒也會受到傷害，這也是一種喜沖喜。又孕婦不可抱別的小孩，除了「喜沖喜」外，還有二種說法：一是孕婦抱了別人的小孩，腹中胎兒會吃醋而與之爭寵，在肚裡不安分。二是肇因於「孕婦不潔」的觀念，認為被孕婦抱過的孩子會愛哭愛鬧，以後會很難帶。

孕婦不許進入親友喜房，也不可以在親友婚禮時擔任娶送親、攪轎、做新裝新被褥等各種職務，即使家中小叔、小姑嫁娶，也不能迎接禮車，否則胎兒會受到驚嚇。孕婦不能到新娘身邊去，也不能摸新娘的轎子、嫁妝，忌進洞房或坐到新娘的床上，否則對雙方都不利。孕婦不能進入新房，否則新娘日後會剋夫守寡，喪子絕孫。此外孕婦參加婚禮會喜沖喜，胎兒可

能會小器，不肯降臨人世。這類習俗，主要在於害怕影響到嫁娶的一方，因為孕婦接觸嫁娶的事物，會對新娘子產生不利的影響，當然也有怕「喜沖喜」而影響到胎兒。常見的孕婦喜沖喜禁忌有：

◎孕婦不得參加訂婚或婚禮，因為「新娘神」比「胎神」大，喜沖喜的結果對孕婦本身及胎兒非常不利。
◎孕婦不得進入新婚未滿四個月的新娘房。
◎孕婦不得接觸任何婚禮事物，如喜餅喜糖喜帳、花轎、新床等。
◎孕婦不能接觸其他的孕婦或產婦。
◎孕婦不能抱新生兒。
◎孕婦不得參加滿月酒、入厝、升遷酒會、宴會、壽宴等。
◎如果孕婦要去參加人家婚禮的時候，會先在當天吃冬瓜避煞。（關廟風俗：以前娶新娘的時候都會在每個抽屜裏面放冬瓜。）

（2）犯沖觀念—凶沖喜

孕婦忌接觸喪葬活動，胎兒尚未出世，是先天之氣，屬陽；而喪禮屬陰，因此孕婦參加喪禮會出現陰陽相沖，也就是「喜沖喪」。是以孕婦不可接觸喪葬事物，諸如看做功德、上供、祭祖、祭靈、入殮、出殯等，也不可出入喪家，不可吃喪葬食物，連喪家所回贈的毛巾也不可使用，以免「凶沖喜」。除了至親之外，對於一般的喪禮應該盡量避免，以免悲傷氣氛影響

到孕婦。人們認為凡是喪葬事物都沾有邪穢之氣，亡魂會附在孕婦身上沖犯孕婦，接著便會傷害胎兒。因而即使是為父母送葬，孕婦也只需穿上孝服，而不必徹夜守靈，此外送葬時也不必一路送到墳上。在法師進行破地獄的儀式時亦要迴避，喪禮後一些如跨火盆等儀式都不可以做，因為人們相信孕婦若參加喪禮，小孩出生後很難養育；更忌看到封棺或手觸棺木，否則會流產，此外孕婦忌食喪葬祭品，否則會因沖煞而導致流產。

　　過去婚喪喜慶的場合往往都在戶外舉行，喪禮需要長時間站立，夏天氣溫高，人們容易中暑，冬天則容易著涼，這些對孕婦而言，是很大的考驗，因此人們總是勸孕婦多休息，人多且雜的婚喪喜慶場所，還是儘量別去。此外婚喪喜慶的食物，因為長時間暴露於空氣中，容易腐敗，更不適合孕婦。然而，若有不得不參加的喪禮，像是至親喪禮，若不參加反而會使孕婦內疚，造成極大的心理壓力，所以不參加喪禮反而不好。不過「有法必有破」，因而也產生各式各樣化解之道：

◎參加喪禮後，先去人多熱鬧的地方繞一繞再回家，因為人多的地方陽氣較重，邪靈比較不敢靠近。

◎回家進門前用艾草或芙蓉泡水擦拭全身（比較講究的是各七片），尤其是手腳及臉。民間認為艾草有驅邪、淨化、招百福之功效，艾草也可拿來讓小嬰兒泡澡，避免受驚。辦喪事時，親屬也會準備一盆艾草水提供來弔唁的人洗手，以免沾染到晦氣。

◎孕婦避免參加喪禮，如不得已須在腰部綁上紅布或紅線，以免先人會與肚中胎兒出現相沖的情況。這條紅線要保留下

來，待嬰兒出生，用
來綁住產巾，待嬰兒
滿月後（一說是四月
日後）才可換掉。（圖
3-2-23）

■ 圖3-2-23：喪禮用紅絲線繼續綁嬰兒（陳志昌/攝影）

◎準備一對筷子、一塊
薑、扁柏葉以及信封
纏在腰間以保平安；
這些物品更必須保留
到嬰兒出生為止。

◎在參加喪禮前，先以柚子葉、黃皮葉、柏葉這三種正氣之葉，用水燙到香味散出，再用來洗滌身體以驅邪。此外赴喪之前以及喪禮之後返家，都必須先在家門前跨過火爐，洗去身上的晦氣。

◎口袋裡放空的紅包袋。

◎參加喪禮可隨身帶紅包，袋裡裝些米跟鹽，米跟鹽有除煞功用。

◎帶著榕樹葉放在身上，等回到家門口以前把它丟掉。然後回家第一件事情是馬上換掉身上所有衣物並洗澡洗頭。

◎請喪家準備一條白線裁剪成棺木的長度，讓孕婦綁在肚子上，再進入喪家。

◎孕婦若其他親生子女過世，喪禮時必須以紅布或紅線綁住肚子。

◎往生者的生肖如果和孕婦相剋，在撚香時最好稍微側身，避

免正對著亡者，以免相沖。所謂生肖相剋，指鼠馬相剋、牛羊相剋、虎猴相剋、兔雞相剋、龍狗相剋。

（3）孕婦忌探望病人

　　從科學的角度來解析，孕婦最好不要去探病，原因在於醫院裡或病人身上有很多的病毒、細菌，容易傳染給前往探病的人，為了母體和胎兒的健康著想，孕婦盡量不要去探病。孕婦禁止探病，最初應是基於衛生的考量，以告誡的方式達到效果，最後才演變為禁忌。

　　世界各地普遍存在視女性身體、經血及產後排出物為「不潔」的觀念，具有泛文化的普遍性。這個觀念在傳統社會尤然，如正值月事或做月子的婦女，都不得觀看建灶、鑿井動土、新廟上樑或雕塑神像等神聖事務，以防觸犯神明，或使相關的儀式失效。不論古今中外，一般人對女人總是存在著崇拜與恐懼的兩面情緒；女人是新生命的直接來源，同時也代表了黑暗的力量，如月經、處女所代表的危險性力，這種種神話的意識型態常是互相矛盾的；當少女從初潮開始，母親或女性長者總是不斷叮嚀他們經血是污穢的，必須偷偷的隱藏起來；若讓人看到是羞恥的、不潔的、會令人倒楣的，這和孕產婦被視為不潔，都是基於相同的心理因素。

（4）忌接觸任何宗教或巫術儀式

　　孕婦因其不潔，所以忌接觸宗教儀式以免褻瀆神明，不能參與拜神、祭祀，也不可靠近神龕、五寶等宗教文物，也不可以靠進乩童、八家將和宋江陣等神職人員，以免冒犯神祇，特殊法會如神佛過火時，也不可在場。孕婦不可到寺廟參拜，更

不可觸摸供奉的神明、牌位或供品，因為神明至高無上，而胎兒唯有在男女交合之下才可能產生，在神明面前挺著大肚子，是大不敬的事。中元普渡時，孕婦家中的腳桶、腰桶不可放在庭院，以免觸怒白虎神或普渡公而危及胎兒（這也可能是怕孕婦容易跌倒，導致流產）。民間忌諱孕婦觀看雕塑神像以及建蓋廟宇，以免所雕的神像不靈驗、所蓋的廟香火不盛。

（5）忌接近鑿井、建灶、上樑、修繕、做醬、炊糕、看人牽罟等活動

傳統社會，除了皇后妃子或官夫人，一般婦女的地位普遍不高，因而許多重要的活動都謝絕婦女參與。有時事情失敗，人們還把則任歸咎於婦女，稱那些女人為「白虎星」、「掃把星」、「災星」、「喪門星」、「禍水」，將女性污名化。孕婦是身處危險的女人，人們更是進鬼神而遠之，因此孕婦除了不准參與宗教儀式之外，也忌諱參與很多活動，像在海邊看人牽罟（khan-koo）或罟索（koo-soh），漁人會牽不到魚，其他如動土、鑿井、建灶、上樑、修墳、修繕、做醬、炊糕，這些都是農業社會重要的大事，孕婦一概不准接近。

（6）忌看傀儡戲、布袋戲

傀儡戲、布袋戲的木偶，必須由人的手掌控制，因此民間認為孕婦看了木偶戲，將會生出無骨、軟骨或很被動的孩子；而若從另一個角度來看，演戲時間多半是半夜子時（約晚上11時），實屬應當休息之時刻，孕婦實不宜在外勞累，勞累很容易引起提早宮縮。加上演戲時，多半鑼鼓喧天、人馬雜沓，除了劇情會影響人們的心情外，孕婦到此場合，受到推擠碰撞或

感染疾病，將使動到胎兒的機會增加，影響到胎兒和自身的安全，所以古人禁止孕婦看戲，並非全無道理。

（7）忌接觸猿猴等形貌醜陋的動物

懷孕期間忌接觸猿猴等形貌醜陋的動物，主要是避免造成孕婦的焦慮與恐懼，這也會使孩子的容貌變醜，在「外象內感」變得像猴子一樣。

（8）禁忌孕婦觀看打鬥、血光或殺

懷孕期間忌看打鬥、血光、死亡、殺生的書畫或戲劇，以免影響孕婦的心情，也將使小孩有暴戾之氣，容貌變醜，也有癲癇之虞。此部分應當也屬胎教部分，只是民俗之中，將之轉換成禁忌來讓人們遵守。

（9）禁止跨越牛繩、秤

臺灣民間禁忌孕婦跨過牽牛繩的習俗，因為牛的懷胎期為12個月，孕婦如果跨過牽牛繩，就會和牛的懷胎期一樣長，不是難產便是胎死腹中。此外秤的單位為1斤16兩，人們迷信孕婦若從秤的上方跨過，會使她的孕期延長到16個月，其情況也與跨過牛繩相同。而若從另一個角度來看，懷孕後的行為本應謹慎小心，若不幸被絆倒，後果就不堪設想，所以藉由告誡孕婦不得跨越牛繩、秤，以警告行動上的小心。

（10）與烹飪相關的禁忌

傳統家庭多由婦女負責烹飪，婦女有了身孕後，在烹飪方面也有許多禁忌：

孕婦不得燒烤東西，以免生下有痣、胎記、紫斑或像被燒傷的孩子。臺灣地區孕婦不得用草繩升火煮飯，因為草繩一綹

絡的形狀，像嬰兒的口水直流，若用草繩升火，將來孩子會不斷流口水。孕婦不得把魚、肉、蛋等食物炒焦或炒糊，以免將來孩子身上會有燒爛的疤痕或黑痣。孕婦不得烤肉，以免生下手腳潰爛的孩子。

（11）禁忌孕婦看見白虹、月蝕

月亮屬陰，俗稱月娘或太陰娘娘，是女性的象徵，民間忌諱孕婦看見月蝕、月暈（月亮周圍產生亮圈）等異常現象，惟恐受此感應，導致孕婦流產，或生下四肢殘缺的嬰兒。

（12）禁忌孕婦夜間出門

民間也禁忌孕婦夜間出門，認為可能會遇到白虎神、天狗神，如此胎兒會被吞食，不過實際上可能因夜間光線不明，以致孕婦容易跌倒，有流產之虞。

（13）忌手臂上舉或搬粗重物品

民間俗信懷孕期間，胎兒始終咬著一個類似母體乳頭的「奶筋」，孕婦手臂上舉，胎兒所含的奶筋就會脫落，而若手提重物，則會傷害到奶筋；奶筋受到傷害胎兒則無養分供給，如此可能導致流產或餓死。這項禁忌的產生，其用意無非是要孕婦多休息，不可操勞過度而傷到胎兒。

（14）禁忌孕婦綑綁東西

由於對綑綁束縛手腳的聯想，所以禁忌孕婦綑綁東西，以避免可能生出十指不能伸直，或腳指相連之畸形嬰兒。

（15）忌使用刀、剪、針、釘、槌、夾子等

民間認為孕婦不能任意走動，否則會動到胎氣；孕婦宜多在房中休息，寢室因而成為孕婦主要的活動地方，也成為胎神

活動最頻繁的地方，因此孕婦在室內的一切言行舉止必須處處小心謹慎，不可觸犯或驚動胎神，否則便會影響到腹中的胎兒。臺南民間地方有關避免觸犯胎神的禁忌，大抵如：孕婦忌諱在室內任何地方，如牆壁、門、床上、櫃子釘東西，也不可用針線縫衣服、不可鑽東西、不可用剪刀或錐子，因為這些動作都會驚動到「胎神」，甚至把胎神嚇跑，導致小孩身體殘缺，如瞎眼、兔唇、缺耳、斷手斷腳或死亡。其實上述的尖銳物，在昏暗未明的房間內使用，總是有相當高的機率會導致孕婦受傷，而受傷的傷痛感可能會引發提早宮縮，所以有些禁忌還是遵循為佳。

（16）忌搬家

民間認為懷孕期間最好不要搬家，因為胎神每天都在不同的方位，如果隨便搬家容易影響胎兒；如果非搬不可，需先翻農民曆，查看哪一天適宜搬家。此外還要看胎神的位置在哪裡，避開當日胎神的方位，以免傷到孕婦。

（17）忌移動傢俱

從懷孕一開始，孕婦的居所就不能移動任何桌椅、櫥櫃、床、板凳等傢俱，不可移動鏡子，尤其不可放床尾，以免驚動胎神導致肚痛、流產或難產或生下五官不齊全的嬰兒，尤其移動床位更被視為懷孕期間最大的禁忌。但有時不得不移動孕婦房間物品時，為了避免不小心觸犯到胎神，就必須先查看農民曆或通書上面的六甲胎神占方，避開胎神所占的位子，或者請孕婦先行離開，採取前述「安胎神」之方法。

（18）忌進行房屋修繕或拆屋

在懷孕時，家裡房子不能隨便拆修，如不要修水管、馬桶、水泥等，以免傷到胎神，造成小孩生下來會有特殊胎記或兔唇，所以在蓋房子或動土時，孕婦最好不要靠近，若不小心經過而感到身體不適，必須趕快進行前述安胎的儀式。

（19）忌肖虎者進入孕婦寢室

由於俗信白虎是兇猛的動物，動輒就會吃人，因此基於此一聯想，認為肖虎者進入寢室會驚擾胎神，也有吞食孕婦腹中胎兒之慮。

（20）忌肖火進入孕婦寢室

由於對火種對燙傷的聯想，所以一切足以致火的火石、火柴、火油等火種，不得隨便置於孕婦房內，否則會有燙傷胎神之慮，將禍延胎兒，使胎兒身上有生紫斑（蒙古班）。

2.吃食禁忌

懷孕期間孕婦生理變化很大，受到某些食物的刺激，常常會發生嘔吐，俗稱「病囝（pēnn-kiánn）」，婦人懷孕期間想吃許多新奇特殊的食物，但這些東西可能對胎兒有妨礙，於是前人就留下許多禁忌。這些禁忌的來源，大抵可分為兩部份，一部份來自於民間的習俗，另一部份則在傳統醫書中有明確的記載，以下將飲食上的禁忌分為「外象內感」、較寒涼的食物、較毒的食物及其他等探討：

（1）「外象內感」的影響

（a）忌吃兔肉，否則會生缺唇的嬰兒。這是基於兔嘴中缺的聯想。（b）忌山羊肉，否則會生出多病的子女。由於山羊的體型為肚大骨瘦，這種外表對於人類而言是多病的象徵，因此

在類似的聯想下，認為孕婦吃了山羊肉，將來所生的子女將會多病，而成「肚大骨瘦」的體型。（c）忌吃螃蟹，這是基於螃蟹橫著行走的聯想，認為孕婦吃了蟹肉，將來胎兒出生時，也會橫著出生而導致難產。又民間也以螃蟹多腳的特徵，認為孕婦吃了蟹肉，所生子女以後喜歡抓人手腳。（d）忌吃薑，由於薑的形狀像人的手掌，而且薑尾分歧如手指，孕婦如果經常吃薑，胎兒將會多出手指頭。第三章 幼兒周歲以前的習俗忌吃雞爪，否則會生出手腳捲曲如雞爪的孩子，或說生出來的孩子將來會愛撕書本，或是喜歡抓別人的手腳的孩子。

（2）較寒涼的食物

俗諺：「病囝寒，大肚熱（pēnn-kiánn kuânn，tuā-tóo luàh）」，這是指婦女懷孕初期對寒冷比較敏感，到了快要臨盆之時又特別怕熱，所以在產前需要涼補，但指的是食物質性屬涼性，並非指生冷或冰的食物；生魚片、生菜類等生冷的食物，因未經消毒殺菌，容易造成拉肚子；冰的食物及飲品，會影響胎兒氣管發育，容易生出過敏兒。

（3）較毒的食物

在中醫的食物養生觀念中，認為每一種食物除有其性質為外，有的具有毒性，此毒性會傷害身體，尤其當身體虛弱、抵抗力差及有傷口時，這種毒性會更明顯。民間對於常用的食物也常用「毒」的分類法，大部分的海鮮類，例如：蝦、螃蟹、墨魚、魷魚均有毒；動物中如鴨子、鵝、鴨蛋、鵝蛋等；水果中如芒果；蔬菜中如：茄子、芋頭、韭菜、海帶等均被臺灣民間歸為有毒之範圍，食之對傷口之癒合，有不良之影響。

（4）其他

（a）忌吃人參，一來吃了可能會有退奶的問題，再來可能會引起子宮出血。（b）忌吃蝦（含蝦米）、蟹，蝦蟹的賀爾蒙十分旺盛，對於因懷孕而處於賀爾蒙分泌不協調狀態的孕婦來說，最好不要吃，因為會加強賀爾蒙失調。（c）忌吃豬肝，乃破血之效，許多人認為它補血，事實上它是破血（化血）的，所以懷孕初期大量吃豬肝，易導致早期流產，中期易生過敏兒，末期易導致早產。（d）忌吃太鹹、太辣、烤焦及油炸的食物，太鹹、太辣者對胎兒太刺激；烤焦者對上呼吸器官神經黏膜有影響，兩者都易造成過敏體質。（e）忌吃薏仁，其作用為消除體內異常細胞，但因受精卵對人體來說，並不是正常細胞，薏仁的功效恐怕會抑制受精卵的成長，所以應盡量避免攝取。（f）忌吃韭菜、麥芽（糖），產後退奶時很有效，但孕婦食用會影響賀爾蒙的分泌，且易造成噁心、嘔吐。（g）忌吃婚嫁喜慶食物，如喜餅、喜糖、喜酒，怕「喜沖喜」。（h）忌吃喪葬食物，如喪葬祭祀後的供品，以避免「凶沖喜」。（i）孕婦忌吃醬油，以免生出皮膚黝黑的孩子。（j）忌吃芥藍菜，《臺灣通志》：「芥藍……今婦人懷孕者亦忌食之，以其有鉛，恐墮胎也。」

三、出產期的安產俗

生產（分娩）是一件痛苦而危險的事，婦女因恐懼而緊張，因緊張而無法放鬆，導致胎兒不能順利產下，更時常有危及婦女及胎兒生命之情事，因此漢人社會充斥著「產鬼討替」之說，

臺灣民間偶有俗諺稱：「生贏雞酒芳，生輸四片枋，又說：「無生，毋值錢；欲生，性命相交纏」，足見婦女生產存在相當的危險性，常與死亡只有一紙之隔，可以說是極為危險的事情。在現代醫藥知識及技術未躍進時代，對於孕產照護知識仍有所欠缺，所以嬰兒夭折率、產婦死亡率頗高，不理解懷孕生理及生產進程，多數只能仰賴經驗法則，由具有經驗的「拾子婆」（khioh-kiánn-pô）或稱「穩婆」（ún-pô）來進行這重要的接生過程。面對生死交關的重大事件，其他相關的親友家人，只能透過精神層次的民俗文化施行，或只能祈求神明的垂憐保祐，種種的種種，更顯露出人們的無助。所以這些民間的出產風俗都被人們深刻的記憶保存，孕婦及家人一切行事也盡量避免觸犯禁忌，只求在最後生產關頭可以順利，母子均安。隨著現代醫學知識的傳播，日治時期引入西方醫學，婦產科醫師及現代「產婆」（sán-pô，後改稱助產士）的角色逐漸取代傳統拾子婆，也改變了原有部份的民俗行為。例如：改變生產場所，由家中改變至醫院、診所生產，人們也不再需要自己設置產房、準備生產物品，使得生產過程禁忌逐漸被淡忘或轉換。本於研究的精神，各種文化仍具有時代意義與價值，以下針對臺南地區的安產習俗行探討。

【表3-7：出產期習俗內容】

		主角/人物	禮俗內容
出產期	懷胎俗	孕婦	探花欉、楗花欉、栽花換斗、換花 換肚、踏草青、節慶孕子、求子特殊習俗 胎神、安胎、胎教、預測胎兒性別、 孕婦禁忌、吃食禁忌
	安產俗	產婦	生產準備、產期風俗禁忌、生產的神明及儀法

（一）安產俗—生產準備、產期風俗禁忌

1.生產準備

在懷孕婦女即將分娩的月分，一般謂之「順月（sūn-gue̍h）」，意在祈求順利生產，此時家人除了積極布置產房外，同時也會事先準備各種產婦或新生兒用的物品，以待臨產之時可以使用。

（1）產房的布置

在產婦到了接近臨盆的月份，便要安置產房，在傳統觀念中，婦女生產是一件相當污穢的事，為了避免污染他人，或是觸犯禁忌而招致不幸，必須將產婦隔離起來，因此需要安置產房。但過往的傳統醫書也提到，過多的人進出產房會干擾產婦，造成產期遲滯：從現代醫學角度來看，過多人進出會帶來不同的病菌，是有造成感染及讓產婦無法專心感受陣痛之可能。從許多角度來看，產房是污穢的這種觀念，反而是種保護作用的有效禁忌。

過往臺灣民間對產房佈置相當慎重，須擇良辰吉日，民間一說依照農民曆上「開日」的良辰吉時來布置。所謂「開日」，為建除十二神之中的一個，一般被認為宜修築城壘開道、溝渠起土，養育牲畜、種蒔，亦是萬物所生之時，被認為是佈置產室最適合的日子。又由於民間對「床母」的尊重，害怕生產的污血犯沖床母，因此大多是在側室的地板上生產，若沒有側室，則在寢室床前的地板上生產，不過丈夫就必須出移居至別室。由於在產房床前的地上生產，所以生產前的產褥，是在地上舖稻草，此法稱為「坐草」，草上再舖以舊衣、油紙類，側

置生子桶，即將生產時就穿上結婚時從娘家帶來的生子裙，也有人使用生囝椅或坐於腰桶上，將胎兒生在腰桶內，所以生產也稱為「臨盆」。對於產婦在產房內何處生產這事，日治三宅生、東方孝義都有提到另一種在床上生產的。東方孝義更提說產婦有半躺在床上生產者，在城市裡較草地（鄉下）為多[45]，可能是經濟力的差異因素。這些家境較好的人家，其生產前的產褥，則是在床上鋪上草蓆，再重疊鋪上衣褲，再鋪上油紙，油紙上再鋪棉被給產婦墊背[46]。

　　孕婦在懷孕的最後一個月就要避免和他人往來，此時只有家人及產婆可以在其房內出入。而這段期間，孕婦若感到腹痛而未有生產之兆，就得服用十三味及安胎散，或者進行前述的安胎儀式。又到了臨月期間，直至產前一、二日或四、五日，產前陣痛頻率持續加劇，甚至胎水破裂之時，這時家人會緊急找來產婆協助生產，並向註生娘娘祈禱，以期望孕婦可以順利產子。

　　在日治之後的臺灣，現代醫院逐漸設立，西式醫學也走向專科化，婦產科慢慢獨立成一專門學科，受醫學訓練的現代產婆也逐漸出現。日治~1970年代，婦產科醫師、產婆二種角色共生互補，一個處理難產，一個處理正常產；1970年代後全面由婦產科醫師處理所有生產。若以臺南鹽分地帶仕紳吳新榮的

---

45 三宅生，〈舊慣用語(其十三)〉，收於《語苑》16卷9期（臺北：臺灣語通信研究會，大正12年9月15日），頁10~11。東方孝義，〈臺灣風俗（6）〉，收於《語苑》18卷6期（出版地不詳，大正14年6月15日），頁18。

46 魏英滿，《臺灣生育、冠禮、壽慶禮俗》（臺南：世鋒出版社，2002），頁35~38。

生命史來做觀察，透過他遺留的日記來看，日治時期吳新榮的6子2女是請穩婆、產婆（助產士）在家生產，但到民國48年（1959）長孫出生則已改變成在臺南醫院，生產空間的改變可

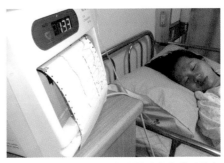

■ 圖3-3-1　產婦在現代化醫院生產使用胎兒心音監測器（陳志昌/攝影）

以見證醫療產業介入妊娠生產的過程。現代孕婦生產已經都在現代化的診所或醫院，（圖3-3-1）這對生育禮俗造成了某種程度的影響，更帶來了禮俗的改變。

2.產婦用品

產婦生產時，許多準備的物品是在結婚嫁妝之中，就準備妥當，可參考前文「表3-2：現代婚俗物品及祈子意涵」。產婦用品準備，多是針對飲食、清潔遮掩、順產等幾個大原則，舊俗常見的準備物品有：

（1）福圓（桂圓）：以此煮茶給產婦飲用。

（2）油紙：以此紙墊產婦臀部，產後可以做包胎衣之用。

（3）生子裙：女人出嫁時，必須帶來生產用的黑布裙乙條，其做法很簡單，以一公尺四方的布料，上端兩角各縫上棉繩一條。臨盆時先將其裙繫上，然後脫下褲子生產，如此可以讓產婦遮羞，而且裙色黑，如污染產血時，也容易洗掉。弄髒的生子裙洗淨後收起來，等下一胎再使用。

（4）子孫椅：這是在新娘嫁妝之中的重要物件，一說是用

來給產婦生產時，坐在上面生產[47]，下方放置子孫桶；另一說是產婦在床上生產，這是給產婆坐在上面可以平穩地接生用的。（圖3-3-2）

（5）**子孫桶**：這也是早期漢人婚禮中必備的嫁妝之一，所謂子孫桶有許多組合，常見包括三樣器皿，分別是排泄物用的「尿桶」、提熱水用的「腳桶」、洗浴用的「腰桶」（圖3-3-3）。在家生產的年代，當開始陣痛時，產婆會將生子裙繫好產婦腰間或吊掛起來遮住產道，隨著陣痛教導產婦用力將胎兒擠出，

■ 圖3-3-2　子孫椅（陳志昌／攝影）

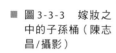

■ 圖3-3-3　嫁妝之中的子孫桶（陳志昌／攝影）

47　鈴木清一郎著，馮作民譯，《臺灣舊慣習俗信仰》，頁92。

臺南生育禮俗

產婆雙手會扶捉好產出的嬰兒,下方以腰桶盛接血水及預防全身濕滑的嬰兒掉落地上。臺語的「腰」與「育」同音,因此腰桶可能就是「育桶」,含有育兒之意。比較貧苦的人家則只有一個腰桶,平時作為浴盆使用,生產時作為接生器具,並以此為嬰兒洗育,以及洗生產時弄髒的衣物。

(6)碏腹(the-pak):女人的生產是件吃力的工作,所以生產後,立刻煮雞蛋兩例給她吃下,如此一來可以止飢也能充實活力,二來也不會使腹內空洞無物,此舉俗稱「碏腹」。

(7)催生藥:中醫有許多與催生相關的藥品,如催生萬全湯、催生佛手散等,這都是在遇有難產情況發生時,可以緊急服用,但「催藥,原為調扶失宜致成難產,不得已而用也。」(閔純璽〈催生論〉)。

(8)陶甕、石灰:陶甕用來裝男孩的胎衣(胎盤),灑鋪上石灰,存放在床下4個月,據傳可以防止嬰兒吐奶。女孩的胎衣就丟到水裡,不過日治時期就越來越少人丟水裡,而是改將胎衣埋在地下[48]。

新娘嫁妝裡面,有準備這些生產的物品,只是隨著社會改變,生產場所及替代物品增多,清潔用品及方式也大改變,所以諸多的物品已經是形成一個結婚時的象徵物,而少有在生產時拿出來使用了。

3.新生兒用品

新生兒用品準備,多是針對清潔、保暖、順養等幾個大

48　同上註,頁93。

原則。新生兒生產下來首先是斷臍，由於動作須以手指擠出臍帶內血液，後轉緊臍帶才綁上絲線，所以臺語也稱「催臍」（tshui-tsâi）。舊俗常見的準備物品有：

（1）**麻油**：嬰兒出生後以麻油塗滿嬰兒全身，以保護嬰兒的皮膚。

（2）**粗紙**：產後三天內以此包裹嬰兒，再外加父母舊衣服。

（3）**苧仔線**：苧仔絲即是苧麻絲，是用來綁嬰兒臍帶，另也有紅絲線或麻繩束綁。一般是大約臍帶剩2吋處綁著。現代醫院多使用消毒過的臍帶夾。（圖3-3-4）

（4）**剪刀**：用來剪斷臍帶。過去常因為尚沒有微生物的概念，所以常有消毒不完全或是產婆手部清潔不完全，造成產婦產褥熱。

（5）**燈心**：生產後以此夾臍下股間。

（6）**明礬**：明礬石研磨成粉狀，塗抹於新生兒肚臍，用以消炎。

（7）**甘草**：孩子生下後，母親若還沒開始分泌母乳，可用棉花沾甘草水給孩子喝，據說甘草水可以去胎毒。（圖3-3-5）

（8）**鴨胸仔衫與肚縮褲（即和尚衣）**：出生嬰兒所穿衣服的製法與一般不同，前面對襟，沒有鈕釦，僅縫上兩條帶子從腋下預留孔洞，穿過在背後繫繫打結，俗稱「鴨胸仔衫」。嬰兒僅有上衣無下褲，直到週歲前後，開始學步時，才開始穿褲子，但其形體似「牛仔褲」，是以肚掐連接開底褲為一體，俗稱「肚縮褲」。嬰兒服多用舊衣服製成，或撿別人穿過的舊衣服，民間認為如此一來孩子「命賤」比較好養。

（9）**尿布**：生產之前，孕婦撿出成人舊衣服多件，上衣作為尿布。長褲作為尿褲，其縛法如是：先將兩條褲腳包嬰兒腰部，以一棉繩縛之，再以尿部墊於下體之下，然後拿褲頭承之，並插入於腰部之綿繩。嬰兒大小便後，即可解開更換尿布，以維衛生。

（10）**蜜水**：臺灣人認為嬰兒生下3天之內，不吃母乳也不會餓，但需用蜂蜜或冬瓜糖、黑糖沖一些開水，再用一棉條浸入糖水，供其吸飲就可止飢。3天後母親開始分泌母乳，以風蔥泡開水，洗滌乳頭再給嬰兒吮吸，才停止蜜水之供應，此舉俗稱「食蜜水」。不過，現代醫療研究發現蜂蜜之中含有大量生菌，對於抵抗力不好的新生兒，反而會有造成感染危險，應該避免。

有段時間婦產科為護理管理新生兒，所以多將新生兒集中於嬰兒室，但研究發現雖有醫護人員手部清潔、門禁管理來控制細菌病毒進入，但一有缺漏，則容易造成新生兒群聚感染。所以近20年來婦產科醫學會推動產婦在生下新生兒後，鼓勵母嬰同房，反而又回到古代產後母嬰同房的情形（圖3-3-6）。而且產後媽媽即開始分泌無色無味的初乳，內容含有多量免疫球蛋白，所以現代生產多鼓勵產後即開始哺乳，不主張使用配方奶來餵食嬰兒，這種科學鼓勵的演替，某種程度是回歸到史料裡面所說產後幾小時即可以開始餵奶的哺乳[49]。

---

49 鈴木清一郎著，馮作民譯，《臺灣舊慣習俗信仰》，頁95。

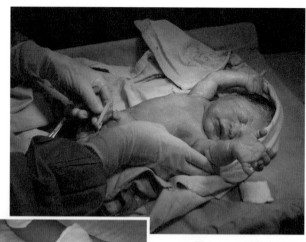

■ 圖3-3-4　現代改用臍
帶夾，不使用苎仔絲。
（陳志昌／攝影）

■ 圖3-3-5　新生兒飲用甘
草水（陳志昌／攝影）

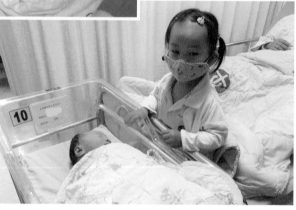

■ 圖3-3-6　復古的新方法─母嬰同室（陳志昌／攝影）

臺南生育禮俗

（二）安產俗—產期風俗禁忌

過往在產婦臨盆之時，大多是找來助產經驗豐富的拾子婆和1、2位助手婦女一同幫忙生小孩。日治後，受醫療訓練產婆（後稱助產士）出現，開始扮演另一個婦女生產史的重要角色。產婦分娩之時，產婆以手按接新生兒，再以剪刀剪斷臍帶，接著用麻油塗抹嬰兒全身。過往剛出身的嬰兒不立即洗澡，會以軟布沾熱水擦拭嬰兒身體，後以麻油擦拭全身。以父親的破衣服包住身體，一直到行三朝之禮時，才為嬰兒洗身軀、換新衣服。然不論順產、難產、早產，或是早產，分娩隨著嬰兒的降生，必定會伴有血水、羊水而下，民間認為這些臨盆時的血水污穢不堪，會褻瀆神明進而帶來災害、禍難，使得產婦也被視為不潔之身，所以在分娩過程有諸多的禁忌與習俗。

1.產婦分娩地點的習俗

（1）**忌產婦在別人家裡出生**：民間相信，倘若別人在自家中生產，則自家生產孩子的機會將被剝奪，而且家中的福分和好風水也會被帶走，所以臺灣俗諺有「借人死，無借人生」之說。因為借給外人房屋分娩的人家，福氣會被新生兒給帶走；又說會因別人在此生了孩子而影響到自家不能再生孩子，或者不能再生出如此有福氣的孩子來。因此，一般人家都忌諱借房子給別人當產房。

如果時間緊迫，產婦被迫在別人家中生產，則產後須準備紅綵、糕餅、鞭炮、金紙等物品，向屋主的神龕禮拜，以彌補對方的損失，確保對方的福氣沒有被產婦帶走，也有支付少許金錢給借家做象徵性房租之說。若產婦是在回娘家時分娩，由

於孕婦所生嬰兒是跟夫家姓，所以被視為不屬這家人，所以也需補行上述作法。

（2）**忌產婦在床上生產**：往昔禁忌產婦在家中分娩，這種心理來自於產婦分娩流血污穢且會使人晦氣的觀念，由於民間認為床上有床母存在，恐生產時床母被污水沖犯，進而在產後不保護嬰兒，所以昔日在家生產均以坐盆、坐草方式生產。但日治時期的調查資料發現，城市內人家並沒有這禁忌，所以還是有改變。

（3）**忌產房內有閒雜人逗留探視**：產房是嚴格禁地，大部分的人都被禁止出入產房，此一習俗之目的，一方面在於提防產婦於生產前後，無端受到驚嚇；另一方面由於生產為不潔之事，進入者會因此沾上血污晦氣，對自身也有不利，其實最主要的原因，乃害怕隨意進出的閒雜人士和嬰兒相沖犯而傷到嬰兒，因此，顧慮到嬰兒的安全不准雜人探視。此外，也有避免分娩時間延後之說，臺灣俗諺稱：「加一个人，加一个時」，意指多一個人待在產房，產婦分娩的時間就會往後延長一個時辰，增加難產的風險，因而產房內的人數不能太多，所以即使都是女眷，人數也要越少越好。

（4）**忌丈夫或其他男人出入產房**：一是怕產婦不潔，恐對男人形成威脅；二是男屬陽，女屬陰，分娩時女陰虛弱，難與男子陽盛相抗衡，恐男子進入產房後對產婦母子不利；三是產期內禁忌房事的因素存在。臺灣人很忌諱哺乳期間行房，認為奶水會不乾淨，加上生產後4個月內胎神仍然存在，若行房將會觸怒胎神。

（5）**忌孕產婦、寡婦、戴孝者等進入產房**：產婦忌見產婦，更不可互相賀喜，以免「喜沖喜」；又生重病者或戴孝者更不可進入產房，以免「凶沖喜」。

（6）**忌肖虎者進入產房及看見生產**：俗信生產是開花婦，若生產時被肖虎的人看見，花會開放不良，就會凋落，亦即生產不順，對母子都不吉利。

（7）**禁止把水帶到產房**：俗言云：「女人帶流霞月裡亡」，亦即產婦八字命中帶有「流蝦」者，在生產過程中動到水，聽到水聲或看到紅色的東西，便會流血不止而死亡，俗稱為「帶流蝦」。

（8）**忌在產房焚燒金冥紙**：主要與保護胎神有關，若焚燒金紙傷害到胎神，則在嬰兒身上會有紅斑或黑點的發生。

（9）**產房外可以張貼安胎鎮煞符**：為了避免有挖水溝或動土等事情，或有四分鬼煞、日游神等各種干擾，在產房外可以張貼前述之安胎鎮煞符，以趨吉避凶之用，若有胎神的時沖到，生出來的小孩易有歪嘴，兔唇，屁股缺肉等。

2.生產時的習俗

（1）**分娩時打開家中桌子抽屜**：當婦女即將臨產時，要將家中所有抽屜拉開，據傳能促使產婦的生門更加擴張，較意生產；又如說沒有這麼做，生出來的嬰兒，4個月鼻子呼吸會不順。

（2）**分娩及難產時的催生符咒**：自古以來，生產一直存在很高的風險，產婦臨盆前或多或少都會惶惶不安，因此在產婦臨盆前，除可以呼請所祀諸神前來庇護外，也有安置產婦的儀式及咒語。「催生符」是以文字和圖像組成的，專用於保護孕

婦生產及婦人難產時救治的道符，各道法派別種類相當多，使用方式是將催生符燒化後加陰陽水食用，並可配合禱念咒語加持，甚至有些人家會請法師來進行科儀，由於這些都是趕走惡鬼的巫術，所以也具有安定產婦心理的作用（圖3-3-7、3-3-8）。此外，在孕婦生產時，若逢產房附近有燒火、鑿井之事，也可以使用催生符，以利於生產的過程。

3.產後的禁忌

（1）**分娩後的產褥要妥善掩埋**：產婦生產後的產褥，要拿到外面妥善掩埋，不可用火燒毀，否則身上會長紅斑，也容易生病。

（2）**分娩後胎盤和臍帶的處理**：古人相信嬰兒的胎盤和臍帶，皆是該嬰兒元神的一部分，必須妥善處理。過往會準備一只瓦壺（胎衣壺），底部鋪上一層石灰，將胎盤置入其中後，再鋪上石灰；亦可採用油紙包裹。男嬰的胎盤和臍帶埋在屋外（門線外），女嬰的胎盤和臍帶埋在屋內（門線內），表示男兒志在四方，女孩要留在家中當賢妻良母。

（3）**小產的預測**：胎兒不足月生產，稱之為「小產」。生下來胎兒無法存活，稱「流產」，此一概念延伸到現代人工墮胎，也有人稱之。而小產生下來，若是存活的早產兒，臺灣民間有：「七成八敗九難養」的說法，意指早產兒7個月可以養的活，8個月的養不活，9個月的也是難養長大。但在醫學發達的現代，透過各種藥物及儀器的幫忙，早產兒的存活率以大大提升，所以這種說法也不復聽說。

呪
曰
符
火
居
入
口
金
枝
葉
便
開
普
庵
身
顯
現
推
生
產
中
來

■ 圖3-3-7　催生符

■ 圖3-3-8　二次用催生
符（吳建昇／提供）

（三）安產俗—生產的神明及儀法

本章前文曾敘述過護子護產神明—臨水夫人，在此就不再贅述。下文依照筆者調查到遇到生產過程困難，因神祐或法術而度過難關的在地說法。

1.南斗星君（中西區臺南首廟天壇）

臺南首廟天壇後殿碑文記載：「南斗曰六司，計六宮：一、天府司命星君，二、天相司祿星君，三、天梁延壽星君，四、天同益算星君，五、天樞度厄星君，六、天機上生星君。事蹟：南斗六司主延壽。」「南斗註生」眾所皆知，正因為如此，南斗星君的頸項上，總是掛著紅綢數條。這紅綢就如同保命符，若是信眾有急難向南斗星君祈求，可在神像前說明事因，跋桮（puáh-pue）取得神明同意後即可將紅綢帶回，給予急難者保佑。（圖3-3-9）

■ 圖3-3-9　天壇南斗星君（陳志昌／攝影）

天壇後殿就盛傳著這樣的一個實際案例：十幾年前，一位孕婦從醫院產檢後即前往天壇，向南斗星君說明醫生產檢的結果是胎位不正，可能導致難產，希望南斗星君能夠庇祐生產順利母子均安。跋桮（puàh-pue）取得南斗星君的同意後，取下紅綢，婦人立即綁在即將生產的肚子上。過一些時日，這位婦人協同家人，帶著麻油雞和油飯，前來天壇後殿向南斗星君答謝。

2.碧霞星君（中西區和勝堂）

　　碧霞星君，或稱流霞婆、琉璃媽，全臺目前僅知臺南市北區和勝堂內奉祀，據傳此神尊原為民間私佛，在民國35年（1946）和勝堂在普濟殿後花園一隅（花園仔）重建之後，有民家所奉祀之流霞婆神像，請本廟原有管理人協助整修神像，然整修完成後，原有奉祀者卻未來迎請，因此原有管理人乃跋桮（puàh-pue）請示主神「神威王」李府三尊王，希望能將此神奉迎入本廟，經過得到主神應允同意後，便將此神尊入祀於廟中，目前則與觀音佛祖及天上聖母同祀於正殿左邊神龕（圖3-3-10）。

■ 圖3-3-10　中西區和勝堂正殿左龕內的流霞婆（吳建昇/提供）

此神尊之特有功能，據廟內委員楊先生的說法，僅知祂專攻祈求生子、護子順產、移花換斗，卻不清楚其他來歷緣由。不過端查此一神尊造型，可以發現神像立於木桶之上，且以單手倚胸托扶幼子，由於木桶形似產盆、淨盆、子孫桶，即前述雲霄、碧霄、瓊霄三姑所掌之「混元金斗」，所謂：「三霄執掌混元金斗，專擅先後之天，凡一應仙、凡、人、聖、諸侯、天子、貴、賤、賢、愚，落地先從金斗轉劫，不得越此。」因此有可能是前述註生娘娘之傳說、造型相關，再加上神像週圍又有五位頭飾造型不一的童子，分立在主神前後左右持械護衛，共同守護神尊及所托扶之幼子，所以確實與祈子、護子、移花換斗有所關聯。

3.送流蝦

「送流蝦」也稱「祭流霞煞」，臺灣民俗中，孕婦生產時，最怕「起流霞（蝦）」，即指生產時有血崩之現象。「流霞」之原意為「流血」（發音為 lâu-hiat），「流霞」為借代之美稱詞。霞，代表燒也就是紅血、流血之意。「流霞」也稱為「流蝦」，霞與蝦的臺語音相近，是指婦女在生產時，一旦看到水、聽到水聲或看到紅色的物品，就會血流不止。流霞有二種情形：一種是依據八字命理來推算，本命帶有流蝦者，擁有這種體質的婦女就被稱為「帶流蝦」；另一種是因流年運勢之故，無形中沖犯流蝦煞者，這被稱之為「流霞煞」（圖3-3-11）。而若婦女為帶流蝦者，在其生產時不可讓他看見水、聽到水聲，這也是前述禁帶水到產房的由來；而若不幸仍發生「起流霞（蝦）」現象，就要請法師到家裡作法「送流霞（蝦）」、「制流霞（蝦）」，以求

母子平安、順利產下嬰孩。

關於「送流霞（蝦）」的儀式過程，先由法師呼請：註生娘娘、三奶夫人、臨水夫人等專司生產之神，擺上飯及牲醴（小三牲）、金紙、替身，同時將帶流蝦型婦女的衣服鞋子和活蝦裝進盆子裡，一同擺在神佛前的供桌上；接著再請法師為孕婦唸咒[50]，等科儀唸完，法師再拿著孕婦的衣鞋和蝦子進入房間，將衣服鞋子給孕婦穿上，將活蝦及盆子放置床下，盆內放一把火，將活蝦燙死，再把蝦盆及其他供物丟到門外，表示厄運已經消除，最後再燒金紙送神。在送流蝦時，讓產婦跨過此烘爐，並燒化一種寫有「流蝦」的小紙錢（圖3-3-12），表

■ 圖3-3-11　流年犯沖流霞煞（郭雙富／提供）

■ 圖3-3-12　制流蝦用小紙（陳志昌／拍攝）

50　在流蝦咒中常見紀仙姑、李仙姑、勤仙姑、何仙姑等，她們是醫藥神保生大帝的部將。

示已將流蝦送走了。民間也有在產婦患上流霞時，以火爐在產婦房內起火，放上鹽巴燒之，以這樣的方式來逼出流蝦，俗稱「送流霞（蝦）」（piak liû hê）。另有一種是以符法來制服流蝦這關煞，如下圖3-3-13。

■ 圖3-3-13　制流霞貼
（郭雙富/提供）

第 四 章

週歲前的禮俗

　　新生兒出生又叫做「出世（tshut-sì）」，在此嬰兒期是人一生中最脆弱的時期，需要成人的保護與照顧，而生養過程常有許多人力所不及之處，故透過神明信仰眷顧，使嬰兒可以平安長大。嬰兒期也是身體發展最快速的時期，從身體器官功能、外在形貌、神經傳導、肢體動作再到認知發展，其進展速度往往是「一暝大一寸」，也正因為生理變化速度快，故在這些生理變化的基礎上，傳統民間也藉由隆重的禮儀或儀式，使新生兒被家族社群認可其身分，進而賦予新的社會地位，此即社會學家所稱之的「通過儀式」（rites de passage）[1]。在執行禮俗的同時，也是傳達敬天意涵與實踐道德之功能，使嬰兒能在家族

1　何翠萍，〈比較象徵學大師：特納〉，黃應貴編《見證與詮釋─當代人類學家》（臺北：正中書局，1992），頁282-377。

及神靈的共同照顧下順利成長。不過值得注意的是，就傳統漢人社會而言，由於嬰兒在週歲之前必須經歷相當繁多的生命禮俗，像是三朝、做滿月、剃頭、命名、做四月日、度晬等，筆者認為這可能與其身體快速發展有關，因此傳統的生命禮俗不僅具有社會化的意義，同時也隱含著自然生理的觀察與實踐[2]。是以本章以新生兒誕生後所進行的禮俗為主要書寫內容，除敘明傳統過往所存留的風俗，更著眼在時代演進過程的新增習俗。

【表4-1：誕生後禮俗內容】

	主角 / 人物	禮俗內容
誕生後	產婦 / 新生兒	報酒報喜、催（斷）臍、三朝洗兒 謝神、拜公媽、號名、覕禮壓米 做月內、滿月、剃頭、四月日、度晬 排八字、飼囝習俗禁忌、飼囝歌謠、翕相

一、誕生後禮俗—報酒報喜、三朝洗兒、催（斷）臍

1.報酒報喜

報酒，也稱「報喜」，是過往在通訊器材不發達時代的一種通報方式。過往文獻來看，有說生男孩時，新生兒父親才前往娘家報酒，不過也有說不分性別，只要新生兒出生就會報喜。

日治時期《語苑》雜誌中，臺南三宅生介紹報喜日子有12日、20日、24日外家報喜（pò hí，意思同「報外家」pò guā-

---

2　陳志昌，〈初探南瀛地區嬰幼兒生育禮俗之存與變〉載於《2104第四屆南瀛學學術研討會論文集》(臺南：臺南縣政府文化局，2014)，頁211。

ke，告知產婦的原生家庭）。戰後則在民國46年（1957）《臺南縣志稿 卷二人民志》，莊松林[3]委員撰寫〈第四篇風俗〉，文章中載寫了戰後南瀛地區人民生活習慣、禮俗、歲時、娛樂等民風，提到生育禮俗行事為外家親姆踏巢、生產、報喜、做三日（剃頭）、做月內、做滿月、做四月日、做度晬等[4]。涂順從《南瀛生命禮俗誌》及《安平區志》中，記載提到有臺南縣區域、臺南安平聽過3天報喜，但現在生活因通訊器材科技進步，親人聯絡快速即時，仰賴人工前往報喜的「三朝報酒」已消失不辦理。

2.催（斷）臍

日治舊俗調查提到生產婆用粗紙搵麻油，擦拭新生兒後以剪刀鉸斷衣帶（臍帶），以些許棉花加上明礬粉放在臍帶傷口上，再以紅絲線、苧仔絲或麻繩等綁嬰兒臍帶稱「轉臍」[5]。轉臍，也稱「斷臍」，是新生兒生產下來，將之與母體落下胎盤分離的動作，以手指擠出臍帶內血液，後轉緊臍帶才綁上絲線，臺語也稱「催臍」（tshui-tsâi），日治文獻提到臺南地區生完後3日，拾子媽洗兒後，會進行催臍，然後再讓長輩將新生

3　莊松林，字朱鋒，日昭和34年（1910）生，卒於民國63年（1974），世居府城臺南市。曾追隨蔡培火、韓石泉等參加臺灣文化協會。戰後任職中國國民黨，曾受聘臺南縣、臺南市文獻委員會委員，協助修纂志書。陳奮雄主編，《臺南市文獻半世紀》（臺南：臺南市文獻委員會，2003），頁192。

4　莊松林，〈第四篇風俗〉，收於洪波浪、吳新榮編，《臺南縣志稿 卷二人民志》（臺南：臺南縣文獻委員會，1957），頁92~93。民國69年（1980）由臺南縣政府出版《臺南縣志 卷二人民志》內容與《臺南縣志稿 卷二人民志》相同。

5　三宅生，〈舊慣用語（其十四）〉，收於《語苑》16卷10期（臺北：臺灣語通信研究會，大正12年10月15日），頁10~12。

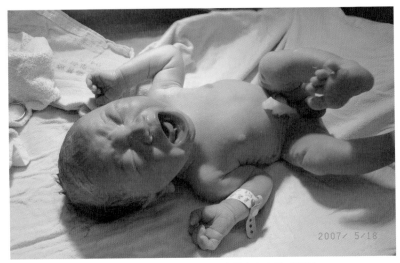

兒抱到公媽廳拜神明、祖先[6]。

　　過去常因為尚沒有微生物的概念，所以常有消毒不完全或是產婆手部清潔不完全，造成產婦產褥熱。此一生產過程多已在現代醫院處理，且多使用消毒過的醫療器材及臍帶夾來處理臍帶（圖4-1-1），降低相當多感染機率。

3.三朝洗兒

　　「三朝」，也稱為「洗三」，過往剛出身的嬰兒不立即洗澡，只以麻油擦拭皮膚上的胎脂，且不穿衣服，只以軟紙或破衣服包裹身軀，一直到新生兒出生3天後，才正式進行沐浴儀式，

6　三宅生，〈舊慣用語(其十六)〉，收於《語苑》16卷12期（臺北：臺灣語通信研究會，大正12年12月15日），頁19。

臺南生育禮俗

也就是第一次洗身軀、換新衣，這就是所謂的「三朝之禮」。

在傳統醫學典籍中，如唐・孫思邈《備急千金要方》、宋・劉昉《幼幼新書》等諸多醫典均有提及藥方浴兒及俗禮三日浴兒等做法差異，但聚焦在臺灣地域，我們可以從日本人的慣習調查看到諸多那時還可見到的習俗。在《臺灣慣習記事》中，新樹〈懷妊及出產に關する雜話(續き)〉描述說「在本島無對嬰兒使用產湯習俗，僅以浸湯之布片，拭淨嬰兒全身而已。[7]」或是鈴木清一郎《臺灣舊慣冠婚葬祭と年中行事》：「剛生下來的嬰兒，並不是用熱水來洗，而是用軟紙或軟布，蘸著熱水擦拭，然後用麻油塗抹全身[8]。」都可看到臺灣人處理剛生下來嬰兒的方式，以熱水擦拭，頂多加上麻油塗抹而已，並沒有使用任何的清潔劑。

在舉行「三朝之禮」時，以前大多由抾囝母（khioh-kiánn-bú，產婆）來執行，也有由家中年長婦人或有經驗之女性長輩，為嬰兒洗身軀，此即古時生育禮俗中非常重要的一個儀式。當日會在新生兒沐浴的澡盆之中，加入水煮桂花心、柑橘葉、龍眼葉等（象徵富貴、吉祥、子孫滿堂），並且在澡盆內放入一個比較大的圓卵石（象徵孩子將來有膽、勇敢），洗澡時必須在嬰兒胸前輕拍、滾動或搓洗三下，稱為「做膽」，以示將來不易「著驚」。此外，民間也有人放入 3 粒小石頭，意為「頭

---

7 新樹，〈懷妊及出產に關する雜話(續き)〉，收於臺灣慣習研究會編《臺灣慣習記事第二卷第九號》(出版地不詳，明治35年9月23日)，頁53。
8 鈴木清一郎，《臺灣舊慣冠婚葬祭と年中行事》(臺北：古亭書屋，1975)，頁112。

殼」，希望小朋友頭部能早日如石頭般堅硬；也有人放入 12 枚銅錢，希望小朋友將來可以發大財（圖 4-1-2）。其後，家中大小都要分得一個雞蛋，表示家人以後都會對小生命如母雞孵小雞般疼愛，這也是

過往所謂「三朝蛋」之由來。據鈴木清一郎《臺灣舊慣習俗信仰》載：「三朝之禮：到了產後第三天，就要再把拾子婆（收生婆）請來，用桂花心（木樨花心）和柑葉（橘葉或龍眼葉）與小石一個放進水裡煮開，晾涼後給嬰兒洗澡，洗完就穿上新衣。所以要用柑葉和龍眼葉，是為了祈求這孩子長大以後，作人能像橘子或龍眼那樣柑，而事業或子孫也要像龍眼和橘子那樣繁榮，用石頭是希望這個孩子以後能膽大如石，可見一切都是在討吉利，並非基於衛生保健等理由。[9]」

　　「三朝」也跟哺乳有關，池田敏雄《臺灣の家庭生活》詳細地描述：

9　鈴木清一郎著，馮作民譯，《臺灣舊慣習俗信仰》（臺北：眾文圖書，2000），頁104。

臺南生育禮俗

產後第三天稱為「三朝」,「三朝」這天是嬰兒餵乳的第一天,如果是男嬰就要請生女嬰的婦女來餵奶,如果是女嬰就要請生男嬰的婦女來餵奶,傳說這樣將來婚事才會早日達成。但是要找產後四個月以上的婦女,而不能找產後四個月以內的婦女,因為會造成「喜沖喜」的忌諱。此時以蔥浸泡之米湯來擦拭乳頭後才可餵乳[10]。

在生理發展上,嬰兒在媽媽子宮中成長時,被羊水包圍,胎兒的皮膚由胎脂(vernix caseosa)保護,以預防細菌入侵和羊水浸潤,保護胎兒皮膚免於受到傷害[11]。出生後,嬰兒因為呼吸、排汗、大小便,這些活動都將失去水分,另一方面是還沒學會怎麼好吸奶,無法充分補充水份來源,加上嬰兒的相對體表面積比成人大,因此自體表蒸散的水分自然較多,所以會有「生理性脫水」現象,統計數字呈現約出生後3~4天體重會脫水減輕5~10%[12]。加上沒有被擦除或經皮膚吸收掉的剩餘胎脂將會乾燥硬化,此時脫水後皮膚張力減退,將出現皺摺、乾燥及脫皮,尤其在腳、腳踝和手部,這在嬰兒外觀上自然是一派乾乾髒髒的模樣(圖4-1-3)。

推測前人在嬰兒產後的照顧經驗上,對應這種自然的生理

---

10 池田敏雄,〈臺灣の家庭生活〉(臺北:東都書籍會社臺北支店,1944),頁242~243。
11 林素瑛、高美玲,〈胎脂對於新生兒的角色與功能〉,收於《助產雜誌》第54期(臺北:臺灣助產協會,2012),頁1~3。
12 郭靜晃,《兒童發展與保育》(臺北:威仕曼文化事業,2005),頁154。

變化現象，延續生產過程的諸多血水等不潔之物，相信這是身體與不潔之間的接觸傳染關係[13]，因為髒污而有了潔淨的概念，所以必須將自生產過程的髒污不潔去除。

■ 圖4-1-3　嬰兒脫皮的樣子（陳志昌／攝影）

配合3天後嬰兒的生理變化，因而在第三天而產生「三朝洗兒」、「三朝剃頭[14]」的概念，附加柑葉、芙蓉、茉草、龍眼葉等香浴概念，將頭髮、胎毛都一併視為受污染而剃除[15]，這就是莊松林所言「生後第三日為嬰兒剃頭以消除諸毒[16]」的概念。而且在化學清潔劑不普及的社會，多半仰賴自然物來清潔。附著在皮膚的胎脂不溶於水，若僅以溫水清洗，則不足洗去胎脂，因此以被傳統視為溫補形象的麻油來擦拭，一來油與脂互溶，乾屑狀皮膚將可以呈現光滑的觸感；二來麻油溫補身體，甚至是有益皮膚的民俗療法形象，更可強化賦予健康的期待（圖4-1-4）。

13　弗雷澤（Frazer, J.G.）著，汪培基譯，《金枝（上）》（臺北：桂冠圖書，2004），頁317~318。
14　莊松林，〈第四篇風俗〉，收於洪波浪、吳新榮編，《臺南縣志稿 卷二人民志》，頁92。
15　三宅生，〈舊慣用語（其十六）〉，《語苑》16卷12期，頁21~22。
16　莊松林，〈第四篇風俗〉，收於洪波浪、吳新榮編，《臺南縣志稿 卷二人民志》，頁92。

臺南生育禮俗

在戰後的志書及書籍調查顯示,「做三朝」在戰後就幾乎消逝不見,涂順從《南瀛生命禮俗誌》及李豐楙《慶典禮俗》都提到醫院、護士的角色做為介入並取代的說法[17]。若以《吳新榮日記全集》來看,吳新榮的6子2女是請

■ 圖4-1-4　現代洗兒(陳志昌/攝影)

產婆、助產士在家生產,但到1959年長孫出生則已改變成在臺南醫院。生產空間的改變可以見證醫療產業介入妊娠生產的過程,這牽涉到生產是否為醫療行為的認定,但並非本文重點,故暫且不論。

「做三朝」此一生理性生育禮俗,在面對現代化醫療形象的建立及各種化學清潔劑的出現,原本在家中空間生產的模式,逐漸改成為在醫療空間;原本拾子媽(傳統產婆)或家中有經驗婦女的協助模式,改變成現在的醫師或護理師角色的主導;原本洗滌潔淨的儀式性行為,也得面對到修正改變的情形。可以這樣說,在夾雜現代化科學知識體系的西式醫療進入生活,並且在現有健保制度的醫療體系之下,自然生產的孕婦自入院待產,到產後3天出院,嬰兒則在出生後,馬上由醫療

17　涂順從,《南瀛生命禮俗誌》,頁97。李豐楙,《慶典禮俗》,頁42。

人員接手評估，並代為清潔照顧[18]。原有做三朝的儀式，已經改變進而消逝，改變的是度過潔淨儀式轉換為醫療場所及醫療從業人員來處理的「新做三朝」了。

二、誕生後禮俗—謝神、拜公媽、號名、覡禮壓米

（一）謝神、拜公媽

1.謝神

如果是在產婦生產前，即有向神明許願，新生兒誕生後，需擇吉日準備牲禮、鮮花、素果等前往答謝神明。也有在平安生產當日，以清香向神明或蒼天感謝之禮（圖4-2-1）。謝神之禮，端看家屬的心意。

有一說是要在「三朝之禮」為新生兒沐浴更衣、剃頭後，待新生兒身上曾沾染血水的毛髮剃除後，由祖母或母親抱著嬰兒到家

■ 圖4-2-1　敬謝上蒼（陳志昌/攝影）

---

18 林素瑛、高美玲，〈胎脂對於新生兒的角色與功能〉，收於《助產雜誌》第54期，頁7。

中的神明廳祭祖敬神，供品包括雞酒、油飯、牲禮。不過筆者也聽過一說是神明威力顯赫，不懼汙穢的血光，所以不一定要剃頭後才拜神明。

2.拜公媽

祭祖是為了告知祖先家中增添新兒，正式啟稟祖先嬰兒的稱號，代表先祖傳嗣有後，家族香火的延續；並且也進房祭拜床母，因為民間相信嬰兒出生後由床母擔任守護神，可以庇佑寶寶能健康成長。[19]這時牲禮中的雞隻，其腳必須直伸，不可折彎，與平日祭祀之雞腳必須倒折彎曲並塞入雞腹內不同，即俗稱的「腳長，有食福[20]」。且做三朝敬神斟酒時，亦與平時不同，平時祭祀是分三次斟酒，此時必須一次斟滿，意謂嬰兒不會常常撒尿[21]。民間並流傳在三朝時要「絭驚」（the-kiann），就是在小孩出生第三日也進行要壓驚儀式，就是將爸爸的鞋子放在小孩的胸前，並念「免驚、免驚，這是阿爸的跤步聲。」

（二）號名

姓名對個人而言，是一種稱謂，也是種用來鑑別他我的符號象徵。「姓」是血緣家族對外的標識，是社會群體與群體之間區分的符號，是人賴以行世不可動的；「名」是對血緣家族內，區分長幼尊卑的稱呼，是親族個人對個人之間劃分的標

---

19 池田敏雄，《臺灣の家庭生活》（臺北市：東都書籍株式會社臺北支店，1944），頁242。
20 何聯奎，《臺灣風土志》（臺北：臺灣中華書局，1989），頁71。
21 戴文鋒，《東山鄉志》（臺南：東山鄉公所，2010），頁579。

識，可因不同身分而有新增，是可動的。所以「姓」與「名」可用來稱呼提點人際溝通，而這可動與不可動之間，更蘊藏著人際互動及社會階層關係。正因為一個人的姓名是自誕生後即給予稱呼，民俗上多認為有其需遵守之生育禮俗，因此也存在著一些禁忌與避諱，而這些禁忌與避諱自然演變成對取名時的隱晦及避忌。

傳統漢人社會認為人的誕生，蘊涵著與生俱來的自然力量，依照其出生時間的序位，可以列出生辰四柱，排出八字干支，而這些八字中，各自具有陰陽及五行屬性，這是傳統漢人社會認知的人體小宇宙對比自然大宇宙的思想延伸，而這些思想在後世命理學家建構的理論中，是可以對應到個人的命、運、風水、陰德、讀書、名、相等關係之中。自此一個沒有名字的自然人，將會變成一個有姓有名的社會人，所以「命名」也是生育禮俗中，相當重要的一個階段。臺灣人如何命名，尤其是針對新生兒命名分類，臺灣慣習研究會出版的《臺灣慣習記事》有簡略提及，新樹〈有關懷孕及分娩之雜話（續）〉一文提到：

命名：為嬰兒命名，多在出生後第三日，或在當日者，並無特別規定之日期，而為其嬰兒命取之名，俗稱乳名（乳名之外，亦有另取命名字者，此係及至幼童初入學，由讀書先生依典故為之撰取者），一般命取乳名似不甚用意，多隨意命取，

臺南生育禮俗

即所謂：「儘採號」（即隨便取之意）[22]。

　　新樹觀察到一般民眾在新生兒出生後取乳名的過程，乳名之外，另有入私塾讀書後所取的讀冊名，此一文所敘述的命名方式可見家人對於孩童在家中所使用的乳名命取的隨性態度。對於臺灣人命名新生兒的分類方式，片岡巖列舉7項，是為依景色、地名、應夢、神托、厭勝、假物、典故等命名方法[23]。鈴木清一郎則將臺灣人命名的方式擴充分成五行命名、倫序命名、觸景命名、指定命名、應夢命名、託庇命名、厭勝命名、型態命名、賦性命名、假物命名、美詞命名或典故命名、照父母希望和其他用意的命名、查媒嫺（女婢）命名等13細項。相當仔細地將臺灣人的命名進行分類，也可以看到命名上的多元邏輯，由此我們不難看出對於臺灣人來說一個名字背後所代表的深厚意義。

　　1905年起，臺灣總督府進行戶籍資料及個人調查資料的建檔，對於個人的姓名則擬以簡單化，便於行政管理。1906年〈臺灣人戶籍申請規則〉頒布後，對於登錄在戶口調查簿中的姓名欄規定是，一人只登記一名，從每人乳名、土名、書名、官章、字、號或別號中，選用一名字登記於戶口調查簿中，以後不得任意更改。特殊情形要更改姓名的，必須是因同名或職業

22　新樹〈有關懷孕及分娩之雜話（續）〉，收於臺灣慣習研究會編，黃連財等譯《臺灣慣習記事（中譯本）・第二卷下》，第八號，（臺中：臺灣省文獻委員會，1987），頁124。

23　片岡巖著、陳金田譯，《臺灣風俗誌》（臺北：眾文，1987），頁7。

關係，須經本籍地官署許可，才准予更動。[24] 日治戶籍法規定嬰兒須於出生10日內報戶口[25]，採登記單一姓名制，且不易更改。由於姓名用以傳世，茲事體大，臺灣人對新生兒命名的態度出現改變，逐漸出現相當謹慎的做法，因此「為了給嬰兒取個好名，往往要花上半個月或一個月的時間。[26]」

　　另在臺灣民間的生育習俗中，新生兒的一生命盤排定之後，若遇到命不好的小孩時，則可能取用低俗憎穢的文字，以求厭勝消災，讓小孩可以順利長大[27]。若名字已經取好，但小兒多病「歹育飼[28]」，則改名也是可行，在黃連發〈兒童與習俗〉一文記載：

　　歹育飼的孩子是惡鬼病魔所喜愛的對象，如果改一個令人厭惡的名號，鬼魔也會不喜歡而退卻，這是一般人的觀念。……。或另取綽號不叫本名，效果都一樣[29]。

　　這些不好聽的名或綽號，例如：乞食、屎尿、狗屎、豬屎、憨、笨、醜、罔市、罔腰…等[30]，都是生活週遭可見。綜合厭勝

24　洪汝茂總編，《日治時期戶籍登記法律及用語編譯》（臺中：臺中縣政府，2001），頁45。

25　同上註，頁19~20。

26　鈴木清一郎著，馮做民譯《臺灣舊慣習俗信仰》（臺北：眾文，2000），頁97。

27　同上註，頁100~101。

28　黃連發〈兒童與習俗〉，收錄於《民俗臺灣・第二輯》（臺北：武陵，1990），頁132。

29　同上註。

30　鈴木清一郎著，馮作民譯《臺灣舊慣習俗信仰》，頁100~101。黃連發〈兒童與習俗〉，收錄於《民俗臺灣・第二輯》，頁132。田井輝雄〈臺灣人之姓名趣譚〉，收錄於《民俗臺灣・第四輯》（臺北：武陵，1990），頁191。

命名情形來看，除了是小兒命運欠佳之外，另有一目的是在讓邪神妖魔厭惡閃避[31]，避免殃災，所以也不全然一定是經算命所影響，這種厭勝取名某種程度在當時社會平民之中，已形成一種社會信俗[32]，透過這種臺灣民間生育習俗當中的生活信俗，可以知道不論是五行取名或是厭勝取名，目的均是在寄名避兇，以求孩童順利成長。

有關此一命名文化，較為值得一書的府城地方特色在於臺南白惠文姓名學所帶來的風潮。臺南州廳勸業課書記白玉光在1933年入東京五聖閣熊崎健翁處研習命理學（包括姓名學），並且在1936年於臺南市白金町三丁目七番地（今臺南市民族路二段221號）開設「興運閣」，以「白惠文」為名號，正式以命理選擇術來謀生，後來漸為人知的姓名學僅是掛名批問項目其中之一。經過熊崎健翁的首肯，同年白氏將日文《姓名の神秘》翻譯成漢文《熊崎氏姓名學之神秘》一書，正式將熊崎健翁的姓名學介紹給臺灣民眾。白惠文所開設的興運閣原本僅是臺南市街中一家舖面，在姓名學書籍的出版後，因姓名學獨特的招牌異於臺灣傳統命理術數，又加上他翻譯熊崎氏姓名學書籍傳市，因而聲名大噪[33]。而且白氏的命理選擇術書籍出版後，廣受

31 同上註。

32 依戴文鋒〈日治晚期的民俗議題與臺灣民俗學—以《民俗臺灣》為分析場域〉一文，論述對禁忌與信俗的區隔，命名取字之隱避，實是因心忌，但無實禁，不成一強烈的禁止之事，故以「生活信俗」來稱呼較為合理洽當。戴文鋒〈日治晚期的民俗議題與臺灣民俗學—以《民俗臺灣》為分析場域〉（國立中正大學歷史研究所博士論文，1999），頁62~63。

33 陳志昌，〈臺灣姓名學文化初探—兼論臺南白惠文姓名學知識引領之風潮〉，2010南臺灣歷史與文化研討會，未出版。

歡迎，更由於其活躍表現，以往在官場上建立的人脈，此時化為助力，登門垂問者更是絡繹不絕。知名臺語歌手洪一峰（本名洪文路），在他接受訪問時即提及，「一峰」此一藝名，乃由臺南白惠文命理師排命後建議使用[34]。由此不難窺見，白惠文姓名學已在臺南造成相當的風潮，並造成諸多新生兒命名或改名時，皆考量讓算命師一卜，以取得行世趨吉的好名字。

白惠文姓名學內容後來被臺灣民間的農民曆業者所吸收，筆者將白惠文的《熊崎氏姓名學之神秘》「八十一靈動數[35]」比對民曆文本「姓名、商店號字劃吉凶數[36]」的內容，發現民曆受白氏書籍影響甚多。筆者相比較，雖然兩者描述的文字內容稍稍有差異，但是比較之下對1至81筆劃的吉凶內容及文字描述卻是相似度相當高。並若就文本的出版時間來看，推測農民曆抄襲白氏姓名學書籍的情形相當明顯，並由農民曆大量流傳的方式，姓名學也就由臺南傳出，逐漸影響各地。

3. 眂禮壓米

過往社會物資較不若現代充裕，新生兒家庭會製作油飯眂親友、鄰居，而在禮尚往來的習俗上，收到油飯的人家，多半會回贈白米，稱「壓米」。[37]今日此種習俗已經較鮮為人知。

---

34 鄭恆隆、郭麗娟，《臺灣歌謠臉譜》（臺北：玉山社，2004），頁236~237。
35 白惠文《姓名學之奧秘》（臺中：瑞成書局，1996），頁124。
36 孫坤田《臺灣農民曆》（臺南：學理，1973）。
37 三宅生，〈舊慣用語（其十六）〉，《語苑》16卷12期，頁20。

■ 圖4-2-2　白惠文《姓名學之奧祕》　　　■ 圖4-2-3　白惠文像（陳志昌／翻攝）

三、誕生後禮俗—做月內、滿月、剃頭、四月日、度晬

1.做月內

臺灣話的「做月內（tsò-gueh-lāi）」是指婦女從生產到孩子出生滿月，待在單獨的月子房內，中文稱「做月子」。由於生產過程極為辛苦，利用這整整一個月期，使生產後的虛弱身體得到充分休息，也讓產婦可以跟新生兒好好認識，培養出哺乳的互動模式。臺灣民間極為重視產婦的做月子，老一輩常云：「月內食一喙，較贏月外食甲畏，」希望產婦能把握「月內」的調理，讓身體可以一次補個夠。日治時期的調查資料，可以看到對於做月內著墨甚多，多半提到產婦後頭（娘家）或其他親

友在收到誕生喜訊之後，會提著雞隻、豬肝、豬腰子（腎臟）、鮮魚等物品來給產婦做月內[38]。

　　做月內雖是眾所皆知的習俗，但卻不一定是人人可遵行。筆者曾在麻豆採訪到老婦，清楚地描述在過去經濟不充裕年代，孕婦仍需幫忙農事，自己的阿姨就曾在農田邊獨力生產經驗，而且家裡事物都需人手，所以也沒有做月內，休息幾天就開始下田農忙。可以知道這廣為人知的做月內習俗，還是要視家庭狀況而定，絕非人人可以體驗遵守，習俗運作背後，還是需要充裕經濟基礎及人力協助的。

　　由於做月內時，產婦後頭（娘家）為疼惜女兒的身體，如果經濟允許，加上考量雙邊姻親的情誼，多半會餽贈許多做月內物資，因而衍生出種俗諺：「頭胎、二胎食外家。」這種俗諺的產生，其實是社會經濟富庶，加上娘家對於嫁出去的女兒的關愛，又考量姻親的看法，實在無法名正言順地宣示當女兒得靠山，因為只能藉著豐厚的禮物來隱喻。所以自生產後，娘家就在每次重要的時刻出現，並一定帶著禮品前來，在做月內階段，娘家帶來的是麻油、雞隻、豬肝、腰子、鮮魚…等用來進補的食品。或是在做三朝、滿月、四月日、度晬等階段，帶來的是給嬰兒的自頭到腳的「頭尾禮」，甚或金飾、錶鏈等皆是常見，禮品中不同時間也同時有滿月紅圓、四月紅桃、度晬紅龜等傳統吉祥禮物的搭配，因此才會有「頭胎、二胎，食外家」

---

38 三宅生，〈舊慣用語(其十六)〉，《語苑》16卷12期，頁21~22。鈴木清一郎著，馮作民譯《臺灣舊慣習俗信仰》，頁105~106。

■ 圖4-3-1　中藥材配製的生化湯

的說法出現。但後人過度衍生認為產婦做月內都是要由娘家負責的訛誤說法，多誤解以為是強制性風俗，而忘了這是種親情間關愛的表現，過度解釋往往造成姻親雙方的不悅，造成大眾對習俗的誤解。以下將今日臺南常見的做月內方法及相關禁忌詳加介紹。

（1）做月內方法及物品

產婦生產時耗費許多體力，正好利用「月內」從飲食與生活做息上做調理，使身體早日恢復如昔。一般產婦直接在夫家做月子，由家人替產婦補身體，尤其在生產後，馬上吃下兩顆雞蛋或一碗蛋花湯來「壓腹（ 䩛腹 teh-pak）」，就是希望產婦能迅速補充體力，也希望下次能像母雞生蛋一樣快又順利。另外還準備中藥的生化湯（圖4-3-1），俗稱「壓腹藥」，服用5~7帖，使子宮收縮排出殘留污血，讓母體早日恢復正常。

民間認為產後3天，產婦可以開始食用麻油雞（圖4-3-2），有些地方甚至有種說法：生女兒吃公雞（雞觸ke-kak），生兒子則吃母雞（雞健仔ke-nuā-á）。家中若有女性懷孕，常會為了做月子而準備，如：預先飼養雞隻、購買麻油、預購豬內臟等。麻油被認為是種溫補滋養的物品，相關製品廣泛地被認知為是種補品，如：麻油雞、麻油煎蛋、麻油飯、麻油麵線湯、麻油腰子等。民間相信麻油性溫熱，薑母能去風，為免產婦染上「月內風」，所以月內的食物都以麻油、薑母佐以米酒拌炒。有些地方認為：「鹽能生風」，所以都不加或少許添加鹽來調味。另外一說，產婦不宜吃生冷的食物如青菜、西瓜、蘿蔔。有些地方在坐月子的最後一天時，以整隻雞一起煮（要看到頭、腳、翅膀），象徵表示產婦全身上下通通都有補到。

　　做月內期間，新生兒的吸吮乳汁也是一項重要生養事務（圖4-3-3），坊間俗傳產婦生產後3天，用生蔥來回摩擦產婦乳頭，可加速乳房軟化，也讓孩子能順利吸吮。此外，為求產婦能有充沛的乳汁，以供給嬰兒養分，還會準備鮮魚湯、花生豬腳湯以刺激乳腺暢通。又據傳蒲草，對於產後乳水分泌也有幫助，所以有「乳草」之稱，如《東瀛識略》所載：「蒲草，似莞而扁，春生於水涯，滑而堅韌，可為席，摺疊不少損，且沁汗乳；草附地而生，枝細葉紅，背微紅；婦人乳少，和肉煮食能多乳，或云未孕者食之亦流乳汁。」另民間有種過去編織草蓆用的蓪草（也稱鹹草、通脫木、花草），其白色的蓪草心被視為可用於利尿通乳等功效。

　　七〇年代坊間出現種說法，認為產婦不宜喝生冷開水，所

臺南生育禮俗

■ 圖4-3-2　麻油雞酒（陳志昌/攝影）

以就用龍眼茶代替，以免腹
部變大，且水和冷飲也會讓
產婦得「月內風」（gueh-lāi-
hong）。漢醫莊淑旂《坐月子
的方法》提出：調理產婦食
物時以酒代替水，喝「米酒

■ 圖4-3-3　哺乳為做月內期間重要的
親子互動（陳志昌/攝影）

水」，即是將米酒加熱，滾了之後，讓酒精揮發，口渴時服用，
可以保持產後血液循環之良好[39]。這套理論在1993年後引起一
陣轟動，帶動民間私釀米酒水的風潮，而臺灣菸酒股份有限公
司因應社會需求在2002年7月推出1%酒精濃度的米酒水，供
給烹煮及做月內習俗[40]。只是由科學實驗證明，酒類製品並無法
經過煮沸動作來完全去除，多少還是有殘留酒精，而過多酒精
會影響泌乳激素的分泌，讓乳汁分泌較少。

39　莊淑旂，《坐月子的方法》（臺北：廣和出版社，1993），頁30~50。
40　陸倩瑤，〈米酒水，烹煮用〉，《聯合報》中華民國92年6月22日，第6版。

（2）做月子的禁忌

做月子的禁忌相當多，除了飲食類，如：辛辣燥熱食物如：辣椒、茴香、韭菜、大蒜及各種油炸、炒乾食物，加重口乾、便秘、痔瘡等癥狀而有忌諱。民俗傳統更將許多血水的象徵延伸，將做月子婦女身體的排泄物都是不潔骯髒的，因此做月子的產婦相關的人物、空間也被視為不潔，進而產生了許多的坐月子禁忌：

（a）**忌月內婦進入別人家中**：由於產婦月內污血未退盡、穢氣太重，到別人家裡恐會屋處犯別人家的門楣（門神或家神），如果不知忌諱，俗傳他將來死後，就算做鬼也要去洗人家的門檻，所以被列為禁忌行為。

（b）**婦月內忌進入寺廟**：寺廟乃神聖之地，產婦以不潔之身前往廟宇祭拜會褻瀆神明，若遭神明怪罪，會使產婦與幼兒遭殃。

（c）**月內忌參加祭祀**：祭祀乃在求神明或祖先保佑，產婦以不潔之身參與祭祀，可能冒犯神明或祖先，而使祭祀失效，甚至招致禍害。

（d）**產婦月內忌夜間外出**：由於夜間乃鬼煞出沒頻繁之時，所以避免產婦不潔之身觸犯各路鬼煞，將危及產婦及幼兒，如果必須要出門就一定以帽子遮蔽或撐傘。

（e）**產婦及新生兒出月內房可配戴芙蓉**：由於月內房被認為是不潔之處，因此即使在做完月子後，當產婦及新生兒要出月內房時，為了避免將之前月內房的不潔之氣帶出，可在身上配戴具有避邪作用的芙蓉，在出門後就將芙蓉丟棄。

臺南生育禮俗

（f）**不可在月內洗浴**：由於擔心產婦因罹患風寒而感染「月內風」，所以月內期間不可以洗澡，僅可稍微擦洗，且須用熱水不可用冷水；此外，尤忌洗頭，因為洗頭容易感冒而得「頭風」，以致日後常常頭疼。不過，也有利用月內聖品－大風草（艾納香），將之煮成開水後洗澡洗頭，也有利於驅風邪避寒。

（g）**不可炊粿**：產婦不可炊粿，否則炊粿不熟，因「粿」與「貴」諧音，貴氣之物，不能由不潔之人完成，否則也會做不好。

（h）**不可以提重物、蹲站**：在子宮復原之前，不可以提重物，吃東西時不可以蹲著或站著，否則會導致子宮拖垂（俗名落生腸），致年長時會引起小便失禁等病症。

（i）**不可看書、縫紉、刺繡、哭泣**：中醫認為產後婦女全身器官功能受損，眼睛亦不例外，所以產後繼續使用眼力，包括看書和哭，都可能造成日後視力受損。

（j）**不可以站著或蹲著吃飯**：產婦在生產之後，身體尚未完整恢復，因此吃東西要坐著吃，否則不利於子宮良好恢復，或可能造成身體衰弱，經常有感冒咳嗽的症狀。

（k）**不可以餵養家鵝**：人們認為鵝糞性毒，月內婦人若有餵養鵝的行為，將可能採到鵝糞，將鵝糞毒氣傳染及將出痘的嬰兒，造成嬰兒的生命危險。

（l）**月內忌與家人同桌**：傳統家人吃飯場所，通常都在廚房，而廚房為關係一家興衰的灶神所在，所以為避免產婦褻瀆灶神，所以禁止產婦與家人通桌共食。

（m）**月內性禁忌**：早期性禁忌之說，導因於婦女產後有大

量惡露排出，人們認為做月子的婦女是「髒的、污穢的」，丈夫與其接觸會倒楣，因此遵守性禁忌原則。然而以今日醫學觀點而言，生產導致的會陰傷口，約需6星期才能逐漸復原，為了避免會陰傷口的感染，因而建議於6星期後才進行性行為，以維護婦女身體健康。

（n）月內忌以手觸嬰兒眼睛或打小孩：俗信身體使力過勁時，手指頭較具毒性，月內婦人在生產時以全身使勁，所以嬰兒出生後，就不得以手接觸他的眼睛，否則將導致嬰兒有紅眼的情況；也不可以打小孩，否則被打的小孩會變「蠻皮（bān-phuê」（冥頑不靈），以後就不好教育。

（o）月內忌「沖喜」：月內婦忌見產婦、月內婦，更不可互相賀喜，以免「喜沖喜」；又生重病者或戴孝者更不可與月內婦互動，以免發生「凶沖喜」。

（p）月內房附近不可清除鍋底黑煙或劈材：月內房為產婦及新生兒的居所，所以務必保持清潔乾淨，一方面讓產婦安心靜養，另方面嬰兒尚未度晬（滿周歲），容易受到驚嚇。因此基於這兩個原因，民間乃有不准他人在月內房附近清除鍋底黑煙或劈材的忌諱。因為刮除鍋底黑煙會發出尖銳刺耳的聲音，劈材亦如巨然轟響，且基於「外向內感」的傳統避諱，也對月內婦人及嬰兒不利。

（q）閒雜人等及生肖屬虎之人忌入月內房：由於嬰兒受胎神保護，若閒雜人等或生肖屬虎之人出入月內防，恐將冒犯胎神，將使嬰兒受到傷害。

（r）到月內房禁止帶鮮花或頭戴鮮花：傳統上認為嬰兒是

花，花與花相沖，對嬰兒的眼睛不好，不過若按照現代醫學觀點來看，由於鮮花是過敏源，因此可能主要是避免發生嬰兒過敏的問題。

（s）**產婦月內忌吃生冷食物**：月內婦人最忌諱的是「月內風」，由於產婦生產時流出許多污血，在元氣大傷下，就要在月內這段時間內充分調養，所以不得吃生冷食物，像是白菜、蘿蔔、梨子之類，都在月內飲食禁止之列。

（t）**產婦月內忌吃鹽**：由於俗信「鹽會生風」，所以月內婦人所吃喝的，禁止加鹽，否則產婦會有水腫情況，所以僅能以麻油、薑母、微量米酒調味。其中民間認為薑母因有「去風」的功效，所以對懼怕感染月內風的婦人而言，就成為此時的必加物品。

（u）**忌送鴨給產婦做月內**：由於鴨子終年棲息在水邊，又在水裡產卵，吃的都是水中魚蝦等冷性東西，因此屬於寒性且毒，因此不適合做為月內人的食物。

（v）**產婦在第二胎嬰兒出生後**，應將小孩置於床上，再煮兩個紅蛋，由床的一邊慢丟至另一邊，然後剝殼交由較大的孩子吃，以求較大的孩子能不黏人，使母親能專心照顧嬰兒。

（w）**產婦在第二胎坐月子時**，所吃的食物不能分給老大吃，俗信若分小孩吃月內食物，會變得比較黏母親。

2.滿月

嬰兒出生滿一個月稱之為滿月或彌月。習俗認為產婦和嬰兒，都要一直待在產房內，不可外出，並謹守調養身體的各項方法，以確保產婦的身體能夠完全調養恢復。直到滿月之日，

母子才可步出產房，此稱為「出月子」，從此日起，產婦的生活要逐步恢復正常（圖4-3-4）。

■ 圖4-3-4　滿月時產婦後頭（娘家）贈禮紅包掛滿新生兒身上（陳志昌/攝影）

今日常見滿月的生育禮俗為「送頭尾禮」、「剃頭」。送頭尾禮也有人稱「滿月禮」，是該日後頭（娘家）送來給產婦「做月內」的補品及準備6或12項禮給新生兒「做滿月」的禮品。據片岡巖《臺灣風俗誌》記載：「滿月這日，親友為了慶賀，會贈送嬰兒之衣服、帽子、鞋子、銀牌、芭蕉、臘燭、紅龜、紅餅等，稱為『送滿月禮』。[41]」所贈與的禮品從嬰兒頭上戴的帽子、身上穿的衣服、到腳上所穿鞋襪，其他還有金飾、棉被、枕頭、背巾、背裙、搖籃、嬰兒車（椅轎）等（圖4-3-5、4-3-6、4-3-7），完全依照新生兒的需求而準備。由於後頭（娘家）所贈送的賀禮是一份「從頭到腳」的衣服，所以有「送頭尾禮」之稱（圖4-3-8、4-3-9）。而在所贈送的嬰兒衣領背後都會繡上紅色的「卍」字，滿月當天穿上外婆送的新衣服與新帽子，頭插上芙蓉花，預祝孩子未來「好

41　片岡巖《臺灣風俗誌》，頁8。

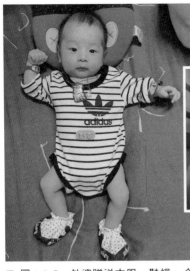

■ 圖4-3-6　金飾掛滿嬰兒小手（葉朱榕／提供）

■ 圖4-3-5　外婆贈送衣服、鞋襪、金飾（黃玉惠／提供）

■ 圖4-3-7　搖籃、椅轎、助步玩具（韓孟志／提供）

■ 圖4-3-8　產婦後頭（娘家）所贈之頭尾禮（陳怡臻／提供）

■ 圖4-3-9　頭尾禮多半是嬰兒用品（葉朱榕/提供）　　■ 圖4-3-10　滿月穿上新衣帽，頭插上芙蓉花（吳建昇/提供）

福榮」的象徵（圖4-3-10）。而送頭尾除在「做滿月」中進行外，講究的娘家也會在「做四月日」及「做度晬」等禮俗中「送頭尾禮[42]。「剃頭」所指是沐浴後，將新生兒身上毛髮剃除，是一種新生兒的潔淨儀式，現代常見滿月時一併處理，但由史料及調查發現剃頭禮的辦理時間有著相當大的變化，並不所有地方都會與滿月重疊，所以後續專文敘述，不在此一併討論。

　　滿月當日新生兒家庭會準備油飯、麻油雞酒供奉神明及祖先，也有謝神者在當日帶著牲禮、紅圓、麻油雞酒與油飯到廟裡謝神（圖4-3-11、4-3-12、4-3-13）。早期家中為慶祝嬰兒滿月，在前幾天就開始忙碌，親自製作油飯、紅蛋、紅圓作為滿月賆禮（hīng-lé），賆油飯（hīng iû-pn̄g）贈予娘家及拿禮物來

42　鈴木清一郎，《臺灣舊慣習俗信仰》，頁114。

臺南生育禮俗

■ 圖 4-3-11　準備豐富供品謝神（陳志昌／攝影）

■ 圖 4-3-12　滿月紅圓（吳建昇／提供）

■ 圖 4-3-13　麻油雞酒與油飯是滿月謝神必備（陳志昌／攝影）

做月內的親友。較講究禮數的還會特別送上一大桶油飯給媒人，經濟優渥家庭還會準備酒席來宴請親朋好友，尤其新生兒是家中的長子長孫之時，此亦稱為「請滿月酒」。過往社會若是生女兒或是次子以下，則不予慶祝，今日社會廣泛認為男女平權，且經濟條件較佳，所以生女兒或次子以下，也常見「請滿月酒」，不限於長子長孫。

戰後臺灣社會變遷，經濟條件改變，滿月覘禮也有改變。滿月時新生兒家庭覘油飯、紅蛋、紅圓是滿月常見之贈謝禮，有些地方則是生兒子覘油飯、2顆紅蛋、1根香蕉（隱喻男性生殖器官），用以讓收禮者得知新生兒性別。後因為糕餅業興盛，加上男孩女孩都很好的平權觀，有些地方生女孩則改送蛋糕，用來分享喜氣（圖4-3-14）。所以綜觀今日臺南，除上述油飯、紅蛋、紅圓、香蕉、蛋糕等，精緻化的現代彌月禮盒，也是常見贈謝親友之賀禮。（圖4-3-15）

此外，過往滿月時，尚有「喝鴟鴞」（huah-lā-hiòh，喊叫老鷹）的風俗。鴟鴞就是老鷹，由祖母雙手抱著嬰兒輕輕往空

■ 圖4-3-14　生女兒的滿月蛋糕（陳志昌/攝影）

■ 圖4-3-15　油飯、紅蛋、蛋糕所組合的彌月蛋糕（吳建昇/提供）

中揚，高喊：「啾－啾」，或是一面唱著：「鴟鴞！鴟鴞！鴟鴞飛上山，囡仔快作官；鴟鴞飛高高，囡仔中狀元；鴟鴞飛低低，囡仔作老爸。」目的是希望藉由趕走老鷹，讓孩子見到天日並增加嬰兒的膽量，也反映出天下父母望子成龍的心態。不過「喝鴟鴞」的習俗早已消失不見，只有文獻記載及較年長的長輩知道尚有聽聞這樣的習俗[43]。

新生兒、產婦為2個主體身分，讓新生兒藉由「做月內」、「剃頭」這些通過儀式，成為被家族或社會所認可一份子；產婦的休養，則牽涉未來生產力及孕產養育方法有關，以婦女「做月內」的過程之結束，強制婦女在隔離、滋補、不修飾、不勞動、宣告等五個層面儀式行為[44]，從養生及醫療方法來調養產婦及嬰兒，強化再生產力及成長力，並淨化污穢的表徵，透過儀式來滌化重整角色身分，重新回到常軌生活之中。是以「滿月」成為生育禮俗中，一個重要的時間點。

3.剃頭禮

剃頭禮儀，多由家中長輩（常見送頭尾禮來的外媽）在家中進行，準備溫水倒入臉盆，再放芙蓉、茉草、煮熟雞蛋、鴨蛋石頭、秤錘、青蔥、芹菜、鉛塊或綠粉等（圖4-3-16、4-3-17、4-3-18）。物品各自隱含有不同的象徵意義，如：芙蓉、茉草為辟邪之植物，讓水有潔淨去邪功效；石頭表示嬰兒的頭殼

---

43 鈴木清一郎，《臺灣舊慣冠婚葬祭と年中行事》，頁114。另2014年採訪七股許獻平老師，也得到相同說法。

44 翁玲玲，《麻油雞之外─婦女作月子的種種情事》（臺北：稻鄉，1994），頁105~106。

4-3-16

4-3-17

4-3-18

■ 圖4-3-16　盆中放入石頭、秤錘、雞蛋、鴨蛋等（陳志昌/攝影）

■ 圖4-3-17　盆中放入芙蓉、茉草、柑橘葉、雞鴨蛋等進行剃頭禮（陳怡臻/提供）

■ 圖4-3-18　剃頭準備青蔥、芹菜、雞鴨蛋、石頭（吳建昇/提供）

囟門可以早日閉合，頭堅硬如石；秤錘是給孩子做膽，希望以後有膽識；青蔥意謂著聰明；芹菜意謂著勤勞；鉛塊與緣粉則預祝孩子得人緣。筆者採訪到的每個家庭所放置物品並不會完全相同，所以還是有一些地方性差異。

　　在儀式進行時，先取少許盆水清洗嬰兒頭髮，雞蛋輕滾繞過嬰兒臉上，鴨蛋輕滾繞過嬰兒身體上，接著剝開後將蛋黃在嬰兒的額頭及臉上塗抹，同時唸著：「雞卵頭、鴨卵面，好歹親情來相伨（sio-thīn）」（圖4-3-19），希望嬰兒的臉蛋像雞蛋一樣圓潤可愛，身體像鴨蛋一樣粗壯硬朗。接著開始剃去毛髮，

臺南生育禮俗

先將剃頭刀先向門外劃一下，口中念有：「剃門眉，囡仔叫較好來」、「畫一個門眉，欲剃頭免叫家己來」，希望孩子養成愛剃頭的習慣，不要一聽到要剃頭拔腿就跑，另外也有唸：「剃頭刀畫門眉，我若叫你就來」，代表以後孩子較好差遣（圖4-3-20）。而在剃胎髮時，若發現小孩後腦勺有一條線，那稱之為「孤路」（姑路），俗諺說：「生孤路，穿姑鞋；發孤齒，食姑米」，民俗認為這由姑姑買衣服、米、鞋子來給小孩即可去除不好象徵，頭髮就會慢慢長出來（圖4-3-21、4-3-22）。現代醫學的解釋是這為「外傷性禿頭」，嬰幼兒睡眠時間較長，頭枕部長期與枕頭接觸摩擦，加上6個月後頸部肌肉發育，睡眠時有快速轉頭的動作，因而加速後腦落髮的現象，1歲之後多半會長出頭髮，姑路就不見了。

　　近年來，許多人家會將嬰兒的胎毛製成胎毛筆，現在亦有由胎毛筆業者協助進行者剃髮儀式，再將臍帶製成印章，以作

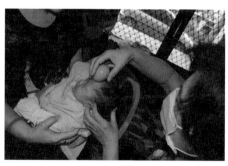

■ 圖4-3-19　雞蛋輕滾繞過嬰兒臉上（陳怡臻／提供）

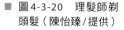

■ 圖4-3-20　理髮師剃頭髮（陳怡臻／提供）

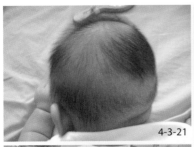

4-3-21

4-3-22

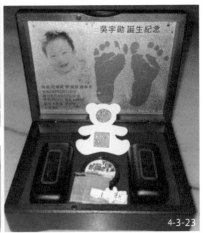

4-3-23

■ 圖4-3-21　姑路（陳怡臻/提供）
■ 圖4-3-22　姑姑贈鞋（陳志昌/攝影）
■ 圖4-3-23　臍帶印章及胎毛筆禮盒（吳建昇/提供）

為紀念（圖4-3-23）。另外有地方習俗，會將剃完之頭髮必須與石頭一起包在紅紙內，放置在屋頂上。

　　「剃頭」所指為剃除新生兒的身上胎毛的一種潔淨儀式。因嬰兒經產道沾染血水，被視作污穢，不宜沖犯天地神靈，所以一如「做三朝」洗兒的產生潔淨概念，沾染過血水的頭髮，也要剃除，用來避免沖煞[45]，才可以進廳堂拜祖先。民間也有種說法，認為剃完頭的孩子，往後的新長出的頭髮將會更好整理，這種觀念也某種程度地強化這禮俗的理性面。1979年朱鋒（莊松林）〈臺灣古昔的喜慶〉提到：

45　李豐楙，《慶典禮俗》，頁43。

> 滿月，生產二十天，或屆滿一個月為彌月，俗稱「滿月」。…
> 產婦遂抱嬰兒上廳堂在神前，由岳母以柑葉水洗胎毛，並為之
> 剃頭。

　　這種在神靈面前，先受到庇佑，再除去污穢的作法，推測這辦理的方式背後所支撐的，是將神靈的法力術能高強視為主因，不畏污穢沖煞的禁忌，所以嬰兒在其面前除污，更能獲得庇祐。在臺南實際觀察到剃頭禮俗辦理時，在空間及儀式的選擇進行上，確實是有「剃頭後進廳堂祭祖」及「進廳堂剃頭再祭祖」等2種潔淨性觀念不同的型態。

　　筆者整理臺灣歷來民俗及相關文獻來看，剃頭禮俗所呈現的時間變化性應該是最多元的，最常見為滿月剃頭，但原臺南縣區域則是12日最常見[46]，其他則有3日、11日、16日、24日及特殊日等（請見下表4-2）。除了各地區的自有習俗外，在天地自然和諧為核心的術數曆算中，對於剃頭其實有一套計算的邏輯。剃頭除污要配合天地運行的時間概念，在唐朝王燾《外台秘要方》卷三十五中就有提及：「剃兒頭法一首：崔氏初剃兒頭良日，寅丑日吉，丁未日凶。[47]」可計算出剃頭時間，每12天會出現一次寅日、丑日，適合剃頭。另外在數算中特別重視的宜忌，在《欽定協紀辨方書》說：「整容剃頭，宜除日、解神、除神。忌月建、月破、劫煞、災煞、月煞、月刑、厭丁日、每

46　涂順從，《南瀛生命禮俗誌》，頁97。

47　（唐）王燾撰，(宋)林憶、孫兆等校正，《外台秘要方》卷三十五（臺北：臺灣商務印書館，1983），頁737-449。

月十二日、十五日[48]。」這裡所記載可以剃頭的日子為「除日」、「解神」、「除神」其用意所陳述的在於清除身上不潔之汙垢，配合宜忌觀念下的特定時間來淨化及保護身體不受陰邪或不淨精靈入侵。這術數的計算在民間生活之中，小至出門、遠行、照鏡、剃頭等，舉凡婚、喪、喜、慶等人生、宗教重要儀式活動，都可見這類剋擇避忌知識[49]（圖4-3-24）。

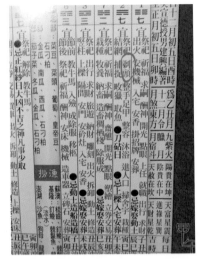

■ 圖4-3-24　農民曆所載剃頭宜忌（陳志昌／攝影）

　　透過文獻及調查所得，剃頭禮俗展演在臺南地區的變化，呈現禮俗潔淨性及時間性的改變，在潔淨性方面有「剃完再進廳堂祭祖」及「進廳堂剃頭再祭祖」等2種觀念不同的表現；在時間性的改變方面，若由表4-2的文獻資料來觀察，除了有3日、11日、16日、24日及特殊日等差異之外，在近代各地區地方志書的記載上，也可以觀察到滿月剃頭的比例最高，是較為常見的時間安排。

48　（清）乾隆敕編，《欽定協紀辨方書》，收於王雲五編《四庫全書珍本・五集》（臺北：臺灣商務印書館，1974），頁15~16。

49　陳志昌，〈台灣民間食禁文化之研究—以「食物相剋中毒圖解」為討論中心〉（未出版：國立臺南大學碩士論文，1997），頁14。

【表4-2：文獻中剃頭禮辦理時間一覽】

3日	12日	24日	滿月	特殊日
1957《臺南縣志稿卷二人民志》	《吳新榮日記全集1（1933-1937）》	1902〈懷妊及出產に關する雜話（續き）〉	1769《澎湖紀略》	《吳新榮日記全集10（1955-1961）》：為長孫剃頭（15日）
	2001《南瀛生命禮俗誌》	1934鈴木清一郎《臺灣舊慣冠婚葬祭と年中行事》	1894《澎湖廳志》	《吳新榮日記全集1（1933-1937）》：岳母為長女剃頭（7日）
	2010《慶典禮俗》	1940黃鳳姿〈剃頭〉《七爺八爺》	1902新樹〈懷妊及出產に關する雜話（續き）〉	2001《南瀛生命禮俗誌》：男12日剃頭、女11日理髮
	2010《東山鄉志》	1979《台南市志卷二人民志禮俗宗教篇》	1921片岡巖《臺灣風俗誌》	2010《慶典禮俗》：16日剃頭
		2001《南瀛生命禮俗誌》	1929手島兵次郎〈第二編人事（臺灣慣習大要）〉	
		2010《慶典禮俗》	1934鈴木清一郎《臺灣舊慣冠婚葬祭と年中行事》	
		2010《東山鄉志》	三宅生〈舊慣用語（其十六）〉	
			1979朱鋒〈臺灣古昔的喜慶〉	
			1994《仁德鄉志》	
			2008《安平區志》	
			2010《善化鎮志》	
			2010《安定鄉志》	

※筆者整理。灰色表格所指記載為臺南地區。

■ 圖 4-3-25　生子家庭謝神用的四月桃（鹽水合和信餅舖李保全／提供）　■ 圖 4-3-26　除麵粉製桃外，也有糯米紅桃粿可供選擇（吳建昇／提供）

4. 做四月日

　　產婦與嬰兒在出月子後，彼此對於哺乳及吸吮的技巧都逐漸熟稔，直到第 4 個月又會遇到另一個生育禮俗「做四月日」的進行。此一時期嬰兒口水不自主地自嘴角流出的垂涎狀態，是一個相當重要的外顯表徵，所以民俗認為應該透過人為的祝禱，來幫忙收瀾（siu-nuā）[50]。

　　這種習俗的記載，在日治時期舊俗調查中，也是一種相當常見的禮俗。冬峰生〈臺灣事情 第二 風俗習慣〉提到：「生後四個月稱作收涎，要準備牲禮、紅桃供在神佛祖先前，外家、親戚則準備禮品來。」（圖 4-3-25、4-3-26）鈴木清一郎《臺灣舊慣冠婚葬祭と年中行事》也這樣說：「四月日這天舉行收涎，意為讓嬰兒不流涎，早日平安長大，以紅絲線或黑絲線將酥餅

50　收瀾（siu-nuā）一詞，請見教育部「臺灣閩南語」常用詞辭典網站資料：https://twblg.dict.edu.tw/holodict_new/result_detail.jsp?n_no=2592&source=9&level1=18&level2=96&level3=0&curpage=0&sample=0&radiobutton=0&querytarget=0&limit=1&pagenum=0&rowcount=0&cattype=1

12個（也有24或48個）串接起來，掛在嬰兒脖子上，抱著嬰兒走到親友家裡，親友們逐一地邊拔取酥餅橫拭著嬰兒嘴巴，邊唸著四句聯的吉祥話[51]。」（圖4-3-27、4-3-28、4-3-29）這些四月日的習俗及做法，與今日臺南可見到做四月日的做法雷同，筆者在東山區採訪到，所唸吉祥話是：「收瀾收乾乾，後胎生羼脬（lān-pha）；收瀾收離離，後胎招小弟。」與鈴木清一郎採集的「收瀾收離離，明年招小弟」、「收瀾收乾乾，明年招卵葩」相當雷同。另外，收完之後，將兩個餅乾丟到屋頂上，長輩則唸說：「收瀾餅丟高高，子孫大漢中狀元。」在三合院建築逐漸減少的今日，丟收瀾餅到屋頂之風俗，也漸漸鮮為人知。

　　孟甲生〈做四月日〉、池田敏雄在《臺灣的家庭生活》對於「做四月日」也都觀察到收瀾後，進行「開臊」，當日桌上擺滿魚肉、豬肉、飯等食物，由祖母抱著嬰兒夾菜擦過嬰兒嘴巴，口中念著「食肉好皮肉，食魚毋驚魚刺」等喜語，若為女嬰就念「食雞頭、較梳頭，食蝦仔、較勢跳，食肉皮、較膨皮」，此稱為「開臊」（khui-tsho、圖4-3-30）之禮儀[52]。往後嬰兒可掛圍兜（口水巾），穿開襠褲，可以不再只喝母乳，開始可吃其它細軟食物。實際上小孩在滿四月時尚未長牙，根本無法咀嚼上述成人食物，開臊僅是一種象徵儀式。

　　早期四月日收瀾的方式有二種，大抵如下：（1）掛餅收瀾：如上文所述，而且物資不充裕年代，早期只有長子或長女才有

51　鈴木清一郎《臺灣舊慣冠婚葬祭と年中行事》，頁115。
52　孟甲生，〈做四月日〉，收於《民俗臺灣》第2卷第1號，頁25。池田敏雄《臺灣の家庭生活》（臺北市：東都書籍株式會社臺北支店，1944），頁242。

■ 圖4-3-27 紅絲線串接酥餅（陳志昌/攝影）

■ 圖4-3-28 酥餅掛於嬰兒脖子上（陳志昌/攝影）

■ 圖4-3-29 長輩拔取酥餅替嬰兒收瀾（陳志昌/攝影）

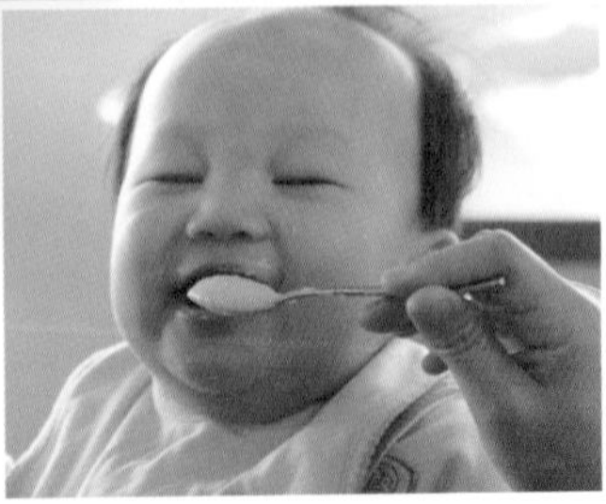

■ 圖4-3-30 四月日也稱開臊，可以開始吃母乳以外食品（陳志昌/攝影）

臺南生育禮俗

收瀾。有些地方收完之後，由夫家準備一串餅乾、二個大餅及二個紅桃，紅桃以花生及砂糖為餡，外型為紅色桃形的饅頭，稱為「四月桃」，作為感謝外公、外婆做「四月日」的回禮。（2）被角收瀾：早期家中女兒及其他的孩子滿四個月不舉行「掛餅收瀾」或家中經濟不好，僅以簡單的「被角收瀾」達到與掛餅收瀾相同的目的。嬰孩四個月當天一早醒來，在尚未下床前，家人直接使用棉被的四個角落，為嬰孩擦嘴，口中唸著：「收瀾收乾乾」，即完成收瀾儀式。

做四月日儀式作法沒有繁瑣過程，著重在謝神敬祖與獲得親鄰的祝福，但卻也可以看到在照顧嬰兒這件事情上，同樣也隱含著相當多的自然觀察。在人體生理發展上，嬰幼兒初生時口腔唾腺發育尚未健全，唾液分泌少，3個月後唾腺開始成熟，唾液分泌開始增加，4~5個月更明顯增多，當嬰兒唾液分泌速度大過於吞嚥速度時，就會容易產生流口水現象，等到嬰兒學習後吞嚥動作熟練之後，流口水情形就會減少。唾腺開始成熟時，同時除胰澱粉酵素外，體內各種消化酵素已逐漸成熟，4～6個月的寶寶開始厭奶，不肯喝奶或奶量降低，主要原因是身體產生變化，舌頭的味覺也開始產生變化，胃口開始改變，開始可以吃母乳（主食品）以外的副食品[53]。

---

53 林佳蓉、曾明淑、高美丁、楊奕馨，〈嬰兒開始添加果（菜）汁與米（麥）糊時間及其影響因素調查〉，收於《臺灣營養學雜誌》35卷4期（臺北：台灣營養學會，2010），頁128。衛服部食品藥物管理署，公告資訊-嬰兒期營養，http://www.fda.gov.tw/tc/newsContent.aspx?id=1426&chk=7a69e0b8-0f1c-431d-af3a-43eede12c078&param=pn%3D487%26cid%3D3%26cchk%3D46552e96-810a-42c3-83e1-bd5e42344633#.VCv-T2eSzmc。

所以「做四月日」儀式內容的「收瀾」、「開脺」就是要針對「唾腺成熟口水變多」、「厭乳期吃副食品」這些個生理變化的對應禮俗，並抱著開始吃副食品的嬰兒到親朋好友家委請進行收瀾儀式以熱絡連繫情感（圖4-3-31），並讓親友知道孩子已成長到可以幫忙餵食了，餵的食物也不再僅限於母乳，孩子可以開始吃各式細軟食物。這種抱著嬰兒去串門子收瀾，也傳達過往的居住形態，是大家庭為主的聚落形態，家家戶戶透過做四月日這儀式來認識新嬰兒，往後將可以協助餵養嬰兒。但是在面臨到社會變遷及工業化都市的興起，都市的家庭形態逐漸轉變為以小家庭為主，家庭結構的改變，也同時影響這禮俗的淡化消逝，因為支撐起小家庭或雙薪家庭的教養支持系統，已轉換為職業保母、托嬰中心等新式場域，漸不需要傳統大家庭的支持，傳統的收瀾儀式也漸漸較少人實行。不過雖然較少人實行，但另一面在商業化市場，傳統收瀾餅逐漸轉變成更精緻的特製餅，除了顏色更鮮豔之外，並將孩童姓名書寫上去。（圖4-3-29）

■ 圖4-3-31　大家庭社會親朋好友家幫忙收瀾（黃玉惠/提供）

■ 圖4-3-32　新式收瀾餅（吳建昇、黃玉惠/提供）

5.做度晬

　　嬰兒於生理發展的迅速，過了4個月後，幼兒的認知學習能力增強，與親屬之間的互動為這時期中的重要發展，所以身體有顯著成長改變，所以臺灣俗諺說「七坐、八爬、九發牙（Tshit Tsē Peh Pê Káu huat-gê）」（圖4-3-33、4-3-34、4-3-35）。嬰兒滿一週歲俗稱周歲，民間則稱為「度晬[54]」，而新生兒自此後，不再被稱為「嬰子」，而被視為是「囡子」。由於做度晬是嬰兒出生之後至週歲間重要生育禮俗，所以當日除以紅龜粿、牲醴敬神祭祖外，隆重者甚至會殺豬公來拜天公，而後頭（娘家、外家）與「做滿月」、「做四月日」一樣，帶來頭尾禮、紅龜粿等（圖4-3-36、4-3-37）。在祭拜神明及祖先之後，便將外家送來的紅龜分送給親朋好友分享（圖4-3-38）。有時生子家庭也會準備酒席來宴請親朋好友，且由於周歲請客為大吉，賓客多準備紅包前來祝賀，此乃俗諺所謂「度晬酒無空手」之說。

---

[54] 連橫對「度晬」之解釋：「兒生周歲曰『度晬』。『度』，『過』也；『晬』呼『濟』，『周年』也。」連橫《雅言》，頁109。

■ 圖4-3-33　七個月會坐（陳志昌/拍攝）

■ 圖4-3-34　八個月開始學爬行
　（陳志昌/拍攝）

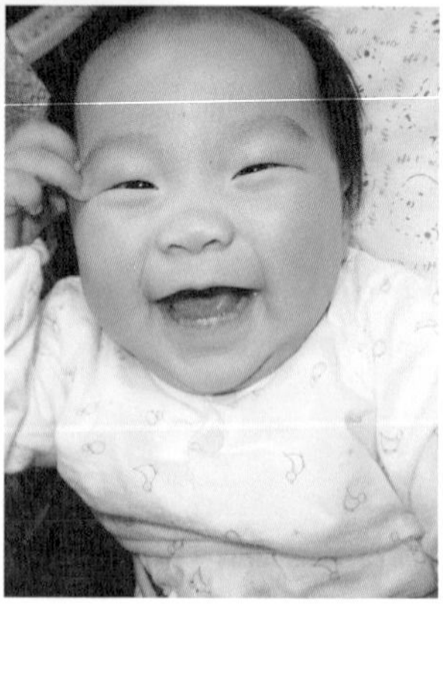

■ 圖4-3-35　九個月長出牙齒
　（陳志昌/拍攝）

■ 圖4-3-37 除紅龜之外，也有贈送紅龜粿（吳建昇／提供）

■ 圖4-3-36 嬰兒周歲有贈紅龜風俗，也稱「度晬龜」（吳建昇／提供）

所以有些人為避免祝賀得子宴客來收取錢財之非議，所以有人會改選在嬰兒滿月時舉行宴客，以避免口舌之爭。

至於在「做度晬」中最有趣的習俗，要算是「抓周」，也有人稱「試周」。1933年連橫《雅言》記載：「俗以筆墨書算及錢銀、紅龜、香蕉之物凡十二，置兒前（女子則易以脂粉、刀尺），任兒擇取，以驗意向，謂之『試周』。是日親朋饋物致賀，設宴酬之，謂之『晬盤』[55]。」（圖4-3-38）在抓周的時候，家人會將米篩或簸仔擺放在客廳地上，在裡面放置書、筆、剪刀、算盤、秤、印章、尺、鈔票、雞腿等，接著抱孩子到米篩或簸仔前，任其自由拿取物品，以孩子第一個拿取的物品，預測將來

55　連橫《臺灣語典》，頁281~282。

4-3-38

4-3-39

■ 圖 4-3-38　度晬用的晬盤（韓孟志/提供）

▦ 4-3-39　抓周（吳建昇/提供）

▦ 4-3-40　抓周後坐在篏仔裡面（郭璟儀/提供）

4-3-40

的職業與志向（圖4-3-39、4-3-40）。連橫所說的任兒擇取，代表孩子已經有自己的行動力及意志，一般來說1歲前的幼兒，已逐漸發展出協調與肌肉力量，從約7~9個月前後的幼兒已經學會坐穩、翻身、爬行、甚至扶著東西站起來，多數的幼兒在9~12個月已可扶站或踏出第一步，而在12~14個月已能夠放手顢頇行走（圖4-3-41）。用孩子的動作外觀來形容這個改變，意即從爬行的四隻腳動物變成二隻腳行走的自然人，站立的形象出現，如果再加「做度晬」這個嬰幼兒出生之後至週歲間最後的一次生命禮俗，則就被家庭成員成熟地看待，代表孩子真正像個人了。

■ 圖4-3-41　度晬後孩童開始學走路（陳志昌／攝影）

在近年來的觀察，度晬此一禮俗改變有種朝向商業、遊戲化模式靠攏的情形，許多販賣嬰幼兒用品及百貨業，也會舉辦大型爬行及抓週的比賽[56]，透過都會區的商業行為來重新替孩子及其父母，留下一個人生紀錄，算來也是一種新形態的禮俗改變了吧！（圖4-3-42）

■ 圖4-3-42　廠商辦理孩童抓周活動的證書（戴慈幼／提供）

56　郭元益糕餅博物館網站，2014年郭元益收涎抓週活動，http://www.kuos.com/museum/activity-info.html。麗嬰房網站，趣味抓週／爬行，http://www.phland.com/family_activities_area.php?i=39

所以綜觀「做三朝」、「做四月日」、「做度晬」這3個禮俗對應到生理性的變化，吾寧相信不僅不是巧合，且是人群長期豐富的觀察、歸納、演繹後的共識（表4-3），這正好跟英國拉格蘭爵士（Lord Raglan）所說關注行為、言語、衣著、居住等，即是民俗學，就是日常生活的歷史性科學[57]。當然，因為民俗的複雜多元，所以並無法從科學性單一的角度來詮釋，應該還有社會性、信仰性等多元的詮釋觀點，針對民俗行為或禮俗表現的背後，應該有自然觀察後的系統性結構支撐，並轉換成一種社會習俗。

【表4-3：嬰幼兒生理發展概況與禮俗演繹】

	做三朝	做四月日	做度晬
生理發展概況	1.胎脂 2.生理性脫水	1.唾腺成熟口水增加 2.厭乳期吃副食品	1.四腳爬行變雙腳行走 2.站立形象
禮俗演繹	1.洗兒 2.剃頭、胎毛 3.潔淨與污穢的概念	1.收瀾 2.開脺	1.抓週
改變情形	現幾乎已消失	逐漸消失	抓週轉化成商業活動

※ 筆者自行整理。

四、誕生後禮俗—排八字、飼囝習俗禁忌、飼囝歌謠、翕相

　　過往在醫護不慎發達的時代，嬰幼兒夭折的情況也極為普

57　丹・本一阿莫斯，〈為民俗學正名〉，收於周星主編《民俗學的歷史、理論與方法（下冊）》，頁702。

遍，照顧嬰幼兒是一件付出相當多精力的事情，以致因此為了避免嬰幼兒無法順利長大成人，民間就流傳許多照顧嬰幼兒的趨避方法及禁忌，雖然許多都難以解釋其原因，不過仍具有其文化價值與意義。以下分別以條列方式呈現臺南地區有關照顧嬰幼兒的習俗與禁忌：

（一）排八字

漢人社會認為人的誕生，蘊涵著與生俱來的自然力量，依照其出生時間的序位，可以列出生辰四柱，排出八字干支，而這些八字中，各自具有陰陽及五行屬性[58]，這是傳統漢人社會認知的人體小宇宙對比自然大宇宙的思想延伸，而這些思想在後世命理學家建構的理論中，是可以對應到個人的命、運、風水、陰德、讀書、名、相等關係之中。這些生活中順天應人的需求，形成近代所言山、醫、命、卜、相等傳統五術（圖4-4-1），以堪輿

■ 圖4-4-1　山醫命卜相多元的術數館
（陳志昌／攝影）

58　呂理政《天、人、社會一試論中國傳統的宇宙認知模型》（臺北：中央研究院民族所，1998），頁154。

擇日、醫理、推命、體相之術來推測人事之吉凶，並提出趨避、治療、解厄、化開的方法。

　　所以在新生兒誕生之後，民間相信每個人一生要面對許多的關卡及厄運，如果可以先預測這些關厄，就可以透過神力或造命來化解，所以排八字、算流年、排命盤、占卜等相當流行（圖4-4-2、4-4-3）。尤其是「八字」更是受到新生家庭的重視，會請算命師（也稱看命先）用孩子的八字配合陰陽五行之說，來推算命運好壞、事業成敗、壽命長短、男女婚配、身體病疾等[59]。臺南祀典武廟、大天后宮中間的巷子，就是一處相當多命相擇日館集中之處，已故文人葉石濤有篇〈葫蘆巷春夢〉所提的抽籤巷就是這處。（圖4-4-4）

■ 圖4-4-2　依照八字所造的命理書（陳志昌／攝影）

■ 圖4-4-3　命盤流年圖（陳志昌／攝影）

■ 圖4-4-4　臺南抽籤巷（陳志昌／攝影）

59　鈴木清一郎著，馮作民譯，《臺灣舊慣習俗信仰》，頁79。

（二）飼囝習俗禁忌

1.照顧嬰幼兒的習俗

（1）有關胎衣與臍帶的習俗

（1-1）胎衣：即胎盤，相傳為胎兒之元神，相傳胎衣必須埋在地下，元神就不會跑掉，嬰兒就能順利成長。不過若胎衣至不夠深，那元神容易出走，嬰兒容易溢奶、體弱、精神不安，所以當嬰兒溢奶不安時，父母就會到胎衣埋葬處用腳踏幾下，召請元神歸位，以為化解。此外，產婆在接生時，會刻意翻轉胎衣來影響下一胎的性別，不翻面則下胎與這胎同性別，翻過來性別就會不同的說法。

（1-2）臍帶：據說臍帶亦是嬰兒元神，所以也需要好好收藏，加上「臍」的臺語與財相同，因此過往有人會盜取嬰兒臍帶來乞求發大財。至於臍帶的收藏，有些人會將之放在嬰兒身旁，平時可驅邪魔，長大後若有訴訟官司，據說在出庭應訊時可以壯膽而獲勝。此外，相傳孩子將來若有難治的大病，可取已經乾燥的臍帶，燒灰服食。近年來常見的則是製成印章，成為一種永久性保存物品。（圖4-4-5）

（2）有關胎毛的習俗

民間認為胎毛來自母體經過血淋淋的產道，所以胎毛帶有血汙之氣，所以須將胎髮剃除，才能去掉穢氣，可以幫助寶寶成長得愈來

■ 圖4-4-5　臍帶製成的印章（李儀玲／提供）

愈好，相信將舊的胎毛剃除之後，可以讓嬰兒的毛髮長得比較健康，未來髮質會比較濃密的意思。而近年來有業者推廣將胎毛製成胎毛筆，以供永久保存。（圖4-4-6）

（3）保護額頭上的凶門

剛出生的嬰兒極為脆弱，需小心呵護，尤其是頭骨蓋尚未閉合，未閉合部分稱「凶門」（sìn-mn̂g），在凶門尚未完全閉合之前，不可壓迫，以免影響孩子生長。此外民間俗信幼兒凶門是靈魂的出入口，所以未完全閉合之前，靈魂出入容易，因而容易看到鬼。

■ 圖4-4-6　胎毛製成的胎毛筆（陳志昌/攝影）

（4）縛手增進安全感

新生嬰兒出生後，要用紅絲線輕輕縛在兩衣袖口，可防止嬰兒兩手亂動，不慎抓傷臉部，傳說這樣孩子長大後才不會調皮，而惹事生非。後來直接以手套包覆嬰兒的雙手，變得方便許多。另有一說，嬰兒出生後要將雙手放在身體二側，再連同身體綁住，如此一來，可讓孩子產生安全感，不易受驚嚇，也會睡得較安穩。（圖4-4-7）

（5）穿他人的衣服

若孩子出生後難以養育，則會向別人家好飼養或乖巧的小

臺南生育禮俗

孩，索取穿過的衣服，期許自己的孩子也能較乖、較好養。不過也有一說表示，若索取異性嬰兒的衣服來穿，表示孩子未來將會充滿異性緣。

■ 圖4-4-7　被包覆綑綁的新生兒（陳志昌／攝影）

（6）避免嬰兒傷風感冒

俗諺稱：「細漢囡仔無六月天」，意指年紀小的嬰兒不會表達對冷對熱的感覺，而且因嬰兒汗腺分泌功能不穩定，也有人說：「囡仔人尻川三把火」，嬰兒的新陳代謝比成人快，所以也比較怕熱，這都是因為剛出生的小孩，適應外界的能力弱，故雖處夏天時，也不可讓其穿短袖，過於清涼，避免嬰兒著涼。

（7）嬰兒洗澡前先試水溫

嬰兒洗澡前，用毛巾覆住肚臍，下水前，先將水潑向嬰兒前胸與後背，口中唸道：「一二三四，囡仔人褪衫無代誌，土地公伯仔來保庇」，目的使嬰兒儘速適應水溫，避免進水受到驚嚇所做的保護措施。

（8）男哺風，女哺雨

孩子在6到8個月的階段，嘴裡容易噴口水，大人依照孩子不經意噴出口水的行為，進行天氣的預判，本地因而有個流傳已久的俗諺：「男哺風，女哺雨」，表示天氣即將產生變化，

若是男孩噴口水則表即將起大風；若是女孩噴口水則表即將下大雨，久而久之也成為大人逗弄孩子的趣談。

（9）吸手指（吃雞腿）

民間對嬰兒吸手指之事，大多不加阻止，據說這是觀音佛祖在孩子的手指縫間塗了四兩糖（或說是蜂蜜）的關係，也有說是床母賜給嬰兒的手指有糖味，所以被認為是無害的一種運動，長輩也不會加以禁止。不過，現在社會講究衛生，為了避免病從口入，許多家長會阻止孩子這樣做，而改給予一些餅乾糖果。（圖4-4-8）

■ 圖4-4-8　用餅乾替代吸手指（陳志昌／攝影）

（10）曬幼兒衣服翻轉

據傳在洗衣之後，可以把幼兒的衣服倒過來掛，聽說可以改變幼兒日夜顛倒的習慣，也可以比較好照顧。

（11）陰陽水不宜用來泡牛奶

所謂「陰陽水」，指的是將冷水與熱水混合，成為不是純粹熱水或冷水的溫水。民間有種說法，認為不能使用「陰陽水」泡嬰兒奶粉。不宜以陰陽水泡牛奶的原理與泡茶一樣，如果將熱茶與冷水混合，經過一天的時間，茶水會產生餿掉的現象。其原理可能是因為不論是冷水或熱水，都有其固定的分子結構，如果任意將其混合，會破壞了原有溫度本身的分子結構，

臺南生育禮俗

可能會產生化學變化，因而對健康產生不良影響所致。

（12）較晚會走路的小孩比較好命

臺灣俗諺稱：「會行行晬一，袂行行晬七（ē-kiânn kiânn-tsè-it，bē-kiânn kiânn-tsè-Tshit」，亦即早走路的小孩，一歲一個月就會走路，較晚走者，可能要延到一歲七個月，民間俗信較晚會走的小孩，長大以後比較好命。

（13）觸犯胎神的補救

若在懷孕期間有動針線或綁衣物等，小孩出生後易出現缺陷狀態，如眼睛睜不開、腳掌外翻等，在小孩滿月前（坐月子期間），需用當時使用的東西，如懷孕期間剪布，就用這塊布去浸泡第二次的洗米水（米潘水 bí-phun-tsuí），然後塗抹在小孩有缺陷處，可以逐漸讓缺陷好轉。

（14）以民俗秘方醫治孩子身體不適

（14-1）小孩子吃不下飯，就有弄蟑螂屎泡水讓小孩子吃。

（14-2）若有黃疸，長輩會抓來蜘蛛紅紙包住，放在孩子身上，也有摘下幾片黃梔的葉子，放在孩子身上，或摘黃梔的花泡在水中給孩子洗澡，使身上的黃疸早日退去。也有以黃連去熬煮嬰兒的貼身衣物—蝦仔衫，再讓孩子穿上，以治療黃疸。不過，現代醫學研究發現喝母乳的新生兒，容易有膽紅素過高的哺乳性黃疸、母乳性黃疸，是種正常生理現象，除非是超過現代醫療使用的黃疸照光標準[60]，否則是不需照光治療的。

---

60 婚後誌網站，黃瑽寧醫師專欄〈當哺乳遇上黃疸〉，http://verywed.com/vwblog/veryWedHappyHome/article/114739?fbclid=IwAR19o4fvCnHuIhatbvvpY5VGVOQ6tesH9mt2-e6ICOVqe-4AQa9KlsfFmhs

（14-3）許多廟宇神案下，祭祀的下壇元帥—虎爺是兒童的保護神之一。凡是兒童患有腮腺炎，要以長條狀金紙，撫騷虎爺的臉頰、下巴，後貼於患部，即可以治癒，據傳乃因為腮腺狀金紙，撫騷虎爺的臉頰、下巴，後貼於患部，即可以治癒，據傳乃因為腮腺炎又稱

■ 圖4-4-9　頭頂銀紙的虎爺（陳志昌/攝影）

「豬頭皮」，因為老虎會吃豬，所以才衍生這個傳說。（圖4-4-9）

（14-4）當小孩被魚骨鯁在喉中無法取出時，可以在茶杯中注入半杯生水，拿到太陽光照射得到的地方（夜晚為月光或星光），以劍指（右手食指）放入水中，寫一個「龍」字，然後口念：「赫赫洋洋、日出東方、九龍下海、變化無蹤，諸神遇我低頭拜、惡煞逢我走無停、天靈靈、地靈靈、六甲六丁、敕吾符令、急急如律令」，接著立即用力向水吐氣，並將劍指從水中抽出，指向太陽（或星星、月亮），再抬起右腳，使勁地踏向地面，之後將此水給患者喝三口，就能使魚骨化為烏有，同時消除疼痛。

（14-5）小孩因刀傷、割傷、刺傷出血時，要趕緊摘取一片樹葉或青草，用左手到太陽光照射得到的地方，然後口念：「斬斷仙方房、手執一尾草、斬斷仙根糊血口、歷三廣血止、止廣止血止」，接著立即用力向葉子吐氣，並將劍指比向太陽，再

抬起右腳，使勁地踏向地面，之後將此葉敷在傷口上，就可以暫時止血，同時加速傷口的癒合。

（14-6）麻油是民間照顧小孩常用的聖品，像是幼兒拉肚子，屁股紅紅的，就可以滴一點香油，塗抹在屁股發紅的地方；幼兒不小心有碰撞紅腫，如果沒有出血，就可以直接將麻油塗抹在受傷的位置，使受傷部位不會腫脹；秋冬季節，幼兒嘴唇開裂破皮，直接將麻油塗抹到孩子嘴上開裂部位，不但能緩解疼痛，而且能消炎滅菌；幼兒鼻子裡有鼻屎時，特別是感冒發燒的時候，鼻子裡的鼻屎多而且濃厚，難以清理，就可以將麻油滴在鼻子裡，再稍等幾分鐘後清理就可以容易得多；幼兒如果便秘，可以用棉棒沾上麻油，輕輕地稍微伸進屁眼，能刺激排便通暢；幼兒患有輕微的扁桃體炎時，可以讓幼兒口含一點麻油，能起到消炎止疼的效果；幼兒咳嗽，可以讓幼兒吃麻油炒蛋，就能有效止咳。

2.照顧幼兒的禁忌

（1）有關出生時的禁忌

（1-1）忌出生時放尿：民間俗信嬰兒呱呱墜地時即放尿不吉，據說會剋及父母，故為了免父母將來遭剋，事先會在產房準備一壺清水，若嬰兒出生即放尿的話，趕緊用水壺裡的清水沖洗尿液化解。

（1-2）忌初生時發牙：嬰兒若一出生就有牙齒，這是反常的現象，因此被視為不吉，據說會剋及父母，必須請來法師姐除煞。

（1-3）忌初生時周圍有施工：在小孩出生時，若產房周圍

有工程施工時，將不利於小孩未來的發展，而此時小孩嘴巴的上唇會出現青色，甚至看中西醫也難以醫治，所以必須透過法事處理。

（2）有關三朝的禁忌

（2-1）忌三朝之內歡喜：嬰兒出生三日內，諸般行事都忌喜氣喧鬧，避免折損嬰兒福氣，導致嬰兒夭折。

（2-2）忌三朝時為嬰兒穿褲子：三朝洗禮後不穿褲子的用意，主要在於避免嬰兒若不幸夭折可以盡快轉世投胎，因為俗信在陰間若不穿褲子就不能拜見祖先；另一說法則是給未滿四個月的嬰兒穿褲子，將會束縛嬰兒的雙足，阻礙他的發育。

（2-3）忌三朝不壓驚：鹽水地方流傳在三朝時要「𢭆驚」（theh-kiann），就是在小孩出生第三日也進行要壓驚儀式，就是將爸爸的鞋子放在小孩的胸前，並念「免驚、免驚，這是阿爸的跤步聲（bián-kiann，bián-kiann，tse –sī a-pah -ê kha-pōo -siann）」。

（3）有關嬰幼兒外出的禁忌

（3-1）未滿月的嬰兒夜晚是不外出：未滿月的嬰兒與作月子的產婦一樣，給人不潔的感覺，因此，未滿月之前的嬰兒，夜晚是不能外出見到星星月亮。嬰兒滿月之後，晚上帶出門的機會不多，尤其農曆七月的夜晚，容易受到驚嚇。

（3-2）未滿四個月的嬰兒不出遠門：未滿四個月的嬰兒，盡量不出遠門，尤其至公共場所，以防止抵抗力不佳的嬰兒造成感染，引起身體不適。

（4）有關探視嬰幼兒的禁忌

（4-1）忌陌生人等及生肖屬虎之人探視嬰兒：由於嬰兒受胎神保護，若閒雜人等出入月子房，恐將冒犯胎神，將使嬰兒受到傷害；尤其生肖屬虎之人性強，更易沖煞到胎神，所以更為禁止之列。

（4-2）忌當面讚美幼兒或說嬰兒體重：忌諱在幼兒面前稱讚嬰兒，像是「膨皮」、「肥嫩」、「乖」等，或者當面說嬰兒體重，否則將使嬰幼兒生長產生反效果，導致出現異於平常的不良表現，所以特別要注意開口讚美。

（4-3）忌在幼兒面前提到猴子：民間將小孩發育不良比喻為猴子，因此在小孩面前提到猴子，可能會使小孩感應而發育不良。

（4-4）避免「喜沖喜」，以致對幼兒產生不良影響：出生未滿四個月的嬰兒避免到月內房看到剛出生的嬰兒，以免福氣會受到影響；又出生未滿四個月的嬰兒也不能參加喜宴或與新娘見面。

（5）飲食禁忌

（5-1）小孩子最好不要吃豬腦、豬肉，否則會像豬一樣笨頭笨腦、笨手笨腳。以醫學角度而言，其實是在嬰幼兒時期，豬肉若未煮爛，不容易消化，有礙健康生長。

（5-2）忌吃雞爪，會抓破書本、愛打架。實際上是因為雞爪無肉，爪尖容易傷到口腔。

（5-3）忌吃豬尾，否則會一輩子落在人後。

（5-4）忌吃豬腳，將來恐怕會娶不到媳婦。

（5-5）忌吃祭拜鬼神的祭品，會犯神招鬼。實際上是因為

祭品在供桌放幾個小時，加上有香灰或灰塵，怕抵抗力弱的幼兒受害所致。

（5-6）嬰兒未滿四個月，不可吃肉，否則會「生粒仔」（senn-liạp-á）。

（5-7）未滿周歲，不可吃蛋，否則會「臭喙」（口臭 tshàu-tshuì），此外可以讓嬰兒吃米香，也有去除嘴臭的說法。

（5-8）不可吃茄子，否則會蛀牙。

（5-9）小孩不可吃魚卵，否則長大不會算術（可能是魚卵太多數不完的緣故）。

（6）用餐禁忌

桌子有桌神，吃飯時要求孩子不得爬坐在桌上，也不能隨意拿筷子敲碗與桌子，於是將這些規範化為禁忌，表示容易招致不祥的預兆，驅使孩子乖乖遵守吃飯的禮儀。

（6-1）爬桌子容易怕雷公。

（6-2）碗裡的飯吃不乾淨娶不到好老婆、嫁不到好老公。

（6-3）孩子被筷子打過容易忘東忘西或做事惹人怨。

（6-4）筷子拿得越遠，表示嫁得越遠。

（6-5）不可以說小孩子吃太多，以避免造成反效果。

（7）忌爬行或跨越過物品的禁忌

（7-1）爬過算盤或玩尺的孩子，將來不會算帳。

（7-2）如果坐在帽子上，將來會長不大。

（7-3）孩子如果弄翻硯臺或坐在書上面，會導致其不會識字。

（7-4）亂咬鉛筆的孩子，將來不會寫字。

（7-5）數一大把米粒，孩子將來不會算數。

（8）忌見不祥物

（8-1）忌見出殯行列及棺木。

（8-2）在滿月之前忌守孝者上門、屬虎者探望。

（8-3）忌上墓地。

（8-4）忌上醫院，因醫院是死人往生的地方，陰氣過重，所以也在禁止之列。

（8-5）忌看傀儡戲、布袋戲，否則有發育不良之虞。

（9）生日的禁忌

（9-1）忌大日生，據說在上元、端午、開鬼門、關鬼門（七月十五日）、重陽等大日子出生的，要給神當兒子，或也可以把生日改到下一個吉日，以避開大日。

（9-2）忌與父親同月生，據說生辰八字的「月」和父親相同，會讓父親諸事不順。古人無法擇吉剖腹生產以改變生產日期，所以寶寶要給神明當乾兒子，或故意說是前後吉日生的，以便欺騙鬼神。

（10）有關睡覺的禁忌

（10-1）忌吵醒在睡眠中有表情的嬰兒：嬰兒在睡眠中，時有微笑、皺眉、嘟嘴及各種表情，俗謂此為床母正在教導小孩，若遇到這種情況，不可以隨便吵醒在睡眠中的嬰兒，避免教導中斷，造成嬰兒日後變癡呆。

（10-2）忌在嬰兒睡覺時搔癢、親臉：當嬰兒睡覺時，勿在腳底搔癢，勿在臉上親吻，使得孩子容易撒嬌、黏膩在家長身上。

（11）其他禁忌

（11-1）嬰兒的衣服在天黑前收入屋內：嬰兒的衣服在天黑前需收進屋內，以免讓鬼怪附在衣上，使孩子身體不健康或不舒服，造成晚上容易哭鬧。尤其天黑之後，容易產生露水，衣服會因受潮產生濕氣，萬一不慎被露水沾濕，只好重洗後，再給孩子穿上。未滿四個月的嬰兒抵抗力差，會使其容易生病。

（11-2）嬰兒長出孤齒：當嬰兒發牙之時，一般都會先長出兩顆門齒，但若只生出一顆牙齒，則為不祥之預兆。這時候需請孩子的姑姑依例贈鞋（男孩要送黑鞋，女孩則送紅鞋），並要嬰兒在鞋子上意思的咬一下，這種鞋稱為「孤鞋」。

（11-3）忌嬰兒頭上有孤路：在剃胎髮時，若發現小孩後腦勺有一條線，那稱之為孤路（姑路），這代表幼子生世坎坷，所以對父母也是較不好的徵兆，化解方式也是由姑姑買衣服、米、鞋子來給小孩即可。

（11-4）嬰兒度晬前不穿鞋：嬰兒要等到度晬之後才可正式穿鞋，這可能和嬰兒的發育有關，以免妨礙其腳部發育。睡覺時要脫下鞋子，穿著鞋子睡覺，容易使人聯想到往生。

（11-5）忌讓幼兒指月亮：忌小孩以手指指月亮，否則月亮會割耳。有些小孩外耳靡爛，認為是「指月」的關係，而被割斷耳朵。若不慎「指月」，則應立即拱拜，祈求赦免。

（11-6）忌讓幼兒數星星：忌小孩以手指數星星，否則會「臭頭」，於頭上長滿瘡，跟星星一樣多。

（11-7）忌讓幼兒照鏡子：民間認為未滿周歲照鏡子會失魂，必然會生病鬧災，以免長大後也容易說謊。

（三）飼囝歌諺

民間許多習俗或經驗會以歌曲來傳唱，生育兒女過程自然也是被傳唱的一部分，臺灣有許多民間歌謠，將自懷孕、生子到養兒辛勞，都一一傳唱流傳。常見有懷孕過程的「病子歌」、「十月花胎歌」；撫育兒女的「育兒歌」；哄唱孩童入睡的「搖子歌」等。1925年東方孝義〈臺灣風習〉、〈臺灣風習（2）〉、新竹竹林書局《十月花胎、病子歌》（圖4-4-10）、1975年吳瀛濤《臺灣諺

■ 圖4-4-10　新竹竹林書局《十月花胎、病子歌》（陳志昌／攝影）

語》、涂順從《南瀛生命禮俗誌》都有諸多介紹，下自諸多文獻中節錄部分來介紹。

1.病子歌：

正月巡來桃花開，娘仔今病子無人知，君仔今問娘欲食物，要食唐山香水梨。

二月巡來田草青，娘仔今病子面青青，君仔今問娘欲食物，要食枝尾樣仔青。

三月巡來來播田，娘仔今病子心艱難，君仔今問娘欲食物，要食老酒一大瓶。

四月巡來日頭長，娘仔今病子面黃黃，君仔今問娘欲食物，要食唐山烏樹梅。

五月巡來人肥船，娘仔今病子心悶悶，君仔今問娘欲食物，要食海澄双糕潤。

六月巡來碌礴天，娘仔今病子倚床邊，君仔今問娘欲食物，要食王萊炒豬肝。

七月巡來人普度，娘仔今病子無奈何，君仔今問娘欲食物，要食枝尾酸楊萄。

八月巡來是中秋，娘仔今病子面憂憂，君仔今問娘欲食物，要食麻豆文旦柚。

九月巡來厚葡萄，娘仔今病子心焦燥，君仔今問娘欲食物，要食老酒火朕鴨母。

十月巡來人收冬，娘孩兒落土腹內空，君仔今問娘欲食物，要食二瓶老酒火朕雞公。

十一月巡來是冬天，娘仔今抱子倚門邊，君仔今問娘欲食物，要食羊肉炒薑絲。

十二月巡來是年邊，娘仔今抱子靠床墘，君仔今問娘穿甚麼，要穿綾羅要過年。[61]

2.育兒歌：

一歲二歲手裡抱，三歲四歲土腳趖。

五歲六歲漸漸大，有時頭燒甲耳熱。

---

61 東方孝義，〈臺灣風習〉，《語苑》18卷1期（臺灣：臺灣語通信研究會，1925），頁23~24。東方孝義，〈臺灣風習（2）〉，《語苑》18卷2期（臺灣：臺灣語通信研究會，1925），頁65~66。

七歲八歲真賢吵，一旦顧伊二隻腳。

九歲十歲教針子，驚伊四界去庚絲。

十一十二著打罵，者去著那學做衫。

十三十四學煮菜，一塊桌面辦會來。

十五十六要轉大，驚了塊人去風化。

十七十八做親戚，一半歡喜一半驚。[62]

3.搖子歌：

（1）嬰仔搖，一眠大一尺，嬰仔睏，一眠大一寸。

（2）嬰仔搖，搖大嫁板橋，紅龜軟燒燒，豬跤雙邊料。

（3）嬰仔搖，公仔偷挽茄，挽若濟，挽一飯籬，抑欲食，抑欲賣。

公仔講欲滾，滾爛爛，一人分一半，添滿滿，一人食一碗。[63]

（四）翕相

臺灣話所說「翕相」（hip-siòng），是現代所說的攝影術，1826年法國尼奧普斯（Joseph N. Nièpce）發明「日光蝕刻法」，1839年達蓋爾（Louis-Jacques-Mandé Daguerre）改良成「銀版攝影法」，影像攝影被人類開始重視及逐漸改良發明新技術。隨著1924年使用135mm規格的底片及相機開始出現，生活影像被開始大量的拍攝紀錄。

我們由臺南仕紳吳新榮醫師日記發現，因為日治時期攝影

62　吳瀛濤，《臺灣諺語》（臺北：台灣英文，2001），頁400。

63　涂順從，《南瀛生命禮俗誌》（臺南：臺南縣文化局，2001），頁105~106。

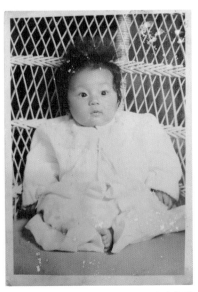

■ 圖 4-4-11　男童露鳥的四月日照　　　　■ 圖 4-4-12　女童的四月日照（陳志昌／翻攝）

術及照相機的引入，從 1938 年三男南圖的滿月禮開始，吳新榮開始在孩子們出生後生育禮俗這些重要生命時刻，找來照相館拍照紀念。照相術的普及，讓臺灣人的生育禮俗有了一個新的紀念方式，雖生育禮俗可能簡略辦理，但到相館拍張照片當作紀念，開始成為一個常民用來紀念、聯絡感情的重要表現。可以這樣說，隨著攝影術的發達及價格降低，在孩子的滿月、四月日、度晬等時間點，拍攝孩子之外，全家也集合拍攝團體照，拍紀念照成為一種新傳統。

十六歲成年前保育風俗

　　新生兒經過了禮俗最多的出生到周歲階段，禮俗展演辦理讓周遭親友人群逐漸認識新生兒，孩子由一個自然人慢慢被接納為一個社會人，但是父母對於孩子的關心是依舊，沒有缺乏的給予。關注孩子身體變化為主的重心，在周歲後到十六歲前這階段的風俗，逐漸轉換到更以文化生活為主的樣貌，所以下文以孩童階段的保育風俗來論述，描述這階段常見的求神、拜床母、拜契、貫絭、收驚、過關度限等禮俗活動。

一、孩童期保育風俗內容

【表5-1：孩童期保育風俗內容】

	主角/人物	禮俗內容
孩童期	孩童/家人	求神、拜床母、拜契、貫絭、換絭 收驚、過關度限

(一) 孩童期保育風俗——求神

　　過往醫學發展有其限制，不如現今樣貌，而孩童稚嫩抵抗力差，常受各種疾病侵襲，幼兒死亡率很高，人們力量有限的自知前提，將庇佑護康寄託在信仰、神明之上，期望借助人類無法掌握的力量，以護佑孩童平安成長。漢文化信仰體系中的多神表現，也變得是日常生活的一個重點，本文除簡略提及前文出現過的神明之外，並將具有臺南地方特色的神明一一介紹。

1.臨水夫人

　　臨水夫人，俗名陳靖姑，臺南地區以臨水夫人為主神的廟宇不少，府城區內以中西區臨水夫人媽廟最負盛名（圖5-1-1），廟中也同時奉祀許多助養孩童的神明，如：送子觀音、花公花媽、註生娘娘、丹霞大聖、三十六婆姐等（圖5-1-2、5-1-3）。許多民間小法壇亦崇拜臨水夫人，尤其是以閭山教派分支的三奶派，更是以祂為主神，並學習與護幼、醫藥、捉妖相關法術。由於在第三章已經介紹過，故不在此贅述。

2.七娘媽

　　七娘媽，又稱七星娘娘、七仙姑、七仙姊、七娘夫人、織女（圖5-1-3），在中國福建、廣東和臺灣民間，廣受民眾崇拜，

■ 圖 5-1-1　三奶夫人（陳志昌／攝影）

■ 圖 5-1-1　臨水夫人廟祀神
（陳志昌／攝影）

本廟神聖聖誕日（農曆）
大媽陳奶　元月十五日
花公花媽　元月十五日
福德正神　二月初二日
文昌帝君　二月初三日
註生娘娘　三月二十日
二媽林奶　八月十五日
月下老人　八月十五日
三媽李奶　九月初九日
觀音佛祖　九月十九日
丹霞大聖　十月十二日
※三十六宮婆姐
出教母宮（作十六歲）七月初七日
※中元普度　七月十五日

■ 圖 5-1-2　臨水
夫 人 廟 後 殿 的
送 子 觀 音 造 景
（陳志昌／攝影）

■ 圖5-1-3　俗稱七娘媽的七星娘娘（陳志昌／攝影）

主要做為護佑孩童成人之神。一說七娘媽是北方七星演化而來，是蒼穹星象演化的自然神，所以許多人是對著夜晚滿天星斗來祭拜，近代也可見為之畫像或塑像來祭拜。一說七娘媽是天上織女星，所以在織女與牛郎的神話中，牛郎與織女相傳於「七夕」相會，即為農曆七月七日，民間亦將這天視為「七娘媽生」。過往拜七娘媽多是對著天上星星膜拜，光緒年間成書的《安平縣雜記》也說七娘媽生時「做十六歲」成年禮儀式都是在民家廳埕進行，不過臺南中西區有專祀七娘媽的「開隆宮」（圖5-1-4），這也是較為少見的主祀現象，有地方化特殊代表意義。

■ 圖5-1-4　主祀七娘媽的開隆宮
（陳志昌／攝影）

3.姐母、婆姐

婆姐，也稱為姐母，因其諧音也被稱為「鳥母」，他們是臨水夫人或註生娘娘手下的配祀娘娘。據傳36位婆姐奉臨水夫人或註生娘娘旨意，賜予世間夫妻小孩，所以婆姐分別負責註生、注胎、監生、抱送、守胎、轉生、護產、注男女、送子、安胎、養生、抱子等項目，可以掌握孩子的長相、品性、才智、賢肖等，保佑初生嬰兒免於痴、傻、哭、鬧、病、弱、驚等症狀。由於每一位婆姐神像都採取動態之姿，周圍皆圍繞著1~3個不等的幼兒，或抱、或背、或帶，有的袒胸哺乳，有的持卷教子，亦有懷抱襁褓，忙碌洗衣、煮菜等栩栩如生，神韻生動，也頗具藝術欣賞的價值（圖5-1-5、5-1-6）。

由於婆姐專司嬰幼兒的照顧與管教，因此雖僅為臨水夫人或註生娘娘的陪祀，但自古以來卻頗受地方民眾的歡迎，經常有將婆姐迎奉返家祭祀的情況，據《安平縣雜記》所載：「俗傳男女幼時，均有婆姐保護。婆姐，臨水宮夫人之女婢也。…廟在今之東安坊山仔尾旁，列泥塑三十六婆姐像，有初生子女者，多到廟虔請婆姐回家供祀，子女長大，然後送回，故雖有泥塑三十六像，無一存在，廟中僅存留壁間畫像而已。[1]」由於註生娘娘或臨水夫人，在臺南地區是民間極為普遍的信仰，婆姐的陪祀也是常見現象，不過數量上可能只有十數尊或數尊，在中西區臨水夫人媽廟、白河臨水宮可見到完整擁有三十六婆姐神尊者塑像（圖5-1-7、5-1-8）。

1　不著撰者，《安平縣雜記》（臺北：臺灣銀行經濟研究室，1959），頁5。

■ 圖5-1-5　中西區臨水夫人廟三十六婆姐的姿態不一（陳志昌／攝影）

■ 圖5-1-6　中西區臨水夫人廟三十六婆姐動作表情栩栩動人（陳志昌／攝影）

第五章　十六歲成年前保育風俗

■ 圖5-1-7　臨水宮三十六宮婆姐之一（陳志昌/攝影）

■ 圖5-1-8　臨水宮三十六宮婆姐之二（陳志昌/攝影）

　　此外，在臺灣有自婆姐衍生形成的地方藝陣「十二婆姐陣」，此一藝陣可能早在清初康熙年間就可能已經出現雛形，據高拱乾《臺灣府志》的記載：「元夕，初十放燈，逾十五夜乃止，門外各懸花燈。別有閑身行樂善歌曲者數輩為伍 ⋯⋯有裝束昭君、婆姐、龍馬之屬，向人家有吉祥事作歌慶之歌，悉里語俚詞，非故樂曲；主人多厚為賞賚。」相傳此藝陣原為三十六婆姐，後逐漸簡化為十二婆姐，早期皆由男性反串，後

來漸有婦女擔任演出（圖5-1-9）。陣頭成員皆以紅色鳳仙裝打扮，由陳大娘領陣，帶白色手套，左手撐傘，右手持扇，並戴著婆姐面具，跟著陣頭隊伍沿街遊行，其表演以簡單舞步，或交錯繞圓圈陣式前進；據說十二位婆姐不但可治婦女百病，還分別職司幼兒衣、食、住、行、驚嚇、夜哭和病痛等問題，因此十二婆姐陣主要仍屬宗教陣頭，具有安產、收驚護嬰、驅煞等作用，所以十二婆姐陣出巡時，民眾亦爭相接受婆姐的撫摸，以求解厄除病。而根據調查發現，十二婆姐陣在臺灣雖不普遍，卻高度集中在臺南地區，目前或曾經存有十二婆姐陣者，包含有臺南的新營、學甲、麻豆、六甲、灣裡及嘉義新港奉天宮、高雄茄萣曾角等地區。其中南區灣裡保安宮的五媽婆祖陣已被臺南市政府列為文化資產，登錄傳統藝術類保存團體（圖5-1-10）。臺南民間亦有其他舞蹈團體以婆姐陣為發想來編舞編劇，相當有現代藝術性表現。（圖5-1-11）

4.齊天大聖

齊天大聖，民間慣稱「大聖爺」，也稱「丹霞大聖」，是動物神格化的民間信仰之一，受《西遊記》小說的影響，民間崇信大聖爺武藝高強，能保佑合境平安。臺南主祀大聖爺有中西區萬福庵、東區大聖殿、安南區和順大聖廟、北門區西埔內南天宮，陪祀大聖爺的有中西區臨水夫人廟、中西區南沙崗六姓府廟、北區大觀音亭、北區鎮轅境福德祠、新化區觀音里觀音亭、龍崎區武當山廟等。大聖爺造型是多半是猴頭人身，頭上繫有金箍圈，右手執著金箍棒，威武剽悍，神氣十足（圖5-1-12）。由於齊天大聖除有制服邪魔妖道的能力外，對於家中不

■ 圖5-1-9　學甲宅港社區媽媽扮演的十二婆姐陣（吳建昇／提供）

■ 圖5-1-10　南區灣裡保安宮五媽婆祖陣保平安的陣式（張耘書／提供）

■ 圖5-1-11　麻豆新生舞蹈團的十二婆姐陣演出（吳建昇／提供）

聽話的小孩子，也有一套調教
方法，所以家中只要有小朋友
不聽話，特別是極度頑皮、沒
辦法靜下來或過動兒（圖5-1-
13），只要經過齊天大聖的調教
後，就會成為乖小孩，因此也
成為庇護幼兒的守護神。祭拜
大聖爺，除壽金之外，需要準
備香蕉一串以供大聖爺享用。

臺南萬福庵是其中相當具
知名度的一間，相傳庵原為明
鄭軍隊家眷阮夫人住所，當年
阮夫人幫人帶小孩，由於小孩
常哭鬧冥頑，特從福建迎來大
聖爺石雕神像，以求孩童易於
教導。民間認為孩童子受驚愛
哭是「著猴」，家長只要前往
拜祭大聖爺即可獲得改善，也
有父母帶著小孩前往「拜契」，
期望齊天大聖庇佑小孩子健康
長大成人，所以在農曆十月
十二日為大聖爺生日，常見契
子們回來祭拜祝賀生日。（圖
5-1-14）在龍崎區崎頂武當山

■ 圖5-1-12　北區普濟殿內神氣十
　　足的齊天大聖（吳建昇/提供）

■ 圖5-1-13　中西區臨水夫人廟陪
　　祀的大聖爺公（吳建昇/提供）

臺南生育禮俗

■ 圖5-1-14　中西區萬福庵所祀齊天大聖
（吳建昇／提供）

■ 圖5-1-15　龍崎區崎頂武當山
廟的大聖爺（吳建昇／提供）

廟的大聖爺，也頗受地方的崇信，在左鎮、關廟地區一帶居民，若有管教小孩的問題，或者小孩身上有猴子的行為，就會帶來武當山廟拜請齊天大聖幫忙處理，這與民間認為不好養育的小孩子，一般都說是「著猴」、「猴囡子」有關，而大聖爺是猴王，正是有這些症狀的小孩子的剋星，家長也經常讓孩子拜大聖爺為契父，以得到大聖爺的庇護（圖5-1-15）。此外，有些神像造型如猴子的神佛，也經常被賦予照顧或管教小孩子的任務，如永康英靈廟的竹猿將軍等。

5.虎爺

虎爺常見供奉於寺廟神案下方，被認為是土地公的隨從或坐騎，所以也稱「下壇將軍」，常被視為因具有兇悍力量，有驅逐癘疾邪靈、鎮煞神聖空間的形象（圖5-1-16）。虎爺外表有強厚的下顎（圖5-1-17），所以民間相傳，虎爺能治療兒童的腮腺炎。腮腺炎俗稱「豬頭皮」，臺南地域也稱：瘖愛in-ài、豬頭癀ti-thâu-hông、豬頭片ti-thâu-pîng，這是種由病毒感染所引起的傳染病，對象多半是兒童，會造成腮腺疼痛腫大，

病童臉因而腫得像豬頭一樣。民間療法相傳，這時用銀紙來撫摸虎爺的下頜，然後將這塊銀紙貼在病童的患部，可以很快消腫痊癒[2]（圖5-1-18）。

虎爺另一形象為保生大帝的座騎，如北區「頂大道」興濟宮內虎爺，與愛在桌下鑽玩的小孩子最接近，所以也被視為孩童的守護神（圖5-1-19）。在習俗上相信，不好養的囝仔送給虎爺公做契子會長得好。祭祀虎爺公的小三牲，在拜祭完畢後帶回家給小孩子吃，也能保護其平安健康。此外有些宮廟門前的石獅，經常可以發現信徒在口中放入糕餅祭祀，以此做為祈求保佑孩童能夠頭殼堅硬、身體強壯，宛如石獅一般。

6. 保生大帝—藥籤

保生大帝廣為流傳的形象是醫藥神明，其藥籤在臺灣各地流傳甚廣，在過往醫藥不發達的時代，藥籤可以說是許多信徒醫療保健的重要參考。而由於嬰幼兒身體較為脆弱，故較容易感染疾病，再加上幼兒與成人所使用的藥方及藥量皆不相同，因此許多有藥籤的廟宇也會特別開設小兒藥籤，這可以是過往民間對幼兒照顧的重要依循。有關於藥籤的祈求方式，在臺南北區興濟宮的做法是首先要向保生大帝說明自己的姓名、居住地以及身體的狀況；接著點燃三支香，在左、右手的脈搏上方各放置五分鐘，表示讓保生大帝把脈，然後把清香插示香爐裡；接著靜候一段時間，讓保生大帝診斷、了解病情後，開始進行擲筊求藥籤，在保生大帝同意賜藥後，就可以領取藥籤，然後

2　鈴木清一郎《臺灣舊慣冠婚葬祭と年中行事》，頁314。

■ 圖 5-1-16　虎爺有驅逐癘疾邪靈、鎮煞神聖空間的形象（陳志昌／攝影）

■ 圖 5-1-17　下顎強壯的虎爺（陳志昌／攝影）

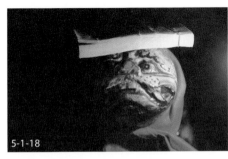

5-1-18

■ 圖 5-1-18　頭頂銀紙的虎爺（陳志昌／攝影）

■ 圖 5-1-19　糕餅祭祀的興濟宮虎爺（吳建昇／提供）

■ 圖 5-1-20　信徒放糕餅入石獅口中

5-1-19

5-1-20

照著藥籤所開的藥方，到中藥房或藥草店抓藥即可（圖5-1-21）。

臺南地區具有小兒藥籤的保生大帝廟宇頗多，其中較著名者包含北區頂大道興濟宮、中西區下大道良皇宮、安南區海尾朝皇宮、學甲慈濟宮、仁德保華宮、後壁上茄苳顯濟宮等。此外，在地方神明萬能化的發展下，有許多原來在認知上不具有醫藥功能的神明及廟宇，也開始出現提供藥籤的能力及服務，其中具有小兒藥籤者有中西區清水寺（清水祖師）、關廟山西宮（關聖帝君）、南鯤鯓代天府（五府千歲）、鹽水護庇宮（天上聖母）等廟宇（圖5-1-22、5-1-23、5-1-24）。

7.痘疹神

人類在孩童階段，在免疫製劑或疫苗尚未被研究出現之時，俗稱痘疹的天花、水痘、麻疹等，都是好發在兒童身上的病毒性感染。歷史上，雖然水痘這個疾病有很長的紀錄，也經常無法區別水痘和天花的差異，但都是相當讓人驚駭的疾病。1906年「臺灣種痘規則」實施，強制幼童接種預防天花的牛痘疫苗，以及戰後1956年起進行全國民眾種痘政策，大大改善這些疾病的傳染。

但在沒有這些疫苗的時代，民俗生活只能靠著漢藥、民間偏方或信仰來面對，如古代中國民間信仰「痘疹娘娘」就是施展除痘的神靈。類似的神明，在臺南東嶽殿的中殿，有一獨特的「朱匡爺」（圖5-1-25），與護國尊王分祀於地藏王菩薩左右。根據廟方表示，朱匡爺又稱「珠公爺」，是主管小兒天花之神，以往醫藥不發達時，負責守護生病的小朋友。彰化開化寺則有痘公痘婆，與臺南的神明不同。

5-1-21

5-1-22

5-1-23

■ 圖5-1-21　臺南北區興濟宮的小兒藥籤（吳建昇/提供）

■ 圖5-1-22　臺南關廟區山西宮的小兒藥籤（吳建昇/提供）

■ 圖5-1-23　臺南北門區南鯤鯓代天府娘媽殿的小兒藥籤（吳建昇/提供）

■ 圖5-1-24　臺南鹽水區護庇宮的天上聖母藥籤用於小兒科（吳建昇/提供）

5-1-24

（二）孩童期保育風俗——
拜床母

臺灣民間認為胎兒一出生離開母體，即不受到胎神影響，開始受到「床母」的照顧與保護，床母與其他神明不同，每月初一、十五或節日都需祭拜，所以獨立一篇來討論之。

1.床公、床母

床公床母，一說是周文王夫婦，傳說周文王活了九十七歲，育有九十九子，後又收養了雷震子，湊成百子之數，所以周文王夫婦成了多子多孫的楷模，受到

■ 圖5-1-25　東嶽殿中的朱匪爺
（陳志昌/攝影）

世俗祈求多子者的膜拜，並被視為兒童的保護者。祭拜床公、床母通常是在床頭擺簡易菜碗，鮮少見有塑像與畫像，在國立歷史博物館有收藏「床公床母」之版畫，是臺灣民間極少見的信仰圖像。

2.床母

床母的形象相當親民，祂不住在廟裏，而是常在家中嬰兒所睡的床上，所以在每月農曆初一、十五、其他節日或七月七日生日時，都要拜床母。鈴木清一郎《臺灣舊慣冠婚葬祭と年中行事》:「臺灣人認為，從嬰兒誕生起，一直到十五歲，都有一個稱為『床母』的兒童神，住在寢室裡保護兒童。所以在出

臺南生育禮俗

生後的第三天，就要上供祭拜『床母』，以後每當孩子生病或有其他異狀時，也要燒香祭拜床母。此外，每當年節或二十四季或每月初一十五的晚上，也都要用同樣的方式祭拜床母。[3]」「七月初七，要祭祀嬰兒神「床母」，這就叫『拜床母』。[4]」祭拜床母，供品準備麻油雞酒、油飯、四方金、床母衣等（圖5-1-26），靠近床的位置就可以祭拜。傳聞床母是個性很急的神明，所以拜床母時不宜太長，不像平常祭拜要斟酒三巡，大約供品擺好，香點了以後，就可以準備燒金紙和床母衣，燒完即可撤供，以免耽誤床母照顧孩子的時間。一說床母即是姐母（也稱鳥母、婆姐），所以祭拜用的床母衣、姐母衣、鳥母衣都是一樣的（圖5-1-27）。

■ 圖5-1-26　麻油雞酒、油飯、四方金、床母衣、金銀紙等祭品來拜床母（陳志昌／攝影）

■ 圖5-1-27　床母衣也稱鳥母衣、姐母衣（陳志昌／攝影）

3　鈴木清一郎《臺灣舊慣冠婚葬祭と年中行事》（1975。臺北：古亭書屋），頁117。
4　同上註，頁438。

民間也俗信床母要照顧很多嬰兒，為避免搞混，所以在出生之後，會在嬰兒臀部做上不同的青藍色斑紋，以識別這是誰家的孩子，民間稱此斑為「床母做記號[5]」現代學術稱為「蒙古斑」。若小朋友在睡覺時有或哭或笑或皺眉的表情，也被認為是床母在逗弄或教導小朋友，這時後不能吵醒嬰兒，否則會使幼兒長大後變癡呆。床母是專門保佑「一夜睏到大天亮」的神明，所以新婚夫妻入洞房、婦女生孩子、兒童出疹出天花時，都要祭拜床母。

3. 床母是客兄的故事

鈴木清一郎《臺灣舊慣習俗信仰》在臺灣採集到有關拜床母的蘇州傳說，與一般臺灣常聽到的說法差異甚大，所以特別提出供讀者參考。故事大意指一位郭華的書生，參加科舉考試在蘇州旅館與賣扇姑娘一夜情，結果翻雲覆雨到一半就馬上風（脫陽）暴斃。賣扇姑娘將郭華屍體埋在自己床下，後來十月懷胎生下孩子，常用酒菜在床上祭拜郭華。人們好奇詢問，賣扇姑娘回答是拜床母可以讓孩子長得快，因而有了拜床母的風俗。由於賣扇姑娘拜的是自己的情夫，所以也有人稱拜床母是「拜客兄公」。[6]當然故事跟臺灣現有床母信仰相差甚遠，不過這故事卻讓筆者想起臺灣新石器時期中晚期的住民將過世親人埋葬於床下的家屋葬文化，故事與考古發現之間，有何關聯實待研究者繼續考證。

---

5   呂阿昌〈妊娠及び出產に關する臺灣民俗〉（《民俗臺灣》5號，1941），頁4～5。
6   鈴木清一郎著，馮作民譯，《臺灣舊慣習俗信仰》，頁581。

（三）孩童期保育風俗—拜契、貫絭、換絭

1.拜契、貫絭

「拜契禮俗」是臺灣
傳統社會中一種文化現
象。過往在醫藥不普及
的年代，許多生下身體
就比較弱的小孩都會比
較難養育，也就是所謂
的「歹搖飼」的情況，

■ 圖 5-1-28　拜契書（吳佩珊／提供）

因此就有將自己的小孩給別人或是神明「做契子」的習俗，以
期望小孩能平平安安的長大。在黃連發〈兒童與習俗〉一文提
到，小孩歹育飼經常生病，也是祈求神祐來拜契重要因素，在
成為神明的契囝後，掛一個香火袋[7]，可保安康。至於可以拜契
哪種神明，在戰後黃文博《台灣風土傳奇》的採集資料中即明
講，拜神為父為母的習俗，俗稱「契神」，稱男性神明為「契
父」，女性神明為「契母」[8]。

　　所以「契子」所分二種：一是給神明作契子、一是給人當
契子。如果是要給人「做契子」的話，那麼就是「契父」贈送
「契子」龍眼及其他牲體，而契子收到之後將那些東西供奉在
神明面前，並向神明報告，正式結為親子關係。如果是要給神
明「做契子」，那就要準備牲禮、金香燭供奉神明，把自己的

7　黃連發，〈兒童與習俗〉，《民俗臺灣》第2輯（臺北：武陵，1998），頁132~133。
8　黃文博，《台灣風土傳奇》（臺北：臺原，1989），頁135~136。

願望想神明稟告，且要將
小孩的生辰及父母的生
辰、住所一起報告給神
明，然後擲筊祈求承諾，
得到允許之後，有些地方
會有書寫與火化契文的儀
式，接著會向神明乞求一

個香火袋或打一個銀鎖胸佩掛在小孩身上作護身符，稱為「貫
絭（kǹg-kuānn）」。所以可以知道拜契與貫絭之間有著緊密的
關聯，不過筆者也在調查過程發現，也有許多父母在年節帶孩
童到廟宇祭拜之時，也順道乞求一只香火袋來供孩童配戴，但
並無拜契關係。

　　這貫絭習俗在鈴木清一郎《臺灣舊慣習俗信仰》書中記載
最是詳細，他說：

　　臺灣人相信子女都是由註生娘娘所恩賜，一直到子女十六
　　歲入成年階段，都祈求由註生娘娘、七娘媽諸神保祐，才
　　能使子女順利長大成人。因此就作成一種符牌，栓上線，
　　面對諸神祈求保祐，然後掛在孩子的脖上，這就叫作「綰
　　絭」。……由於七娘媽沒有專祀的寺廟，所以多半在自己
　　家裏舉行這種「綰絭禮」，就是面對中所供七娘媽神位祭
　　拜。綰方言作捾。
　　如果所祭拜神有好幾位時，就要製作銀牌，上面寫有諸神
　　的名字，然後用紅線栓好，對神佛祈禱，最後才能掛在脖

子上，……。

絢絭時所用絭分很多種，祈求註生娘娘或七娘媽保祐的叫作「註生娘娘絭」或「七娘媽絭」，祈求媽祖或觀音保祐的叫「媽祖絭」或「觀音絭」。[9]

　　鈴木所採集記述說法為清代以來最完整的記錄，詳細交代臺灣人十六歲成年之說，也或許可視為日治臺灣人對於十六歲成年禮俗的在地化看法，可統計出有3個特色：（1）十六歲成年前「貫絭」為重要生育禮俗標誌，（2）生育禮俗所崇拜神明非單指七娘媽，屬多神信仰，（3）不獨可以在寺廟舉行「絢絭禮」，更常見於家中廳堂。在臺南地區普遍存在有「給神明做契子」的習俗，除了上述中西區開隆宮七娘媽、中西區臨水夫人媽廟拜契夫人媽等女神外，其中有臺南地區代表性及特殊者，介紹如下。

（1）中西區開隆宮拜契七娘媽

　　日治時期臺灣慣習研究會〈新編歲時節俗〉調查：「七月七日乞巧節，又曰七夕，俗稱七娘媽生日。…刻七星娘媽等字於銀牌，掛於小兒之頸，名曰掛貫。[10]」這種貫絭的材料，可以是神明的香火、也可以是刻有七娘媽字眼的銀牌，材料的使用與時俱進，也可以看到經濟狀況的提升。

9　鈴木清一郎，《臺灣舊慣習俗信仰》（臺北：眾文，2004），頁114~115。

10　劉寧顏主編，《臺灣慣習記事（中譯本）・第壹卷下》（臺中，臺灣省文獻委員會，1984），頁35。

（2）中西區臨水夫人媽廟拜契夫人媽

臨水夫人為產育之神，因此臨水夫人媽廟也成為全臺廣泛信徒拜契的對象，且由於其婦幼專科的功能性，因此其拜契文化也成為其他廟宇學習及模仿的對象，具有相當的代表性。有關臨水夫人媽廟拜契之時，一般會先向廟裡眾神明都敬拜好以後再來拜契，而後報上幼兒之姓名、父母姓名、地址、生辰八字，以懇請夫人收小孩為契子，在徵得夫人同意後，接著由夫人指示拜契三奶夫人之何神，一般先從大媽（臨水夫人媽、陳奶夫人）擲筊、懇請夫人媽收這小孩做契子孫，若沒三聖杯、再換二媽（林奶夫人）、不成再三媽（李奶夫人）（圖5-1-30）。而拜契所準備的供品主要有：五牲1付、大麵1盤、紅龜6粒、發粿6粒、春干2隻、韭菜12支、鮮花1對、四果1付和酒1瓶，油香600元以上、拜契金為400元（圖5-1-31）；並書寫兩份「誼子書」，一份於拜契時焚化，另一份則留至十六歲成年時，前來該廟還願答謝神恩時在燒化（圖5-1-32）。拜契儀式可循求廟方人員協助自行拜契，也可以由廟內法師主持拜契儀式。

（3）西港保安宮樹王公廟拜契

臺南市西港區茄苳腳保安宮，主祀樹德元帥及邱、范、陳元帥（圖5-1-33）。起源於1803年，當地牧童拾得一尊神像，置於茄苳樹裂縫處，時有靈異，盛傳多年。數年後又受樹王指示拾獲三尊神像（即今邱、范、陳元帥），同置樹穴，村民虔誠祭拜。茄苳樹日益壯盛，遂將神像包覆於內。村民建寮奉祀，現在宮廟於1986年重建完成。老茄苳樹於1950年間，遭颱風吹倒，數月後樹頭長出新枝幹與一棵榕樹，如今皆枝幹茂盛，

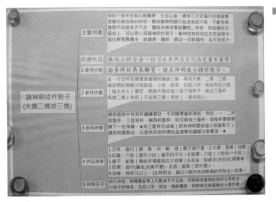

圖 5-1-30　臨水夫人廟公布欄張貼拜契流程圖（陳志昌／攝影）

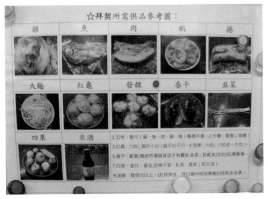

圖 5-1-31　臨水夫人廟公布欄張貼拜契供品參考圖（陳志昌／攝影）

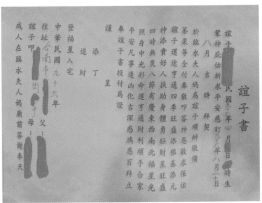

圖 5-1-32　臨水夫人廟提供布質誼子書（陳志昌／攝影）

信徒以紅彩帶覆幹，並設鐵欄保護（圖5-1-34）。

　　有關樹王公收契子之儀式，通常都會先在樹王公前擲筊徵得同意後，準備牲禮用品包含：大麵1包、韭菜1把、春干1尾、發粿6粒、紅圓6粒、四果2份、牲禮1份、米酒1瓶，另外再準備1件小孩的衣服，並書寫2份拜契書，接著在大殿跪拜誦念契證內容後，將其中1份契證在神龕香爐繞爐3圈，並火化拜契書，以示神人契約關係的正式建立，另一份則留至翌年樹王公聖誕時再行焚化，與府城內留存拜契書到成年時或結婚時再燒化之習俗不同。

　　拜契同時，父母必須將廟方贈給的「貫絭」，引領幼童至樹前、神前祭拜，在貫絭過爐後，再給幼童佩帶，以象徵樹王公隨身保佑。又在完成祭祀後，要讓幼兒換上新衣，至於換下來的舊衣，早期會懸掛在樹王公的樹枝上，後來因容易弄髒，廟方改放置在樹下的收集箱，待樹王公生日後一併焚化（圖

臺南生育禮俗

■ 圖5-1-35　樹王公拜契書（吳建昇／提供）

5-1-35）。

　　每年樹王公聖誕香期的農曆十月十三日至十五日，所有契子契孫，皆會返廟祝壽，並舉行「換絭」儀式。父母攜帶契子前來之時，先在廟方香舖購買一份壽金紙與貫絭，並置放拜亭供桌，然後燃香祭拜樹王公與邱府大帝諸神，之後即為幼童取

■ 圖5-1-36　留放舊衣的長生兒童衣物箱（陳志昌／攝影）

■ 圖5-1-37　鐵欄上掛滿換下的貫絭（陳志昌／攝影）

下舊貫綰、換帶新品，並把舊貫綰繫在茄苳樹鐵欄，有「送舊迎新」之意，由於舊的貫綰掛在茄苳樹周圍，也形成特殊奇觀（圖5-1-36），之後再過七星平安橋，由法師為幼童消災解厄。

（4）將軍漚汪文衡殿的拜契

漚汪文衡殿的拜契文化，在臺南鹽分地帶具有特殊的代表性，主要在於其特有的「解煞儀式」與豐富的供品。一般幼兒在出生滿四個月以後，才能向漚汪文衡殿關帝爺「拜契」，首先要將幼兒的生辰八字與父母的生辰八字一併交由關帝爺來「看日」，若幼兒的八字帶關煞，如：車關、水關、血關、刀關、刀箭關等，就不能拜契，必須由關帝爺擇日下壇親自解煞後才能拜契。

拜契供品除了五牲1盤（豬、雞、魚、韭菜和春干）、五菓2盤（1盤拜關帝爺，1盤是特別用來拜觀音佛祖）、紅圓1盤（6粒）、發粿一盤（6粒），另外要再準備「十二項」物品，包含：稻穀種12粒、豆種12粒、芋種2條、木炭1塊、冰糖1塊、麵線2束、犁頭鈝1片、十元硬幣6個、鐵釘支春干1隻韭菜把及箍桶蔑條。在拜契要書寫拜契書一式二份，在紅布上紙上，紅那張在儀式結束後，跟著金紙一起燒化；紅布那份則由契子女收存直到結婚時拜完天公後，才將契書跟著金銀紙燒化。（圖5-1-38）

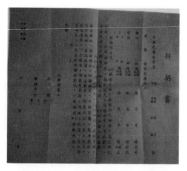

（5）關廟山西宮拜契

關廟山西宮，主祀關聖帝君，為關廟區居民共同的信仰中心（圖5-1-39）。相傳該廟建於明鄭時期，在「香洋仔」開拓之時，因居民景仰關聖帝君聖德，並祈求興築弼衣潭（今大潭埤）取水灌田，遂興建山西宮，並在廟宇附近發展出關帝廟街，期間歷經多次重建。本廟除配祀註生娘娘神案前有「幼童換衫」之習俗外，在每年農曆六月二十四日關聖帝君聖誕之時，還有極具特色的拜契文化。契子需至山西宮中為其祝壽，無法親自到場者須由家人帶著衣物到廟中蓋聖君大印，上千名來自各地的老幼契子，齊赴山西宮祝壽，場面非常壯觀。近年來因為旅美大聯盟棒球選手王建民也是山西宮關帝爺的契子，消息見報，讓山西宮的拜契更加興盛。

■ 圖5-1-39　關廟山西宮（吳建昇／提供）

（6）關廟布袋清水寺收契子

關廟布袋清水寺收契子的年齡範圍在1~16歲皆可，嬰兒出生後就可以至本廟拜清水祖師為契父，尤其每年元月初六日清水祖師聖誕時，拜契情況最為興盛（圖5-1-40）。據廟方表示，若是孩童較貴氣、父母命格較親者，或沒有孩子命卻生有孩子者，或孩童從小就有病痛纏身的問題，都會來廟中祈求清水祖師收為契子。本廟「收契」儀式相當簡單，只要來廟中購買金紙，點香祝禱之後，向清水祖師稟告祈求納為契子，燒完金紙後向廟方繳交費用（新臺幣200元），並由廟方人員登記即可，廟方會提供一個印有本廟清水祖師圖像的項鍊牌（早期為香火袋），民眾將紅線貫穿後成為貫絭，由契子隨身佩戴，即完成拜契儀式。

■ 圖5-1-40　關廟布袋清水寺（吳建昇／提供）

臺南生育禮俗

（7）龍崎區崎頂武當山廟大聖爺收契子

崎頂武當山廟，原祀玄天上帝，相傳大聖爺也想入祀廟中，後玄天上帝不肯，雙方大戰之後，請來玉皇大帝調解紛爭後，大聖爺遂得入廟奉祀。另一說大聖爺為能入廟讓信眾供奉，乃託夢廟方主事者，並化身潑猴百般捉弄，在廟方主事者不堪其擾下，遂將大聖爺供奉廟中。在大聖爺入祀後，大顯神威，特別對那些不好養育的小孩子特別有效，可以說是這些猴囝子的剋星。

由於大聖爺專收16歲以下孩童為契子，同時護佑孩童好育飼，使得武當山廟成為全臺家喻戶曉的廟宇，許多家長更由全臺各地帶著孩童、子弟前來參拜，並讓大聖爺收養，以保平安，也使香火益加鼎盛。大聖爺收契時間原是聖誕日農曆七月

■ 圖5-1-41　龍崎區崎頂武當山廟（吳建昇／提供）

■ 圖 5-1-42　楠西金松公廟（吳建昇／提供）■ 圖 5-1-43　金松公廟奉祀水泥樹幹

二十七日，不過有信眾忌諱鬼月，因此大聖爺收契子改選在農曆正月初九天公生、農曆三月三日玄天上帝聖誕，採輪替方式進行。大聖爺收契子之俗，通常於祭拜日的前一天，宰豬羊以祭拜天公，當日在由本庄四角頭（礁坑、水坑、嶺南、嶺北）出資演戲，其後再進行過限橋，收為契子的儀式。

（8）楠西金松公廟的「乞銅錢佑子」

　　楠西金松公廟是位在楠西市集前的一間小廟，所供俸的是一棵老榕樹「金松公」。「樹大有神」是臺灣民間信仰的一大特色，通常會在其樹幹上披掛紅布以示有神，並禁止孩童攀爬以免瀆樹神，如有修整也必先請示樹神。有些地方會蓋間簡祠小廟，甚或雕塑金身祭拜的，久之成為一地的休憩或祭祀的場所。

楠西「金松公」較為特殊，因目前所拜的「金松公」已無樹幹本體，僅留下民眾以水泥糊砌的「假樹幹」，這是一般民間極為少見的情況。且本廟未準備香火袋供信徒拿取，取而代之的是銅錢，只要信徒擲筊得到金松公允許，就能將銅錢借走，可以紅線穿過配戴在小孩子身上，能保佑小孩子的成長平安順利，但到了小孩子成年之後，這枚銅錢就必須歸還給廟方，意即其性質頗有類似保護幼子的貫絭。

在臺南地區尚有一些較為特殊的拜契文化，如：後壁旌忠廟需要幼兒出生有帶刀、帶將軍劍的，才可以請岳飛當契子。四草大眾廟可由信徒自行決定要拜哪尊神明當契父。南化天后宮的拜契儀式中，廟方會提供平安長大的香火袋、銀鍊。玉井新天王殿則是喝下神明桌前「中央杯」的水，就可以直接承認是神明的契子，這些都是較與眾不同的拜契文化。

2.換絭

有拜契領有貫絭的孩童，每年神明誕辰時都要重新換一個香火袋，或換上一條紅線，不然就是銀鎖胸佩拿去繞神爐，受神香煙燻即可，此稱之為「換絭」（uānn-kuānn）。多半一直實行到孩童十六歲成年後，於神明聖誕時帶著豐盛祭品於神前答謝庇佑，然後取下隨身的護身符，此稱之為「脫絭」（thǹg-kuānn）」。

（四）孩童期保育風俗—收驚

收驚（siu-kiann），就是一種招回失散魂魄的儀式，又稱「收魂」、「叫魂」。收驚是民間具有發展甚久的習俗之一，連橫

《臺灣通史》也提到：「婦孺出門，忽逢不若，畫符吹角，謂之『收煞』。」[11]因俗信認為人有三魂七魄，三魂為「胎光、爽靈、幽精」，七魄為「屍狗、伏矢、雀陰、吞賊、非毒、除穢、臭肺」，在人死之後，七魄隨軀體留在墓穴中，三魂則要下陰間，受十殿閻王審判。而人活在世上，魂魄不能失散，否則就會生病，甚至死亡。在臺灣道教有種「十二條神魂（身魂）」之說，這是指肉體中的12種能量，這種能量在體內循環運轉而稱為「氣行十二經脈」，然不管任何人只要「十二條神魂」出了毛病，這個人必定整日昏沉、無精打采。因此民間相信人會生病是因為魂魄失散所導致，所以必須請道士作法，把因驚嚇而失散的魂魄招收回肉身，這就是俗稱的「收驚」[12]。尤其俗信幼兒的身體與魂魄尚未緊密結合，魂魄容易受到驚嚇而離開身體，因此會有食慾不振、無端夜啼或經常生病等症狀，此即民間俗稱的「著驚」（tioh-kiann）或「著生驚」（tioh-tshenn-kiann），必須及時收驚才能恢復正常。

　　有句諺語：「囡仔無收驚，袂大」，這句話主要是指，每個小孩都有收驚的經驗。早時，孩子在成長過程中，當小孩半夜睡不安穩或無緣無故啼哭之時，或是身體不舒服，看醫生、吃藥都治療不好之時，過往就會直接聯想到小孩是不是受到驚嚇了，而當幼兒有魂魄失散的情況時，除了求助兒童守護神以保佑小孩平安之外，也經常替小孩進行收驚的儀式，因此民間有

11　連橫，《臺灣通史》，頁575。
12　林國平，〈福建傳統社會的民俗療法和寺廟藥籤〉，《宜蘭文獻》卷37，（宜蘭：宜蘭縣政府文化局，1999），頁60。

關小兒收驚的儀式就十分普遍。一般認為要到小孩7歲或上學以後，魂魄才會比較安定，就比較不容易再受到驚嚇。在西方醫學多半是以體質性因素來著眼，所以認為小兒著驚可能是輕微的急性腸炎、腸絞痛，或是因幼兒的交感神經系統尚未發育穩定，以至於哭鬧不休，日夜顛倒，皆可透過按摩或藥物等現代醫學方法的處理。

1.受到驚嚇的原因與症狀

有關嬰幼兒受到驚嚇的原因，可以說是千奇百怪，有的是突然被人吆喝聲嚇到，有的是沖犯到各種聞所未聞的神明，更有因為父子八字相剋，而導致小孩心神不寧、難以養育。不過，受驚的種類，最常見者，大致有下列幾種：

（1）**被人嚇著**：小孩常因為極為敏感，所以突然有人大聲講話，或者做錯事被父母嚴厲斥責，這些都可能導致小孩受到驚嚇。如果孩童是受人驚嚇，讓孩子吃對方口水，這是種為孩子除解觀念，以求孩子心靈情緒鎮定。

（2）**被祖先相借問**：指父執輩中有人夭折，其靈魂在小孩身上作祟。

（3）**土地公「問著」**：這多半是住家附近有人大興土木，吵到土神，土神生氣而降厄在附近人家的小孩身上。

（4）**沖犯白虎神**：小孩夜晚外出，沖犯到白虎神。

（5）**沖犯喪喜**：未滿四個月的小孩，接觸到喪喜事，因而身心不適。

（6）**小孩不慎受到意外傷害**：如從高處摔下，導致因驚嚇而心神不寧。

（7）**其他原因**：看到黑影、凶狗，或聽到狗，突然吠的聲音、打雷聲、關門聲。人們相信，這些突如其來的影像或聲響，會使小兒身上的「三魂七魄」受到驚嚇，而有部分跑到體外。

然而，當嬰幼兒受到驚嚇之後，由於身體少了某部分魂魄，因此就會處於一種不安穩狀態，輕微的症狀有不吃奶、夜啼、拉綠便；若長期魂魄不回來肉體，則小兒會有更嚴重的症狀，例如：不認父母、對空中傻笑，有的在出現不舒服的狀態後，會高燒不退，吃退燒藥也是沒用，甚至有人認為會有死亡的危險。所以民俗生活裡發展出許多收驚的方法。

2.收驚的方式

有關收驚儀式頗多，大多視病人症狀輕重，會有不同處理方式。本團隊所採集到的收驚方式大概有2種，一種為居家簡易處理，另一種為請專職人員收驚，以下分別敘述：

（1）居家簡易收驚方式：

有關居家簡易收驚，大抵可以分為「請神念咒法」、「浸水拭身法」、「手印指符法」、「入廟過香法」、「祭拜送煞法」等5種類型。

（1-1）請神念咒法：

A、若幼兒受到輕微驚嚇時，可以由家中長輩進行簡單的儀式，在神明廳先燃香請神佛，呼叫小兒名字，請神佛保佑之；接著以家中神明廳內香爐中的香腳，在小兒背後揮12下，並以腳用力踩地，重複禱念：「囝仔無驚，豬狗驚，食百二，好

育飼」等口白即可。[13]

B、將一把生米放在嬰幼兒的舊衣服內包起來後,一邊禱念:「床母來予xxx收驚,收予伊無驚,收予伊好育飼」,唸完後就將那包衣服放在寶寶睡覺的枕頭下。[14]

C、若在晚上十一點以後,嬰幼兒仍然吵鬧不休,可以抱著小孩對著窗門口念禱:「十二條心魂在宮,轉來啦!雞頭雞尾拍著驚,毋免驚,毋免驚,XXX轉來啦!轉來啦!」供念十二次,慢慢嬰幼兒就會會乖乖睡著了。[15]

（1-2）浸水拭身法:

A、以紅布縫製1個小袋子,內裝7顆完整的米粒、少許的鹽、1根香腳(家中神明廳內香爐中的香腳)平均折成7段,之後將紅布袋浸水後來擦拭身體,或在嬰兒洗澡時放進洗澡水內便可。

B、在洗澡水中加入鹽及米各1小把,因為這兩項物品都具有驅邪除煞的功用,所以也可以用來作收驚的工具。

（1-3）手印指符法:

A、當出門遇到小孩受到驚嚇時,立即以左手比出蓮花指放在小孩頭頂,再將右手中指沾上自己的口水,輕觸小孩的嘴唇,再用右手中指在小孩的額頭劃上3個勾,下面寫1個符字,然後在符的右上下、左上下與中間各點一下,接著再以右腳重踏地板一下即可。

13　採訪自關廟鄭法師(約1960年生,關廟山西宮法師)。
14　採訪自鹽水里小姐(約1940年生,護庇宮會計)。
15　採訪自鹽水黃麗慧小姐(約1970年生,雜貨店老闆娘)。

B、當出門遇到小孩受到驚嚇時，馬上將手掌弓成半圓弧形，就像拍痰手方式地，輕輕在寶寶的天靈蓋碰3下，並祝禱：「ＸＸＸ，毋免驚，三魂七魄歸本身」，即可馬上解決受驚的症狀。[16]

C、若有卡到土神的情況，可以用杯子裝米及鹽巴，用浴巾包住後灑向嬰兒，並口念：「鹽一半、米一半、土神走四散」，同時以腳踏地、撒鹽。[17]

（1-4）入廟過香法：

A、帶小孩的衣物到廟裡繞香爐三圈，然後回家後拿著衣服在小孩身上拍一拍後，再讓小孩穿上即可。[18]（圖5-1-44）

B、在平時就抱幼兒到附近正廟拜拜，並向神明祈求平安符或符令，若遇到小孩有受驚嚇的情況，就將平安符用小別針別在孩子的衣襟上，或將符令化陰陽水後，以口沾符水或擦拭符水的方式處理即

■ 圖5-1-44　武廟志工郭小姐將幼兒衣服在後殿觀音廳香爐上過香（吳建昇／提供）

16　採訪自西港慶安宮廟前熱心李阿婆（約1940年生，西港慶安宮信徒）。

17　採訪自關廟呂來銀老先生（約1930年生，前關廟山西宮委員，已退休在家）。

18　採訪自中西區郭小姐（約1970年生，祀典武廟觀音廳長期志工）。

可。[19]

（1-5）祭拜送煞法：

A、若被「歹物仔」（pháinn mih-á）卡到，可以準備三牲、便菜飯、紙頭、九金、九銀、小銀庫、金衣、白錢及一些日常用品祭祀門口即可。

B、若自己家的祖先「問到」，可以準備小三牲、小便碗、酒、水果，在離家大約一百公尺處（不可在家前）的地上拜拜，拜完供品不拿回家食用。[20]

（1-6）遮蔽擋煞法：

家中有未滿一歲的新生兒，若有需帶嬰兒有出門的時候，可以先在布店剪裁一塊像嬰兒包巾那麼大的紅布塊，在看到有喪事或經過墓地時，可以把紅布蓋在嬰兒身上，就可以避免影響到嬰兒。[21]

（2）專職人員收驚方式：

如果覺得受驚嚇情況嚴重，也可以由專業的神職人員、道士、法師等執行複雜的收魂法，臺南地區專職人員的收驚方式，可分為專職收驚（收驚仙、收驚婆等專門職業）及在廟中降乩問事等二類。在專職收驚方面，其師承或有祖傳，或為師授。[22] 由於民間收驚咒語繁多，因師承不同而互異，且往往沒有成套的典籍知識，大多是口傳手抄本，加上實地演練，徒弟

---

19 採訪自學甲吳太太（1950年生，家母，全職家庭主婦）。
20 採訪自鹽水黃麗慧小姐（約1970年生，雜貨店老闆娘）。
21 黃文博，《臺灣信仰傳奇》（臺北：臺原出版社，1993），頁66。
22 採訪自左鎮林榮昭先生（約1950年生，左鎮北極殿總幹事）。

跟著師傅或兒子、媳婦跟著公婆學習幾年後，待技巧純熟了，才可以出師。而且很常是承繼家業或接替師傅的位子，若要自行開業就得前往他處，由於不公開、不外傳，所以也蒙上了一層神秘的面紗。以下介紹「米卜收驚」、「靈乩收驚」、「符咒收驚」、「法事科儀收驚」等4種。

（2-1）米卜收驚

米卜收驚多半需要配合神明法力相助，常見方式是先燒三炷香請神明後，以杯碗盛滿米，受驚者衣服包覆米碗後再以紅繩綁住使用，有時須放置神明跟下，並點香告知姓名、住址等個人資料（圖5-1-45）。有些地方會以香腳在杯碗上畫符，或在受驚者身體前後畫動，或杯碗去碰觸收驚者的身體（圖5-1-46），此一過程常見收驚婆或先生媽默念咒語。接著打開衣服，觀察米粒所顯現高低缺陷的情形（圖5-1-47），來判斷受到什麼驚嚇，然後再以符咒、淨符水施法趕走邪煞，借助神力找回元神。若有需要再重複收驚儀式，如此反覆到神明示意完滿或直到杯碗中的米，平整沒有缺角，收驚才完成。[23]

「米卜收驚」為臺南地區專職收驚（收驚仙、收驚婆）最常見的一種方式，如：東區龍山寺旁先生媽收驚，已經傳承三代，目前由2位媳婦接手，並以分開2處服務，除米卜收驚外，還有民俗醫療，但先生媽表示為免涉及醫療法規，現已不幫忙治療行為（圖5-1-48）。安南區施顏老太太的收驚方法是用被收驚者的衣服或乾淨的毛巾將裝米的小杯包住，點三柱香請神，

23　採訪自鹽水李鴻村先生（約1960年生，鹽水護庇宮米卦師）。

■ 圖 5-1-45　收驚者衣物包覆米碗後
置放神明前方（陳志昌／攝影）

■ 圖 5-1-46　杯碗去碰觸收驚者的身體
（陳志昌／攝影）

■ 圖 5-1-47　米碗中的米粒會說故事
（陳志昌／攝影）

■ 圖 5-1-48　東區龍山寺旁先生媽收驚
（陳志昌／攝影）

口念：「拜請保生大帝眾神予小兒（xxx）收驚，鼠頭收驚鼠尾換定、牛頭收驚牛尾換定（以下依此類推一直將十二生肖念過一遍），收起起、收離離、收予你十二條元神，著在精、著在神、著在厝、著在壁、予你小兒好睏好安眠、食飽乳、睏飽眠，予你無驚無嚇、無掣無避。」念畢後在被收驚者的前胸及後背各梳三下，並將衣服打開抓起豎起的米粒丟給雞吃，同時念著：「雞驚狗驚、囡仔無驚」，接著再將米包住後，又從「鼠頭收驚鼠尾換定、牛頭收驚牛尾換定……」等，重複以上的步驟共三次，最後挑十二顆米泡水讓被收驚的孩子舔一舔，才算整個收

驚過程的結束。[24]

　　鹽水護庇宮也有米卜收驚的服務，其方式是先寫下需要收驚的人的生辰年月日及住址，接著乩童會將一塊上有八卦圖案的紅布蓋在收驚者頭上，接著乩童將上有八卦圖案的紅布包住裝滿米的杯子，並且將表面磨平，用這杯米與三炷香開始收驚，打開紅布看米的凹陷狀態便可知道情況，之後將香腳和

■ 圖5-1-49　麻豆南勢保安宮的收驚婆
　（陳志昌／攝影）

香灰放進杯水中，再重複同樣的動作三次，接著讓收驚者喝三口這杯內的符水，接著將金紙化掉即告完成。[25]此外，左鎮北極殿、麻豆南勢保安宮、七股三媽收驚等廟宇或神壇，也有以米卜收驚的服務，其中麻豆南勢保安宮的李姓收驚婆表示自己並非家學，而是與神明有緣份，遇到有人有需要收驚時，她會感受到神明靠近，很自然地就會以米卜來收驚，一回生二會熟，收驚的效果及料事精準度都與日俱增，是種屬靈乩與米卜結合的表現。（圖5-1-49）

24　臺南社大台江分部網站資料（http://163.26.52.242/folklore/?p=17）。
25　採訪自鹽水李鴻村先生（約1960年生，鹽水護庇宮米卦師）。

（2-2）靈乩收驚

這也是臺南地區常見廟宇神壇的收驚儀式，一種是具有靈力的通靈者，直接讓神明附身來受驚（圖5-1-50）；一種是在神明降乩問事儀式時一併進行，藉由手轎或乩身以傳達神明旨意，並請神明做主以驅除邪靈、找回元神。

■ 圖5-1-50　安南區普庵宮的靈乩收驚（陳志昌/攝影）

萬福庵原是鄭成功部將阮駿夫人的住家，年代可遠溯至明鄭。相傳阮夫人以育嬰為生，孩童愛哭鬧謂之「著猴」，是以奉祀齊天大聖為孩童收驚，許多家長帶著孩童前來「拜契」，

■ 圖5-1-51　萬福庵大聖爺收驚

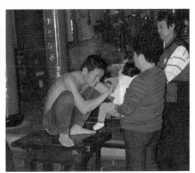

■ 圖5-1-52　大聖爺降乩方式收驚

■ 圖 5-1-53　大聖爺收驚後提供的
貫粜、符令、鹽米、榕葉（吳建
昇／提供）

■ 圖 5-1-54　拜契萬福庵大聖爺所需物品清
單（吳建昇／提供）

認齊天大聖為乾爹，希望孩童能順利長大成人，齊天大聖能護
佑孩童的事蹟，因而廣為流傳，而大聖爺降乩收驚的服務也以
幼兒為主，不過現在其問事範圍以不限於小兒收驚[26]。

　　在玉井太子廟是以「掉手轎仔」的方式，太子爺固定於每
月農曆 15 日下駕處理事情，其方式是先向神明拜拜說明想收
驚的事情，接著抓手轎仔的人會開始收驚，並且用手轎寫下收
驚者的狀況，事後會出符咒讓受驚者攜帶保平安[27]；其他如下營
連表代進宮、下營西寮代天府、柳營區雲霄太子殿、佳里區鎮
山宮、北門西興宮等都是採取降乩收驚。

（2-3）符咒收驚

　　此即以咒語或符籙替人收驚的方法，收驚先按照神明所傳
授的咒語、手印或符籙，來替信徒收驚驅邪，通常會唸一段收
驚文，請神明作主，將受驚者的魂魄加以安定，並用香腳在受
驚者的胸前或背後書寫收驚符，以祈求無災無厄。如著名的臺

26　採訪自中西區林小姐（約 1980 年生，萬福庵會計）。
27　不著撰者，《安平縣雜記》（臺北：臺灣銀行經濟研究室，文叢 52 種，1959），頁 5。

北行天宮就是採取此一方法，收驚人手持清香，在信徒的胸前背後畫符，男畫「日尚」，女畫符「月尚」，並同時口中誦唸「太乙真言」，如此反覆做3次就完成收驚儀式。至於臺南地區的收驚儀式，少有單獨以符咒的處理，大多是摻有咒語、符籙的米卜方式。

（2-4）法事科儀收驚

依據採訪自中西區興泉府林俊輝法師的說法，「小兒收驚」不屬於道教的法事科儀，[28]不過在「世俗化」的影響下，民間卻有簡化祭化小兒關煞的儀式，以作為服務民眾的收驚儀式，其步驟為洗淨、開鞭、撒鹽米、念收驚咒、打驅邪指、燒紙錢給煞方（以解冤釋結）等，所以都有紙、草人替身為科儀的工具（圖5-1-55）。[29]而臺南地區著名的收驚廟宇，首推中西區臺灣首廟天壇，其收驚服務號稱與臺北行天宮齊名，天壇在後殿共有8位紅頭法師隨時提供信眾除煞解厄的服務，公定收費便宜，每次消災解厄、收驚賜福，費用僅收50元（圖5-1-56）。關廟山西宮在每天早上也有收驚儀式的進行，是法教祭改科儀形式（圖5-1-57、5-1-58、5-1-59），不過在每年關聖帝君農曆六月二十四日聖誕，廟方會再進行一次大規模的祭改儀式，這就是該廟著名的「契子過限」。又鹽水武廟平常的收驚儀式，主要是由廟公手持「百年關青龍偃月刀」為民眾趨吉避凶，在農曆年初一至十五則有過七星平安橋的活動，早期法師也會持關刀

28　採訪自臨水夫人廟林俊輝法師。

29　張珣，〈臺灣漢人收驚儀式與魂魄觀〉，載於黃應貴編《人觀、意義與社會》（臺北：中央研究院民族學研究所，1993）。

■ 圖 5-1-55　制改煞替身（陳志昌／攝影）

■ 圖 5-1-56　臺南首廟天壇後殿的紅
頭法師祭改（陳志昌／攝影）

■ 圖 5-1-57　關廟山西宮收驚（吳建昇／
提供）

■ 圖 5-1-58　關廟山西宮
收驚使用的草人（吳建
昇／提供）

第五章　十六歲成年前保育風俗

■ 圖5-1-59　法教科儀祭改（吳建昇/提供）　　■ 圖5-1-60　鹽水武廟的關刀
　　　　　　　　　　　　　　　　　　　　　　　　　　收驚（吳建昇/提供）

為民眾收驚，因為關公的靈會附在關刀之上，所以有趨吉避邪
的功能，此一方法也為臺南地區所僅見。（圖5-1-60）

（五）孩童期保育風俗—過關度限

1.過關度限—關煞

　　小兒關煞，是指孩童在成長過程中，小孩難免會遇到一些
危險及急難，這些危險急難，宛如生命關卡，民間相信，因小
兒出生之時辰不同，會沖犯不同關煞，如《官版淵海子平評著》
即言：「小兒之命，當論時辰為主，先看關殺，次看格局。[30]」
《安平縣雜記》亦載：「神聖誕辰，……焚香者擁擠不開，廟
前法師登場作法，招兒童過關，當謝貲一百文。[31]」由此可知，
自古以來俗信關煞對小兒影響甚鉅，但若想要了解小兒沖犯何
種關煞，則須比對其出生年、月、日、時之天干與地支，因此

30　徐宇麓評著，《官版淵海子平評著》（臺北：宋林出版社，2003），頁672。

31　不著撰者，《安平縣雜記》，頁7。

每個人所沖犯關煞也不盡相同。民間對於小兒關煞數量與沖犯
關煞之條件，說法不同，也各具型態特質，其名稱及忌諱說明
大抵如下：

（1）閻王關：不入陰廟及城隍廟。

（2）校吊關（天吊關）：小兒不安寧，忌過山、過河及行夜
　　　路。

（3）四季關：一歲前不可出入凶喜事。

（4）和尚關：忌入庵廟，忌見僧尼。

（5）金銀關（金鎖關）：忌金銀飾器。

（6）落井關：不要走近水、井、泉、塘。

（7）將軍關：多傷、忌用刀刃。

（8）鐵蛇關：有麻痘之災。

（9）雞飛關：怕看殺生，忌見雞啼叫。

（10）鬼門關：忌夜出，亦忌入陰廟。

（11）夜啼關：夜間見燈光則多啼哭。

（12）水火關：易生膿瘡，注意燙傷。

（13）下情關：不可聽刀斧聲。

（14）急腳關：容易跌倒。

（15）深水關：勿近水邊。

（16）五鬼關：普渡不可近，否則易生病。

（17）百日關：出生百日內可出門。

（18）白虎關：多血光之災。

（19）湯火關：易生麻疹。

（20）天狗關：不可看日蝕，不可走夜路。

（21）浴盆關：不可沐浴太早。

（22）四柱關：忌太早坐竹椅。

（23）雷公關：忌打雷式鑼鼓聲。

（24）短命關：多夜啼之患。

（25）斷橋關：過橋遇水要小心。

（26）千日關：三歲以前難養要小心。[32]

　　因為交通暢通，臺灣民間流傳有《香港永經堂通勝》民曆，其中有小兒二十六關煞之圖繪，名稱與上述稍稍不同（圖）。另外新竹竹林書局出版的《繪圖關煞百中經》中，則列有38種

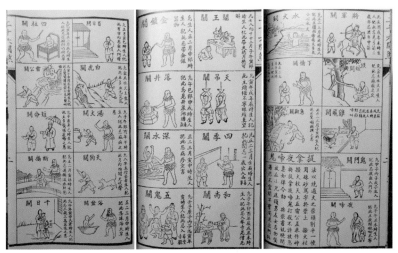

■ 圖5-1-61　《香港永經堂通勝》小兒二十六關煞圖繪（陳志昌／翻攝）

32　簡榮聰《臺灣生育文化》，頁151-152。

■ 圖5-1-62 《繪圖關煞百中經》
中的關煞圖繪（陳志昌／翻攝）

關煞及19種關煞等不同圖繪版本[33]。楊雨龍《子平關煞拾穗》則依袁天罡論小兒關煞，列出30種關煞[34]。另尚有小兒三十六關煞的說法在民間流傳，由於本書非專門討論民俗法術，故僅以部分圖示，讀者有興趣可以取來閱讀。

　　有關小兒關煞，各家家傳或法壇都有自己獨到的一套解煞之法，筆者採訪到府城下大道糊紙業施元興、安南區普庵宮的處理孩童的將軍關差異甚大。將軍關，又稱「刀箭關」、「將軍箭」（圖5-1-63），命帶此關煞的孩童，忌諱進入將軍廟，以免借弓開箭沖尅六親。下大道施家的處理方式是讓孩兒背上一副象徵性的弓箭（可以是紙、竹、樹枝等製成，圖5-1-64），備好九金、壽金、刈金到香蕉欉旁，先燒化各金紙給土地公，然後將背在孩童身上的弓箭取下，插入香蕉欉，念道：「弓箭插

33　不著撰者，《繪圖關煞百中經》（新竹：竹林書局，1999），頁31~41、47~52。
34　楊雨龍，《子平關煞拾穗》（臺北：武陵，1991），頁14~30。

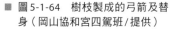

■ 圖5-1-63　將軍關（陳志昌／翻攝）

■ 圖5-1-64　樹枝製成的弓箭及替身（岡山協和宮四駕班／提供）

入苦蕉欉，卡袂傷著厝內的親人，」儀式自此完成。而安南區普庵宮法師表示：只要在神明面前，念咒後，以手凌空拔除虛擬的弓箭，然後燒化金紙就可以完成儀式。

2.過關度限─祭改、七星橋

由於每一個人在出生時，最少會沖犯一兩種的關煞，為使小兒受關煞傷害的影響降到最低，於是在小孩未受到傷害前，就要有預防措施，如在小兒身上佩戴吉祥飾品、符咒等物，或以祭神、拜契父母方式，期望藉神靈之力，保護小兒成長，不過是傷害已經造成，就要採取補救的方式，此即所謂的「過關儀式」。大抵而言，收驚是小兒遇煞時的緊急處理方式，過關改運（祭改過限）則是對個人八字施法，祭拜各種對個人生辰有針對性的煞星，亦即期望能改變個人較不順遂的命運。

過關改運，一般民間也稱此科儀稱為「祭改過限」、「進錢補運」等，或直言稱之為「過囡仔關」。有關過關的儀式，基

臺南生育禮俗

■ 圖5-1-68　在法師帶領下過限橋（陳志昌/攝影）

本上是以過平安橋為核心的一連
串小儀式的結合（圖5-1-65），常
見由紅頭法師主持，在廟埕上搭
設關限橋（圖5-1-66），上疏文度

■ 圖5-1-69　手持替身（陳志昌/攝影）

厄關、疾病關、保童關等。儀式進行先由法師吹角、持劍前導，
以法仔調吟唱，先請神淨壇，並請仙人造橋，即用木板或板凳
搭橋（圖5-1-67、5-1-68），再祭拜煞星之後，由孩童自己或由
家人攜帶其衣物過橋、過關，就表示已通過十二元辰，即諸災
厄關等，最後法師再進一步行祭改的儀式，之後再行拆橋儀式。

　　過關改運的儀式，一方面是藉由過橋，代表通過各種關限，
預先解除未來會發生在個人身上之災厄，並在周遭放置驅邪避
煞的工具，如：橋頭烘爐、橋下火盆、橋尾盆水；另一方面在
過橋後，法師進一步的祭改儀式，則是將厄運轉移到草人替身
之上，藉轉移化解災厄。[35]（圖5-1-69）

35　丁仁傑，《重訪保安村：漢人民間信仰的社會學研究》（臺北：聯經出版社，
　　2013），頁587-591。

有關臺南地區過關改運（祭改過限）的儀式頗多，其中最著名的應屬關廟山西宮的「契子過限」，這是拜契文化及祭改過限的結合，每年關聖帝君聖誕時（農曆六月二十四日），各地契子都會回到廟前過限，由法師帶領契子繞行山西宮1圈及過平安橋，平安橋下擺著烘爐，而契子手拿「限

■ 圖5-1-70　關廟山西宮的限嫺仔（吳建昇/提供）

嫺仔」（hān-kan-á，其上貼有契子性別的人像，圖5-1-70），「限嫺仔」下面則吊著2個10元硬幣，來代替一般的草人替身，等儀式結束後，一個硬幣契子自己保留，另一個硬幣則交予廟方，並在契子身上蓋上關聖帝君大印。另外，當天契子會持男女不同的「限嫺仔」，由各村代表領導過平安橋的儀式，此稱之為「契子過限」，也是關聖帝君聖誕必定舉辦的習俗之一。

　　關廟布袋清水寺在每年農曆元月初六日清水祖師聖誕，廟方會在廟埕舉行「契子過限」儀式，各地契子都會回到廟前過限。契子手拿限嫺仔（即貼有契子性別的草人替身，圖5-1-71），並攜帶「捆提錢」（以紅線串上自行準備的十元印幣），由法師帶領契子繞七星橋，在走完3圈之後，法師會先將限嫺仔用刀子割斷，儀式結束後再一併燒化。接著廟方人員會在契子

臺南生育禮俗

■ 圖 5-1-71　另一樣式的限媚仔（陳志昌／拍攝）

■ 圖 5-1-72　在契子衣服後領處蓋上王印（陳志昌／拍攝）

衣服後領處蓋上王印（圖 5-1-72），再由本廟乩童進行祭改儀式，最後廟方會提供參加者 1 份紅圓及壽桃。

　　北區興濟宮在農曆六月六日虎爺公聖誕，舉辦「過限祭改」儀式，相傳活動歷史亦十分悠久，不過卻因故停辦三十多年後，在 2012 年時又恢復舉行，過限對象也以虎爺契子為主（圖 5-1-73、5-1-74）。位於中西區五條港的盤古藥皇廟神佛壇，在每年農曆六月十日五府千歲聖誕也會舉行「造橋過限」法事，其特殊之處在於過橋後，還要在過一幅繪有城門及十二生肖武將的布幡，以此做為過關解煞象徵。

二、成年禮風俗

　　綜觀清代修纂方志，可以發現對於成年禮之陳述，若言及儒家冠禮，則多半言不備已久或與婚禮並行；[36] 但若談及「七

36　鄭鵬雲、曾逢辰，《新竹縣志初稿》，（臺北：臺灣銀行經濟研究室，1959），頁183。林焜熿，《金門志》，（臺北：臺灣銀行經濟研究室，1960），頁390~391。周凱，《廈門志》，（臺北：臺灣銀行經濟研究室，1961），頁645。

■ 圖5-1-72　興濟宮虎爺契子　■ 圖5-1-73　興濟宮過限祭改（吳建昇／提供）
　　　過限的替身（吳建昇／提供）

夕」、「十六歲」者，則有諸多詳細記載，清雍正2年（1724）
黃叔璥《臺海使槎錄》提及臺地人民習俗時，即言「泉之人行
乎泉，漳州人行乎漳，江、浙、兩粵之人行乎江、浙、兩粵，
未盡同風而異俗。[37]」雖明講不同州府未必風俗盡同，但對於七
夕節慶習俗描寫，只簡述所見聞：「七夕呼為巧節。家供織女，
稱為七星孃。紙糊綵停，晚備花粉、香果、酒醴、三牲、鴨蛋
七枚、飯七盌，命道士祭獻畢。[38]」或是劉良璧《重修福建臺灣
府志》：七月七日，曰七夕，為乞巧會。家家晚備牲醴、果品、
花粉之屬，向簷前祭獻，祝七娘壽誕畢，則將端午男女所繫五
采線剪斷同焚。或曰魁星於是日生，士子多於是夜為魁星會，
備酒肴歡飲，村塾尤盛。[39]」由黃叔璥及劉良璧所載，織女亦稱

37　黃叔璥，《臺海使槎錄》，（臺北：臺灣銀行經濟研究室，1957），頁38。
38　同上註6，頁41。
39　劉良璧，《重修福建臺灣府志》，（臺北：臺灣銀行經濟研究室，1961），頁97。

臺南生育禮俗

七星娘，民間常稱七娘媽，七夕晚在家中簷前對天獻祭。

　　臺灣民間成年禮俗「做十六歲」為漢人文化中，極富代表性生命傳承意涵的生命禮俗，透過儀禮的過程、禮意的陳述，使青少年瞭解生命（身體）的變化，並逐漸承擔責任，進入成人社會。與臺灣「做十六歲」這類成年禮俗意義相似者，在中國儒家文獻可見為成年冠笄之禮，性質上均同屬「嘉禮」；在舉辦場域及參禮人身分來看，是以家庭、家族成員為主，本質上同屬「家禮」。只是「做十六歲」及「冠笄之禮」二者之間，不論是年齡標準、儀理過程、身分性別、祈禮對象、行禮時間、行禮空間等皆有著迥異之處，[40]相同者惟成年之禮意。而隨著社會變遷，儒家冠笄禮迨清朝、民國初時，已衰滅於生活之中不復見，[41]而「做十六歲」雖非全臺各地可見，但確實仍舊實踐於生活中（圖5-2-1）。筆者將之歸類為生育禮俗的一個結束，以下針對臺南地區的特色來描述。

■ 圖5-2-1　中西區崇福宮辦理「做十六歲成年禮」（陳志昌／攝影）

40　臺俗做十六歲與儒家成年禮異同的比較，請參見彭美玲〈臺俗「做十六歲」之淵源及其成因試探〉一文中表2。另冠笄禮在帝制社會，自中國中古至近代，也因為帝王家、官庶民等身份不同，而有皇族重、平民輕的歷時性演變。彭美玲，〈臺俗「做十六歲」之淵源及其成因試探〉，《臺大中文學報》第十一期，1995，頁370。李隆獻，〈歷代成年禮的特色與沿革─兼論成年禮衰微的原因〉，《臺大中文學報》第十八期，2003，頁132~134。

41　近年來在中國雖有廣東中山大學等學校嘗試將冠笄禮復振於學生禮儀，但與原在家廟舉辦的家禮之意，已有相異之處，常民生活中，仍不復見。

	主角/人物	禮俗內容
成年禮	青少年	謝神、拜天公、出姐母亭、脫絭 做十六歲

（一）成年禮風俗—謝神、拜天公、出姐母亭

1.謝神、拜天公

對民間來說，一個新生命的誕生，除可以感謝註生娘娘、臨水夫人、七星娘媽等掌管生育的神明，更重要的是這個新生命是由天所賜，最須感謝的是天公祖。民間對於設壇拜天公的時機，屬於生育禮俗的有度晬、成年禮、家中長子長孫結婚前拜天公、特殊許願者等情況。民間對於成年的定義約略有16歲及結婚等幾種不成文的定義，鈴木清一郎觀察到臺灣人初九拜天公時，家中若有未滿十六歲男丁，則需：「製作『燈座』燒化之，『燈座』是用紙製成，男童為天公所賜，所以才製作『燈座』對天公表示答謝之意，而在行三跪九叩禮完成後把『燈座』視為一種金紙燒化。[42]」可以知道民間對於十六歲的年紀，是有其特殊的意涵，這與臺南地區盛行的做十六歲習俗，有著相同代表鑑別成年與否的意義。由於在本書的第三章已經較詳細的介紹過拜天公準備物品及過程，因此不在此重複贅述。

2.出姐母亭

「出姐母亭」也稱「出姐母宮」，在日治時期片岡巖《臺灣風俗誌》中可以看到記載：「小孩長到十六歲時拜註生娘娘，

---

42 鈴木清一郎《臺灣舊慣冠婚葬祭と年中行事》，頁289。

■ 圖 5-2-2　中西區臨水夫人廟的姐母　　■ 圖 5-2-3　出姐母亭（陳志昌／攝影）
　亭（陳志昌／攝影）

這稱『出姐母宮』。因小孩是註生娘娘所賜的，十六歲以前要受祂的保護，十六歲即『成丁』離開神明保護，可以獨立，所以必需準備牲禮香燭到神前，焚香燒金，行三跪九拜之禮叩謝神恩。[43]」片岡所記錄的做十六歲「出姐母宮」所祭拜神明為註生娘娘及姐母（婆姐），與《安平縣雜記》所說七夕對著七娘媽做十六歲成年之禮的記述不同。（圖5-2-2）

（二）成年禮風俗——做十六歲、脫絭

1. 做十六歲

　　光緒年間《安平縣雜記》成冊，並撰述七夕臺俗，才言及民俗之成年禮俗說：「七月七日，名曰七夕。人家多備瓜果、糕餅以供織女(稱曰『七娘』)。有子年十六歲者，必於是年買

43　片岡巖著，陳金田譯，《臺灣風俗誌》（臺北：眾文，1996），頁8。

紙糊彩亭一座，名曰『七娘亭』。備花粉、香果、酒醴、三牲、鴨蛋七枚、飯一碗，於七夕晚間，命道士祭獻，名曰『出婆姐』，言其長成不須乳養也。[44]」而臺俗做十六歲之說實非僅見於臺灣，清道光 16 年（1836）《龍巖州志》、[45] 民國 18 年（1929）《霞浦縣志》、[46] 民國 22 年（1933）《連江縣志》[47] 都有提及十六歲做成年之禮，舉行方式則有延請道士設壇祭，也有於祖廟家堂焚香告祖之作法。《嘉義管內打貓西堡打貓北堡打貓南堡打貓東下堡下三分打貓東頂堡采訪冊》中記載：「七月七日讀書人為魁星帝君聖誕，傳為牛女渡河，謂之七夕，亦謂七娘媽生。庄社家家殺雞烹酒，佫王萊、龍眼各品物在廳堂前，向天禮拜祈禱消災改厄。童子多掛七娘媽香火，泉人不特如此，用五色紙塗七娘媽亭一個約二、三尺高，置於廳堂前焚香禮拜，拜畢將此亭當天焚化祈禱平安。[48]」由調查地區來看，可以知道日治初拜七娘媽非臺南專屬，亦可看見儀式進行中紙糊七娘媽亭的使用慣習（圖 5-2-4、5-2-5），且更詳細描述掛七娘媽香火的貫羕，象徵孩童將在七娘媽的庇佑下成長。

　　臺灣、福建省屢見十六成年之禮，可知乃兩岸移民承沿原鄉舊習所呈現，方式雷同。而《安平縣雜記》也另提及「出婆

44　不著撰人，《安平縣雜記》（臺北：臺灣銀行經濟研究室，1959），頁 5。

45　丁世良、趙放主編，《中國地方志民俗資料匯編・華東篇(下)》（北京：書目文獻，1995），頁 1327。

46　同上註 11，頁 1275。

47　同上註 11，頁 1205。

48　不著撰人，《嘉義管內打貓西堡打貓北堡打貓南堡打貓東下堡下三分打貓東頂堡采訪冊》抄本，出版年不詳，頁碼未明。

臺南土育禮公

■ 圖5-2-4　紙糊七娘媽亭（陳志　■ 圖5-2-5　臺南可見的做十六歲擺設
昌／攝影）

姐」之說，只是婆姐護幼的形象與傳說，並不與七星娘信仰相
結合，而是跟臨水夫人相關。就《臺海使槎錄》所敘述，若以
星象概念來看，織女為織女星，七娘媽為北斗七星，已出現混
用狀況，而在《安平縣雜記》中則更是將七夕、織女、七星娘、
婆姐、臨水夫人等混雜論述，若以民俗中的常出現論述結構
鬆散的情形來看，《安平縣雜記》呈現的是臺灣民間對於原本
星象的距離感疏離及神明信仰傳說混用情形。上述這些方志記
載對於七夕節俗雖言簡且雜錄，但還是可以歸納出共同特點：
（一）七夕為魁星誕辰，又為乞巧，與天上星象織女、七星娘
娘信仰有關，可分類歸屬為自然神明。（二）七夕與做十六歲、
成年、出婆姐宮等習俗說法有關。（三）祭拜物品有七娘媽亭、

花粉、香果、牲禮等多樣物品，俱女性用品。（圖5-2-6、5-2-7）

　　在臺南府城地區，在幼兒出生滿週歲之後，許多父母為了讓子女平安長大，常有到開隆宮（七娘媽廟）讓子女拜七娘媽為契子、契女，並用銅錢繫上紅絲線掛在孩童頸部，稱為「掛絭」，功用是避邪納福，順利長大成人；此後每年七夕都須前往祭拜七娘媽，並更換紅絲線以示「換絭」；直到小孩滿十六歲時成年的時候，為了答謝七娘媽多年照顧的恩情，所以在當年「七娘媽生」這一天，攜帶祭品到廟裡祭拜，並舉行成年禮，此即俗稱的「做十六歲」（圖5-2-8），並將銅錢及紅絲線脫下，以為「脫絭」。在進行成年禮時的祭品，包含有五牲、六色菜碗、七碗甜芋、四果、紅龜粿、麵線、麻油雞酒等，及「七

■ 圖5-2-6　做十六歲供品相當豐盛
（陳志昌/攝影）

■ 圖5-2-7　供品需有女性用品
（陳志昌/攝影）

臺南生育禮俗

■ 圖 5-2-8　焚香感謝七娘媽（陳
志昌／攝影）

■ 圖 5-2-9：鑽七娘媽亭
　（陳志昌／攝影）

娘媽亭」，依古禮先燒香拜「七娘媽」，行三跪九叩禮，祭祀結
束，做十六歲的青少年鑽過七娘媽亭下供桌3圈，然後由家長
扶起。（圖5-2-9）

　　屬於自然神（星辰）的七娘媽少有專廟奉祀，所以過往都
是在民家進行「做十六歲」的成年禮儀式，臺南中西區有專祀
七娘媽的「開隆宮」，這也是少見的主神，因此具有特殊的代
表意義。開隆宮的七娘媽生及具有地方特色及規模盛大，所以
2008年臺南市政府依文化資產保存法將「七娘媽生‧做十六歲」
公告登錄為臺南市民俗，保存者為主祀七星娘媽之開隆宮。
（圖5-2-10、5-2-11）不過，並非僅有開隆宮辦理做十六歲，另
外還有安平區天后宮、中西區崇福宮、臨濮堂施姓大宗祠…等
（圖5-2-12、5-2-13），而且臺南市文化資產管理處考量過往在
家做十六歲的「家禮」原型，以小家庭為概念，協助市民在家
辦理做十六歲（圖5-2-14）。

■ 圖 5-2-10　開隆宮專為做十六歲關建狀元亭（陳志昌／攝影）

■ 圖 5-2-11　開隆宮的做十六歲供品介紹（陳志昌／攝影）

■ 圖 5-2-12　安平天后宮做十六歲擺設（陳志昌／攝影）

臺南生育禮俗

■ 圖 5-2-13　崇福宮的做十六歲（陳志昌／攝影）　■ 圖 5-2-14　佇厝做十六歲（陳志昌／攝影）

2.脫絭

　　彭美玲〈臺俗「做十六歲」之淵源及其成因試探〉考究中國近代方志，提出十六成年的流行地域上，以浙、閩、臺三省沿海為主要區域，而此三地所舉辦成年禮俗方式上，又以閩、臺等地與當地信仰結合，以貫絭、人神立契為重要儀式為特色。[49]

　　民俗學對於群體結構組成有著極重要的定位，並著重其功能性，如像家庭這樣的群體就是社會民俗的參與最小單位，由家長主持各項活動，家庭成員以此為凝聚家庭的親密情感。許許多多的民俗活動，都要靠像家庭這樣的小團體去參與，並透過家庭來展現其民俗意涵。家庭變成為民俗活動中最小的傳習與養成單位。[50]這意味著家庭是民俗活動人群的結構裡，最小的一個群體單位，所以如果政策保存的方向是朝著家庭的概念來

49　彭美玲，〈臺俗「做十六歲」之淵源及其成因試探〉，《臺大中文學報》第十一期，1995，頁371~381。

50　烏丙安，《民俗學原理》（瀋陽：遼寧教育出版社，2001），頁42。

設計，那或許在保存上，可以固穩住穩定的最小群體單位。所以目前「在家廳堂自辦」的情形因社會變遷、家庭結構改變，在都市中已相當少見，如何依循著家禮的意涵，讓民眾願意且主動在家辦理做十六歲，這才是值得保存的文化資產部分。

　　臺南市做十六歲成年禮有因這座城市的歷史性而有其被注目之處，但由史料及全國各地方志來觀看，「做十六歲」遍佈南中北各地，通行臺灣漢人之間，臺南或許可以呈現的是歷史氛圍及禮俗祭物的典型範例，但僅只能就「七娘媽生」結合「做十六歲」在一起，加上獨特的供品，才稱得上臺南特色。而「做十六歲」實不宜用做宣傳為臺南獨有之說。

第六章

結論

　　人類重視個體生命，同樣自然重視族群生命的延續及過程，自出生、成長、婚嫁、生育、被病[1]到死亡時刻，表現在禮俗上呈現出豐富而多采的樣貌，幾乎生命每階段的重要時刻，都藉著各樣禮俗來處理銜接，生命禮俗讓個人或人群在面對生命的轉折及生活的改變時，有規可循，有跡可蹈，有代代傳承習俗可以禮奉遵行，所以在我人族群中，依照生命誕生順序，而排列出譜系的昭穆，更代表禮俗展演的人群次序姓氏宗廟祭祀的禮節，就是要左昭右穆，把所有的子孫做次序排列（圖6-1-1）。子弟們皆得舉酒以敬長輩，是藉使酬飲也能普及於晚輩；飲宴時，按毛髮的顏色定坐位，是藉以分別年齡的長幼。所以禮俗

1　楊素梅，〈從「皮」詞族論閩南語 phua3 pī7（生病）的本字〉，《臺大中文學報》第四十期，2013，頁367~424。

■ 圖6-1-1　昭穆排序（吳建昇／提供）

舉行在於人際互動，在於親親人倫，如此則人群之間的網絡便得以更加緊密，生命禮俗功能得以表彰。而且生命禮俗不僅是一種禮儀性的活動，同時這種禮儀性活動，亦具有由一種社會地位或生命階段過渡（通過）到另一種社會地位或生命階段的意義。

一、生命與生命之間的傳承

　　兩性的結合，產生新一代生命，群居的人類就在這生命與生命的誕生、逝去之間，將文化透過學習、模仿，有系統的傳承學習。人之初，是新生命的開始，也是世代傳承的開端（圖6-1-2）。因為有了新生命，所以每個相關身分的人，都因而改變身分，而親密的念想不在面對生命繼起的遠大志向，而是單純的想望在於寶貝生命的平安長大。並且必須思考成人及新生命的生養，思考面對未知自然力量的趨避，加上觀察到新生命的成長節奏，所以有了做三朝、做月內、做滿月、做四月日、做度晬等不同階段的禮俗。

　　做月內以曆法的月為計算單位，產婦但不能外出，而且還必須待在房裡謹守產道（自然產）或腹部（剖腹產）傷口護理

臺南生育禮俗

■ 圖 6-1-2 　生命的傳承與互動（陳志昌／攝影）

及調養身體的各項方法，因為傷口恢復需要時間，在夫妻房事上，就必須有節制及禁忌。在這段期，麻油、雞酒、魚湯等是必須的食物，並且嚴守禁食冷性食物的飲食禁忌，以避免損傷身體。在今日臺灣民間，流行有相當多傳統醫療或西方醫療的做月子方法，或者也有把做月子的時間延長至40、49天，其用意是確保產婦的身體能夠完全調養恢復。但不管是時間長短，做月子目的無非是讓產婦、嬰兒兩者在減少外來干擾、疾病傳染源的控制之下，好好地互相認識學習哺乳及吸吮的各種技巧。

在民俗生活知識面來看，相當仰賴經驗分享及觀察所得，這種基本精神與做法其實相當貼近現代科學的觀察，但差別的是沒有系統化的延續，在經驗分享多半仰賴的是種「慣習」，前人口傳的是外在實做的技術面，但不一定會談及內在深層的文化思考。所以傳達做月子的方法時，僅教導必須在房內調養身體，卻沒有闡述外來移入病源對產後身體疲累屢弱產婦的影響。或是月子房空間的建構，可以讓產婦與嬰兒透過完整無干

擾空間，在有經驗家人、親友教導之下，來建構學習彼此的生活節奏、餵養技巧等。民俗知識的傳遞常有鬆散化、非系統性的表現，因為民俗生活的關注重點還是在於「實用」，例如做月子時，產婦不能洗澡，因為洗後容易著風寒，但民間也流傳只要用功效是趨風寒的乾燥大風草（艾納香）去熬煮熱水，就可以讓產婦洗滌，少染風寒。但受教導的產婦或親友，並不會去深究正確性或原理，所憑藉的是人際關係經驗的分享。

　　朱鋒所載的 60 年代〈臺灣古昔的喜慶〉，已經可以看到經濟狀況較好的家庭，僱用有經驗婦人，自生產起至滿月止，為產婦嬰兒洗滌衣服，並料理三餐米湯以供使役[2]，這種轉變可以看到現在做月子中心的前身。隨著社會聚落型態改變，小家庭結構增多，傳統醫療（中醫）及西方醫療知識體系正好填補做月子的需求，所以許多中醫、婦產科診所紛紛異業結合，開起做月子中心，提供許多新生父母的最佳支持。另外也可見，或是有僅送餐到府的月子餐，或是有專人到府做月子等新形態的做月子禮俗的變化。只是雖如此變化多元，但做月子飲食上，還是可見保留傳統麻油、雞酒等傳統進補模式，還是有「用花生燉豬腳可以補奶」的傳統媽媽說。營造月內房還有另種泛神煞觀，這些傳統社會中所建構的趨避吉凶，是嘗試將未可知的部份依據經驗法則從中找出規律，然後讓家族的成員可以一同走在平安的路徑之上。這有關乎信仰避忌思維，面對到不同醫療知識時，也產生了調整與改變，所以「做三朝」慢慢被現代

2　朱鋒，〈臺灣古昔的喜慶〉，收於郭立誠《中國生育禮俗考》，頁137。

清潔劑及醫療院所改變（圖6-1-3），「做月內」也在社會經濟條件變好情形之下，廣泛地被遵守，也因應大家庭轉換到小家庭的實況，以及不同醫療知識論述的出現，而有了做月子中心及米酒水等新時代的生育禮俗的改變。

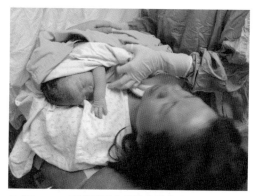

■ 圖6-1-3　現代醫院主導生產過程（陳志昌/攝影）

生育禮俗表面上環繞對象是嬰兒，但實際是為延續家族傳承，最重要的首推婦女生產力及孕產養育方法，「做月內」就是一個相當重要的過程（圖6-1-4），其目的在於藉由一個月（傳統上以農曆計算）的隔離、滋補、不修飾、不勞動、宣告等5個層面儀式行為[3]，從養生及醫療方法來調養產婦及嬰兒，強化再生產力及成長力，並淨化污穢的表徵，透過儀式來滌化重整角色身分，重新回到常軌生活之上。做月內這過程也是讓此時期的嬰兒，一個「自然人」通過家族或社會文化所認可的文化儀式，逐漸成為一個「社會人」的過程。所以透過嬰兒個人生理常模的變化，由家人舉行象徵性的禮俗行動，聯結建立在人與人、人群與信仰的各種互動過程，實踐倫理達到秩序化，保

3　翁玲玲，《麻油雞之外—婦女作月子的種種情事》（臺北：稻鄉，1994），頁105~106。

■ 圖6-1-5：祭拜祖先是重要的文化活動及世代傳承（葉茱榕/提供）

■ 圖6-1-4：做月內對女性及新生兒相當重要（陳志昌/攝影）

持社會運做的穩定，配合自然宇宙運行，以期達到天人和諧的理論實踐（圖6-1-5）。所以生育禮俗是個相當適合從民俗生活、傳統醫療、西方醫療知識來進行觀察存變的案例。

二、人情交陪與傳統儀禮

生育禮俗其中的人際關係及禮物往來是相當重要緊密關係，因為一個新生命的誕生，讓兩個家族的所有人身份不一樣，生小孩的產婦由人妻變為人母、人夫變為人父、內家父親升級變為內公（祖父）、母親變為內嬤（祖母）、外家父親升級為外公、外家母親變外嬤（圖6-2-1、6-2-2），所有關係人士身分都改變了。所以臺灣俗諺說「憑囝食、憑囝睏，憑囝領雙份，」這正是母以子貴的表現。

但要努力讓新生命誕生，並非僅是一對新人的責任，身為

■ 圖 6-2-1　新生命的誕生讓人的身分改變（陳志昌／攝影）

孕婦母親的後頭厝（娘家），也希望可以協助一二（圖6-2-3）。所以在《臺南縣志卷二人民志》有仔細的描述一個婦女在受胎之後，心裡雖甚喜悅，然需經過一段長

■ 圖 6-2-2　因為新生命讓阿爸升格為阿公（陳志昌／攝影）

久的「病囝時期」痛苦，也覺得無限苦惱。所以娘家母親以過來人經驗，一則喜一則憂，喜的是有了新生命，可以跟親家好交待；憂的是女兒的經驗不足，病囝時也痛苦。所以「產期即將屆臨，女家的母親破例前來探詢，俗稱為「踏巢」，密授生產秘訣經驗及注意事項，然後返家。[4]」可以觀察到產婦的後頭厝在生育禮俗的參與，甚至可以說是自女性結婚起到她死亡，娘家的角色都扮演這相當重要的份量。這也是為何進行洗兒時

4　莊松林，〈第四篇風俗〉，收於洪波浪、吳新榮編，《臺南縣志稿 卷二人民志》（臺南：臺南縣文獻委員會，1957），頁92~93。

■ 圖6-2-3　兩姓聯姻部分目的在誕生新生命（陳志昌／攝影）

■ 圖6-2-4　雞蛋臉，鴨蛋身，好親戚，來相挺（陳志昌／攝影）

或剃頭時，娘家來做滿月再替小孩辦禮俗時，要「雞蛋臉，鴨蛋身，好親戚，來相挺（圖6-2-4）」這樣的念著，因為大家結為姻親後，就是不分你我一家人，當然也隱含著後頭會讓女兒當靠山的想像。

而要當女兒的靠山，實在無法名正言順地宣示，因為畢竟這是以父系為主的社會，只能藉著豐厚的禮物來隱喻。所以自生產後，娘家就在每次重要的時刻出現，並一定帶著禮品前來，在作月內階段，娘家帶來的是麻油、雞隻、豬肝、腰子、鮮魚…等用來進補的食品；在做三朝、滿月、四月日、度晬等階段，帶來的是給嬰兒的自頭到腳的「頭尾禮」，經濟更好的甚或金飾、錶鏈等皆是可行，依憑不同時間也會有滿月紅圓、四月紅桃、度晬紅龜等傳統吉祥禮（圖6-2-5、6-2-6），因此才會有「頭胎二胎食外家」的說法出現。除了這些人際關係之外，

臺南生育禮俗

■ 圖6-2-5　四月紅桃（陳志昌/攝影）　　■ 圖6-2-6　度晬紅龜（吳建昇/提供）

《民俗臺灣》的記載，如果小孩長孤齒，要請小孩的姑姑洗米，將洗米水煮沸沖泡牛奶給嬰兒喝，就是「水米」；也有人是將泡過水的米煮成稀飯給嬰兒吃；還有一說是要姑姑買奶粉給嬰兒吃。或是頭部枕部位長不出頭髮稱為「姑路」，這時也要向姑姑討鞋穿，保祐平安。這正是俗諺所說的「生孤路，穿姑鞋；發孤齒，食姑米」，這些樣的民間習俗，表露出的是人際親情間的溫暖，它象徵的都是給一個新生命更多的祝福，讓家人更常相聚（圖6-2-7）。無論時代如何進步，這些禮俗所要凝聚的正是人與人之間的情感。

　　嬰兒自母胎生出後，必須切斷因為血水所帶來的污穢關聯，所以配合良辰吉日來進行「剃頭」，依照社群傳統公約的時間或數算擇定的好日子可能替嬰兒、家庭帶來趨吉的信俗；用鋒利的刀剪除去身上沾染的污穢，換來一身潔淨以達到家庭成員認知的避兇效果（圖6-2-8），並接納嬰兒逐步轉換成一個社會人。但在真正轉換成社會人之前，產婦跟嬰兒還有母子二人要完成的學習課業，必須在一個安全的空間「做滿月」，逐步互相取得相同生活步伐，並以時間換取淡化生產所帶來的污

■ 圖6-2-7　家人相聚合照
　（陳志昌／攝影）

■ 圖6-2-8　剃頭禮的剃刀、石
　頭、紅蛋（陳志昌／攝影）

穢血光形象，度過之後，兩人都將可以新身分進入社會生活。待進入社群生活後，在介紹新生命給家庭成員時，就必須讓新成員有個可以供呼喚的名稱，所以「命名」將讓嬰兒變成一個有姓有名的社會人，正式取得足供群體記憶的稱謂。是故，透過這3個禮俗，將逐步備齊成為社會人該有的要素，配合生理性的變化，在每次改變之際，就透過禮俗的舉辦，將新生命逐步介紹給社群的成員，逐漸取得該有的社會認可。

另外府城地區民間有句俗諺「頭胎二胎，吃外家」，原來是如上文東方孝義〈臺灣風俗（6）〉、〈臺灣風俗（10）〉、《吳新榮日記全集》等諸多文獻所載，女兒生子後，所「吃外家」指的是娘家借禮提豬腳、雞隻等補品來看女兒，滿月時再帶整套的頭尾禮來贈送外孫。今日此一俗諺卻也被解釋成經濟力豐沛的府城人生兒，頭胎、二胎都要回娘家做月子，所以外地婆家請媳婦回娘家做月子，或是娘家沒有禮數備齊而不滿，或牽涉到做月子費用的問題而答喙鼓（tap-tshuì-kóo），是以常常因而搞得雙方家庭的口角嫌隙[5]。過度解釋俗諺而造成誤解，這某種程度也算是臺南府城的做月子變化特色吧！（圖6-2-9）

前文在第二章中，以歷時性及不同地域對象來觀察，從日治時期日人所觀察寫下的史料及戰後文獻所記載的相同性及差異性的部分來看，禮俗的禮意核心變化較少，但外在的禮器物

5 BABYHOME網站，有" 頭胎二胎 吃外家" 這種習俗嗎？，
   http://www.babyhome.com.tw/mboard/topic.php?bid=25&sID=2055418&style=beauty。
   BABYHOME網站，在娘家生做月子媽媽要包紅包給婆婆嗎？，
   http://www.babyhome.com.tw/mboard/topic.php?bid=8&sID=3773696&page=2。

變化則是隨著時代而變
化，所以就變化的外在禮
器物來說，探討南瀛地區
生育禮俗的變化，呈現的
也可能是臺灣其他地區
的變化。這些變化是多元
因素所影響的，從民俗
生產經驗到現代化養育
知識的改變；從拾子婆、
產婆到醫生介入生產所
產生的生產醫療角色改
變；從人際關係互動與禮
俗參與的角色；從家庭結
構及空間改變，由大家庭

■ 圖6-2-9　外媽要為孫子送禮是一大經
濟支出（陳志昌／攝影）

到小家庭，由村莊聚落到現代化都市，這些的種種都是變化的
因素。但是生育禮俗面對這些改變，也微妙地做出了調整與變
化。儀禮風俗本來就有其與時俱變的時宜（禮文、禮器），也
有一貫亙久的結構（禮意、禮文），如此在歷史時空變動的之
下，國家社群權力（power）與民間家族能力（ability）之間，
生命禮俗在變與不變之間，保持其良好的平衡，並維持該有的
生命力。臺灣漢人社會中，承襲漢文化的官制與儒家的儀禮思
想，在家庭禮俗中運作著，並兼容民間道教及各地區風俗的特
色，由民間自主地運用發揮，相容相存，很自然地去面對社會
變遷的變動。

三、天人祈願合一之悠悠

　　「禁忌」是最原始、古老的一種信仰習俗，是人們對某種
神祕力量（圖6-3-1），產生恐懼，進而對某些言行進行限制，
以求免遭災難或惡運，有些則是與對神明的敬畏有關（如膜拜
婆祖、床母，敬畏胎神等，圖6-3-2），且僅有部分可作出醫療
或科學的解釋，其他卻都充滿著種種迷信色彩。過往社會透過
各種鉅細靡遺的禁忌，在日常裡指引或約束人們的生活，主要
體現在口語和行為之中，但進而也影響到人們的心理層面，許
多也保存著傳統漢人的社會觀，因此有其重要的意義與價值。
本書在幾個篇章分類記錄了許多的禁忌，雖然這一部分臺南地
區與臺灣其他地方差異不大，不過有許多禁忌卻逐漸為人所遺
忘，所以也有被紀錄的必要性及迫切性。在社會化及都市化的
發展之下，目前有許多民俗也出現世俗統一化的發展，臺南市
的生育禮俗也有相類似的發展，不僅許多部分已經有趨於表面

■ 圖 6-3-1　信仰使人產
　生力量（陳志昌／攝影）

■ 圖 6-3-2　對神明的敬
　畏（陳志昌／攝影）

化或簡單化，例如法師將祭改儀式簡化成收驚儀式，或將分紅龜的費用轉便呈為廟方的香油錢等；而許多生育禮俗則得透過商業行為延續，像是結婚百貨專賣店的婚俗介紹（婚禮乞子）、坐月子公司（坐月子習俗）、彌月油飯及蛋糕禮盒（滿月習俗）、五星級酒店推出「周歲抓周宴」專案（度晬、抓周）等，雖然能夠創造出蓬勃的商機，也不失為文創發展的舞臺，卻也可能導致「只知其然而不知其所以然」，甚至造成禮俗文化本質的改變。因此，透過生育文化或習俗的紀錄，對於文化本質及內涵的保存，也有十分重要的意義與價值。

隨著工商社會的演進發展，有許多古老習俗已逐漸式微，但也有不少傳統社區或族群，卻仍能延續前人的傳統，維持著固有的地方民俗，像是臺南地方存有的擔龜分餅的習俗，主家能夠分享添丁的喜悅，也接受各界的祝福，堪稱是臺灣人情味的最佳展現（圖6-3-3）。然而，這些地方的生育禮俗，多數仰賴民間宗教信仰的維持，也就是藉由地方庄廟或神明會的整合力量，透過經常持續的民俗活動，以聯結彼此的情感與認同，其他像是臨水夫人的拜契、關廟山西宮的契子過限、臺灣首廟天壇的收驚儀式等，這些在臺南地方的重要或特有民俗，也難以脫離宗教信仰而存在。臺南部分地區的生育禮俗中，可以發現有一些特有的西拉雅文化，例如在求子方面，在左鎮北極殿為一頗具知名度的求子廟，不過所轄口社寮阿立祖壇之太祖，也具有求子的功能，其祈子方式是由男女雙方一起到廟裡拜拜祈求，並且準備檳榔、菸、甜米糕、麻酒等為供品。又在大內頭社奉天寺主祀奉觀音，信徒在向觀音求子後，也要向地方的

■ 圖6-3-3　擔龜分餅是人情味最佳展現（陳志昌／攝影）

太祖求子。在拜契方面，東山吉貝耍大公廨提供信徒向阿立祖拜契，在每年阿立祖聖誕時要返回公廨「換絭」，其習俗類似漢人的文化，不過其「脫絭」則延長到17歲；佳里北頭洋立長宮也提供信徒向阿立祖拜契，其拜契儀式有漢人文化所未見，以案桌下契石擦拭幼兒頭殼和身體的習俗。雖經過2百多年來的共存生活，甚至部分通婚，但西拉雅平埔族文化與漢人文化仍具有其特殊的地方。

　　由於1908年臺灣縱貫鐵道的架設完成，南北交通的便捷性提高，人員往來開始進入一個新的里程碑；1930年後的自動車（汽車）逐漸引入臺灣，公路的鋪設網絡也增加，人員往廣泛面狀移動，隨著交通移動，變成人們可以掌握自己的行動，而受西方文化影響，雖婚姻大事仍是受父母親長影響，但自由戀

■ 圖6-3-4　小家庭結構是現代社會多數（陳志昌／攝影）

臺南生育禮俗

愛觀念逐漸被社會男女所認識。戰後經濟由低迷而復甦，1950年之後因為工業都市化興起，配合越來越便捷的交通，人們離開鄉村往都市移動，自由戀愛更加被社會大眾所接受，所以都市裡有大家庭結構逐漸變成以小家庭為主的社會型態，而禮俗自然也跨出原有地域的藩籬，來自不同地區人們乘載的結婚、生育禮俗也逐漸交融，形成適應工業社會及小家庭結構的表現方式（圖6-3-4）。

生育禮俗是以家庭為單位來進行，為「家庭禮俗」一種，所以可說家庭這樣的群體就是民俗活動參與最小單位，由長輩主持各項活動，家庭成員以此為凝聚家庭的親密情感，再透過禮俗儀式的神聖性表現展演，賦予受庇護而安定心靈，可以順利成長（圖6-3-5）。許許多多的民俗活動，都要靠像家庭這樣

■ 圖6-3-5　人神共庇孩童健康長大（陳志昌／攝影）

的小團體去參與，並透過家庭來展現其民俗意涵。透過家庭生育禮俗的歷時性觀察，我們可以看到它存在的不變的時間概念及可變的動態社會文化，而這些變與不變之間，都藉著各樣禮俗來處理銜接，禮俗讓個人或人群在面對生命的轉折及生活的改變時，有規可循，有跡可蹈，有代代傳承習俗可以禮奉遵行，這規矩習俗就是禮俗賴以建構的天人發展常模。而家庭的維持運作並不像國家機器這麼結構或制度化，反而是相較以鬆散及可再塑的存在模式來維持，只要能夠和諧運作，就是最好的方法，所以因應社會的多元變化，禮俗自也會動態平衡地維持存變關係。

在生育禮俗中表達的祈願與禁忌，都反映生命產育所存在的諸多問題，在社會醫學技術未能完全掌控的狀態下，士大夫階級所不欲明言的，民間卻根據神話思維而亟想掌控，所以各種儀式專家所提供的知識、技術，即是為了滿足其心理需求。這些駁雜的產育知識，乃複合了不同方面的經驗，在禮俗光譜上各盡其所能，得到社會成員奉行不渝，至今仍多有遺存。其次則是出生後，一家為了向社會展示新生兒，依所訂定的時間次序，及執行該有禮儀規範，都強烈表達了一家的期望與慎重，直到「轉大人」為止。這樣的期待形成面對生命關口時，即由父母伴隨著嬰兒、孩童而少年一關關地通過，其中伴隨成長的經驗，所蘊含的是期盼家族生命延續，並標誌了一己一家是生命共同體，讓家族的香火累代接續。

而這家庭文化，更是建構臺南地區作為臺灣古都、第一府城，所存留的生育禮俗及文化，具有其不可忽視的重要性。筆

臺南生育禮俗

者調查的結果，臺南市特有或重要的生育禮俗及文化，大抵表現在以下各個方面：民俗文化（求子習俗或文化、分送水餅或紅龜習俗、重要或特殊收驚儀式、拜契相關習俗及其他等數類）、神明信仰（振聲社孟府郎君、和勝堂流霞婆、花公花婆、大聖爺、三十六婆姐等）、重要特色廟宇（開隆宮七娘媽、臨水夫人媽廟、萬福庵、樹王公等）、特有陣頭（十二婆姐陣）等。從豐富多元的生育禮俗及文化，顯現臺南市生育禮俗在臺灣的重要地位及特殊性。本書研究尚有缺失，所以期待未來有更多人一起投入，把臺南各地獨特的風俗，透過各種管道讓大家認識。

作者簡介

吳建昇

後山臺東出生

祖籍臺南市將軍區北埔（四埔吳）

國立成功大學歷史學碩士、博士

曾任臺南縣文化局文化資產課課員、

南瀛國際人文研究中心執行秘書

現任國立嘉義大學應用歷史學系專任助理教授、

南瀛國際人文研究中心學術委員

主要從事臺南地區文史調查相關研究，博士論文為《道光三年以前台江內海及周圍地區歷史變遷之研究》，著有《臺南北極殿》、《二鯤鯓砲台》等專書，並著有〈日治以前關廟地區的歷史發展〉、〈清代喜樹地區周圍歷史發展之初探〉等四十餘篇論文，曾主持《後壁崁頂射火馬民俗活動調查計畫》（2018臺南市文化資產管理處委託）、臺江地區文史資源調查及應用規劃

臺南生育禮俗

研究(三)（2014台江國家公園管理處委託）等研究計畫，並參與《新港奉天宮志》、《新營太子宮羅天大醮志》、《七股鄉志》等廟宇鄉鎮聚落志書之撰寫。

作者簡介

陳志昌

大學念的是臺北醫學大學護理學系，醫院臨床工作浮沉，後轉往臺南大學臺南文化研究所就讀，研究臺灣人民生活及民俗醫療文化。畢業後，在研究領域及公職往來。

曾撰寫《東山鄉志》中社會、拓墾篇章，論文作品收錄於《山味、海味、臺灣味：臺灣飲食文化歷史》一書，並有多篇論文發表，曾任教於高苑科技大學通識中心、國立空中大學。現為成功大學歷史系博士候選人，繼續研究生活文化。

臺南生育禮俗

大臺南文化叢書第 7 輯——生命禮俗專輯

臺南生育禮俗研究

作　　　者／吳建昇、陳志昌
社　　　長／林宜澐
總　　　監／葉澤山
召 集 人／黃文博
行政編輯／何宜芳、陳雍杰、許琴梅
總 編 輯／廖志墭
編輯協力／林韋聿、謝佩璇
企　　　劃／彭雅倫
書籍設計／黃子欽
內文排版／藍天圖物宣字社
審　　　稿／江達智

出　　　版／臺南市政府文化局
　　　　　　地址：永華市政中心：70801臺南市安平區永華路2段6號13樓
　　　　　　民治市政中心：73049臺南市新營區中正路23號
　　　　　　電話：（06）6324453
　　　　　　網址：https://culture.tainan.gov.tw

　　　　　　蔚藍文化出版股份有限公司
　　　　　　地址：10667臺北市大安區復興南路二段237號13樓
　　　　　　電話：02-2243-1897
　　　　　　臉書：https://www.facebook.com/AZUREPUBLISH/
　　　　　　讀者服務信箱：azurebks@gmail.com

總 經 銷／大和書報圖書股份有限公司
　　　　　　地址：24890新北市新莊區五工五路2號
　　　　　　電話：02-8990-2588

法律顧問／眾律國際法律事務所　　著作權律師／范國華律師
　　　　　　電話：02-2759-5585　　網站：www.zoomlaw.net

印　　　刷／世和印製企業有限公司
定　　　價／新臺幣480元
初版一刷／2019年9月
ISBN：978-986-97731-3-3
GPN：1010801153
分類號：C061
局總號：2019-487